比较

总第90辑

2017年第3辑

COMPARATIVE STUDIES

吴敬琏 主编

中信出版集团·北京

比较

COMPARATIVE STUDIES

主管 中信集团

主办 中信出版股份有限公司

出版 中信出版股份有限公司

主编 吴敬琏

副主编 肖梦 吴素萍

编辑部主任 孟凡玲

编辑 包敏丹 马媛媛

封面设计 李晓军 / **美编** 杨爱华

经营部

总经理 张翔

副总经理 傅继红

华北总经理 董光明

发行总监 周广宇

设计总监 石乐凯

品牌传播部高级总监 马玲

独家代理：财新传媒有限公司

电话：（8610）85905000 **传真：**（8610）85905288

广告热线：（8610）85905088 85905099 **传真：**（8610）85905101

电邮：ad@ caixin. com

订阅及客服热线：400-696-0110（8610）58103380 **传真：**（8610）85905190

香港地区订阅热线：（00852）21726522

订阅电邮：circ@ caixin. com **客服电邮：**service@ caixin. com

地址：北京市朝阳区工体北路8号院三里屯SOHO 6号楼5层（**邮编：**100027）

卷首语

中国在2010年经济总量排名达到仅次于美国的世界第二，这样的成绩来自于十一届三中全会《决定》启动的改革开放。其中果断地加入WTO，与全球化进程同步、嵌入经济发展的轨迹，也是十分重要的因素。然而，当今世界全球化发生诸多问题，且有逆转之变局，如何因应，本辑《比较》围绕全球化这个主题，为读者们提供国内外学者的相关研究。

开篇罗德里克的文章主要分析全球不平等和国内不平等之间的关系。他认为，过去三十多年，因为国际贸易和发展中经济体尤其是中国的出口导向型工业化，显著缩小了全球不平等，但是这些经济体内部的不平等并没有缩小，而是有加剧的趋势。而且从全球来看，虽然出口主导型工业化导致了快速和持续的发展，但其力量正在减弱，可替代的新发展模式仍未出现，因此全球不平等反而有可能扩大，而不是缩小。罗德里克认为，从效率的角度来看，劳动力无法自由流动是导致全球不平等的一个重要因素，因此他建议应当在有偏向本国的情况下放宽全球劳动力流动壁垒。但即便能做到这一点，全球不平等和国内不平等之间的矛盾也不会消失，某些常规政策依然可以用来缓和这个矛盾，如增加总需求和就业的政策，为发展中国家推行有利于增长的政策提供空间，提高宏观政策效力，各国相互合作提供全球公共产品等。

方晋的文章旨在分析当前逆全球化趋势背后的根本性因素。他认为，基于产品、服务和生产要素跨国流动的全球化会对一国经济产生互补效应和替代效应。当国内供给能力较弱的时候，国外要素、产品和服务的输入会带来互补效应，在提高多数人福利的同时并不损害其他人的福利。国内供给能力强的时候，国外要素、产品和服务的流入导致了对国内一定程度的替代，致使一部分人遭受损失。这两种效应在不同的历史阶段，强弱不同，但是随着技术进步和国际分工水平的不断深化，替代效应总体上呈现增强的趋势。特别是这轮全球化以新兴经济体加入国际分工体系为特点，对发达国家的低技能劳动力产生了很强的替代效应。尽管发达国家总体上获益，但由于内部分配机制不完善，使得全球化的受损者通过投票选择逆全球化。在当前的经济、技术和政策环境下，以替代效应为主的全球化将可能回归到以互补效应为主的全球化。

中国通过对内改革、对外开放，并利用“人口红利”和低工资优势，实现了三十多年的高速增长。但随着工资快速增长和劳动人口数量下降，目前中国已走到了发展的十字路口。未来的增长需要更多地依靠提高生产率，而创新是提高生产率的主要手段。魏尚进、谢专和张晓波的文章运用研发投入、专利申请、专利授权及专利引用数据，评估了从“中国制造”到“中国创造”的转型过程。作者们发现，融入全球市场和劳动成本的快速上升使中国企业的创新呈现快速增长之势。无论从专利数量或质量来看，中国经济已经在向创新驱动型转变。但是，中国的创新领域依然存在资源错配：虽然国有企业获得更多的补贴，但是它们在产生专利的效率方面低于私有企业。如果能通过改革减少这种资源错配，中国的创新能力可以实现更快的增长。

受人口老龄化日益加剧、历史债务未能清偿等因素的影响，我国养老保障体系的财务可持续性面临巨大挑战。汪德华和孟红的文章提出以社保增值税替代部分养老保险缴费、重构中国养老保障体系筹资模式的改革思路和具体方案。两位作者还基于若干参数假设，对改革成本和改革后的收益进行了测算，结果表明，相对于维持现有体系，以社保增值税筹资的新体系资金来源更充分稳定，资金缺口明显缩小，财务可持续性明显增强。此外，本文提出的改革思路还具有一个优势：避免现有改革思路的重重阻力、快速实现养老保障全覆盖、刺激就业、提升企业国际竞争力、调节国民收入分配格局。

诺奖得主梯若尔及其合作者贝纳布的文章总结了“动机信念”理论的主要研究成果和影响。该理论将信念视为常规的经济物品和资产，也就是说，人们会消费信念，投资于信念并期望从中获得回报，还会运用所获得的信息来生产信念。信念反过来又会影响信息获取和决策过程，使人出现过分自信、偏听偏信、自我欺骗等行为，导致作茧自缚的效率损失。而当信念成为一种社会现象时，集体的信念扭曲会相互放大，使企业、组织乃至国家对现实和风险视而不见，造成集体偏见、极端主义、金融危机等严重后果。动机信念理论可以突破传统效用理论过分简化的局限，拓展人类行为的目的性，并用目标导向的个人行为来解释我们看到的许多不同于标准理性的现象，给我们带来更多新的洞见。

现任世界银行首席经济学保罗•罗默去年9月推出了“宏观经济学的困境”

一文，其要点虽已广为传播，但为了更全面地了解他的观点，经他授权后我们还是做了全文翻译。文章认为，宏观经济学在过去三十余年不进反退：首先，宏观经济学的理论明显与事实相悖，20 世纪 80 年代沃尔克时期的经济波动说明，货币紧缩政策可以引致经济衰退，而宏观经济学却无视这一影响，用一些虚构因素来解释宏观经济波动。其次，在经验研究的识别问题上，宏观经济学家避重就轻，用各种讨巧方法来逃避识别问题，甚至还常常根据理论来挑选事实。其三，在宏观经济学界，出现了崇拜权威、为朋友护短的现象，甚至连卢卡斯、萨金特和普雷斯科特等大人物也不能例外。罗默认为，凡此现象说明，宏观经济学违背了自启蒙时代以来的科学精神，退变为一门“伪科学”。罗默的批评也许过于尖锐，但也有助于鞭策宏观经济学理论的新发展。

“法和经济学”栏目是经合组织经济学家伯廷•马腾斯《线上平台经济政策面面观》一文的下篇，着重论述线上平台的中介责任和数据使用问题。在平台的中介责任方面，虽然线上平台充分利用其收集和处理信息的能力，投入巨大努力来提升自我监管，但这同时也可能引发新型市场失灵。对此，需要有政府的监管介入，但不应保护现有商业模式，而应支持能够改善福利的创新活动。在数据使用方面，尽管平台无止境的个人信息收集和处理能力使用户获益匪浅，但丧失个人自主性、信息不透明、问责不足以及数据可能被滥用等问题也日益凸显。对此，作者建议，一方面，应当加强竞争、消费者权益保护和数据保护等监管当局之间的合作；另一方面，应当鼓励拥有专业数据分析人员和基础设施的独立数据管理机构，根据现行监管框架和法律授权开展工作，协助监管机构。

钱颖一的文章纪念不久前去世的经济学大师肯尼斯·阿罗教授。文章回顾了阿罗的重要创见和他对现代经济学的重大贡献，特别警示国内经济学研究中常见的两类误区和软肋：一是急于求成的心态和经验主义传统的影响，忽视甚至鄙视理论，从而无法摆脱浅薄的陷阱；二是缺乏经验上升为理论的科学研究路径，难以获得重要的理论突破。而阿罗恰恰在这两个方面都做出了突出的贡献，他的科学研究路径应该激发和引导中国的经济学和社会科学研究者的研究方向和方法，并获得深刻的学术思想和洞见。

“比较之窗”栏目是欧阳俊和邱琼编译的美国国会政府问责局的报告“食品安全：解决联邦监管碎片化问题亟需国家战略”。文章提供了美国食品安全状况和食品安全监管系统的最准确的数据和情况，综述了多位权威专家对美国联邦食品监管部门存在碎片化问题的意见，表明了相对中立的美国国会机构对完善联邦食品安全监管体制的态度。这对我们深入思考如何更好地提高中国食品安全水平和完善中国食品安全监管体制有借鉴意义。

“新书架”栏目，是德国经济学家海因茨·库尔茨在熊彼特的经典著作《经济发展理论》出版一百周年之际而写的评论。全文聚焦熊彼特的经济发展理论，并将之与马克思、瓦尔拉斯、庞巴维克和凯恩斯的思想进行了比较分析，是一篇令人耳目一新的经济思想分析文章。

目　录

Contents

第九十辑

改革论坛　Reform Forum

前沿 Guide

法和经济学 Law and Economics

全球平等是国内平等的敌人吗？

丹尼·罗德里克

过去25年里世界是否变得更加公平？对于这个问题，不同的人会有不同的答案，这取决于观察者是从一个国家还是从全球的视角去思考。从国家内部来看，不管是穷国还是富国，不平等问题都在加剧（拉美国家被普遍认为是世界上贫富差距最大的国家，却是世界上唯一显著逆转不平等趋势的地区）。评论家在讨论不平等状况时会提到这些问题。不过看待不平等问题还有另外的方式，那就是忽略国别，而关注世界上所有家庭的收入分配。从这个视角来分析，这一时期全球不平等逐渐缩小，这在很大程度上归功于世界两大发展中经济体——中国和印度的飞速发展。实际上，这两个国家转变的势能如此强大，以至于全球收入分配状况发生了重大变化。全球收入分配中的这两个波峰反映了近年来全球收入分配格局的变化，世界曾经被划分为富裕的少数人和贫穷的大多数人这两个截然对立的部分，而现在这种情况已经消失，全球新兴“中产阶级”填补了波峰和波谷之间的空白（图1）。

当前全球收入平等的问题主要受制于国家之间的收入差距，而不是国家内部的收入差距。这也能解释为什么一些国家，例如中国和印度的经济增长，对全球平等问题有着积极的影响，尽管在这些国家内部不平等急剧扩大，正如中国实际上所发生的那样。

---

* 本文根据作者2016年12月2日在意大利罗马的 Angelo Costa 演讲修改而成。作者感谢听众、George Borjas、Branko Milanovic 和 Lant Pritchett 的建议。

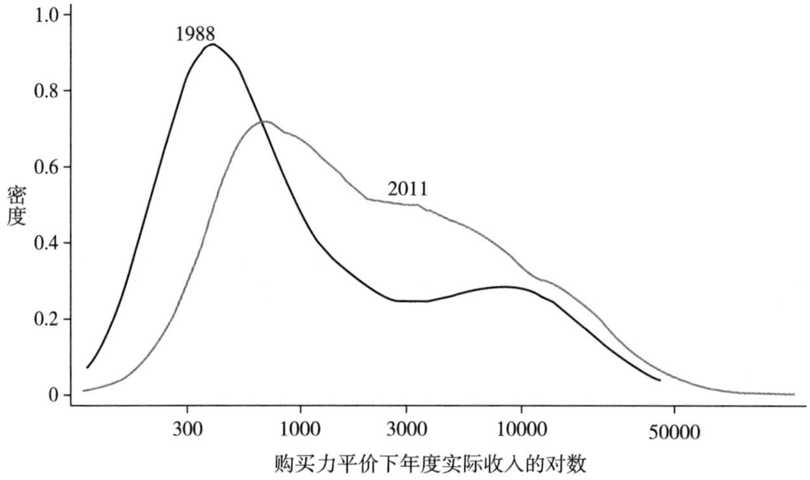

图1　全球收入分配图

资料来源：MIlanovic（2015）

为了解释清楚不同国家之间收入差距的重要性，有时我会问我的听众：假设只考虑收入和购买力的问题，你愿意成为穷国里的富人还是富国里的穷人？我将用以下的标准对富裕和贫穷进行定义：

在一国中：

- 富人：在一国收入分配中处在前5%的收入水平
- 穷人：在一国收入分配中处在后5%的收入水平

在不同国家之间：

- 富国：人均GDP排名在所有国家中处在前5%的水平
- 穷国：人均GDP排名在所有国家中处在后5%的水平

令人惊讶的是，大部分人，包括对发展中国家有相当了解的人，都选择了错误的答案。他们认为在世界最穷的国家中当巨富比在富裕国家中当穷人要好一些。实际上，在富裕国家当穷人要比在贫穷国家当富人好得太多。表1展示了相关的计算。在"中等程度"的富国中，穷人的收入（用购买力平价调整基数）要比穷国富人的收入高出近5倍！① 这和许多人的直觉相反，其原因是：富人

① 这些计算基于购买力平价调整后的人均GDP而得出。用购买力平价进行调整是假设穷国和富国的预算份额相同，但这也许会引起一些偏差。Prichett and Spivack（2013）认为，即使带有偏差也不会改变基本结论。

们只占穷国前5%人口的一小部分，并且如果按照富国的标准来看，其中绝大多数还没有达到富裕的标准。①

表1　当穷国的富人好还是当富国的穷人好呢？

	y_j	Φ_{dj}	普遍收入
贫穷国家（尼日尔）	949美元	贫穷国家中前5%人收入份额=0.214	贫穷国家富人=4062美元
富裕国家（挪威）	65702美元	富裕国家中前5%人收入份额=0.015	富裕国家穷人=19711美元

注意：在j国家中y_j为人均收入（GDP）；在j国家中某种织物d收入份额为Φ_{dj}；y_{dj}=织物d（=1，2，…，20）在j国的平均收入。因此$y_{dj}=20\times\Phi_{dj}\times y_j$。

资料来源：根据世界银行发展指标和全球不平等数据库的数据，作者自行计算

各国间的收入差距对全球不平等的影响并非始终如此明显。至少在19世纪初，一国之内的不平等是全球不平等的主要因素。随着时间的推移，工业革命的成果不断扩散，导致不同国家之间经济增长速度也出现了差异，但全球不平等的状况并未改善，而是延续至今。2008年之前，全球不平等的3/4是由国家之间的收入差距造成的，而一国之内的收入差距导致了1/4的全球不平等（图2）。这种情况直到最近才有所好转，这主要得益于中国、印度以及其他很多发展中国家迅速的经济趋同。

贸易与中国冲击

本文开头提出的两个趋势：全球不平等状况有所改善与国家内部不平等加剧，二者是否有联系呢？也许有联系。因为两者都是在经济全球化日益紧密的背景下发生的。中国正是这一联系的例子。中国在出口导向型工业化模式的推动下快速增长：这种模式为城市工厂提供了数以千万计的高薪酬、高产出的工作岗位，在发达国家的市场中充斥着这些工厂生产的产品。从传统社会主义体

① 在表1中，这个代表性富国是挪威，这也引起了争论：在这些斯堪的纳维亚国家，相对公平的收入分配是否会对这一结果产生影响。美国的收入分配更为不平等。2014年美国人均GDP是54398美元，但并没有达到世界前5%富裕国家的水平。但如果我们将美国代替挪威用于上述的比较中，答案也不会改变。在美国，一个穷人的收入（5440美元）也比一个贫穷国家（尼日尔）的富人收入高。即使美国社会底层居民的收入份额达到了极低的0.005。

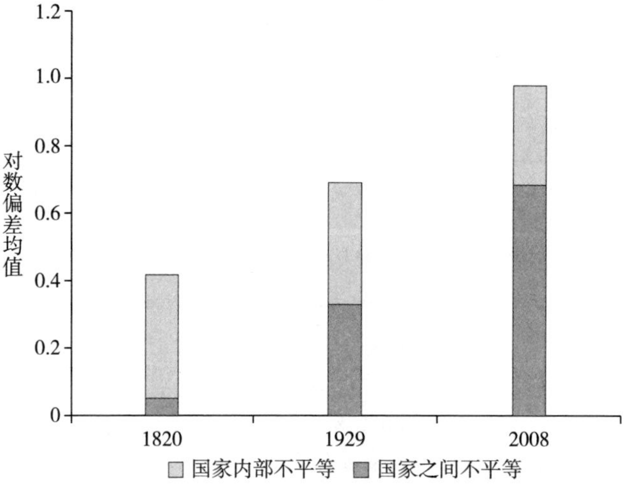

图2　日益扩大的全球不平等

资料来源：Bourguignon and Morrison（2002），更新的数据来源于 Milanovic（2013）

制到市场导向型经济体制的转变，使中国社会内部的收入差距加大。

与此同时，正如标准的贸易理论所预测的那样，从中国进口大量劳动密集型产品严重冲击了发达国家的工人。劳动密集型产品的进口对发达国家中处于收入分配底层的人群会产生负面影响。但同时，劳动力市场和宏观平衡却并不具有贸易理论所描述的弹性，中国的冲击给进口国带来了巨额的贸易赤字和劳动力市场的持续失业，也让其他出口导向型产业的就业前景变得晦暗不明。

美国正是出现这一现象的典型国家。在 2001 年中国加入世界贸易组织之后，每年的最惠国待遇之争给中国带来的不确定性从此消失，中国获得的出口和外包订单蜂拥而至。这对中国的工人是个好消息，但对美国的工人及其生活的社区却是个坏消息。奥托等人（Autor、Dorn and Hanson，2016）对中国对美国的冲击进行了全面的分析，他们发现，在最受“中国冲击”影响的地区出现了工资下降和长期失业。

在美国与中国的贸易中，我们也许能发现这一现象：发达国家内部的平等和整个世界经济体内的平等之间存在着冲突。但值得关注的是，这个问题正在缓解。首先，印度在这一时期内同样发展迅速（虽然不如中国那么快），但印度遵循的是更少依赖贸易的另一种发展模式。印度更擅长于服务出口，例如信息技术等。将外包转移到印度也许会在一定程度上降低美国软件工程师和放射科医生的工资，但从平等主义的立场来看，这几乎不成问题。

其次，尽管中国毫无疑问地受益于全球化和美国市场，但自身的迅速发展也让它加入世界贸易组织变得水到渠成。始于1978年的体制改革放飞了中国这条巨龙，2001年下半年中国加入世贸组织时，已经有大约4亿人脱离了极端贫困状态（按照世界银行每天1.3美元的贫困线标准）。虽然此后中国经济发展的速度更快，但2002年以前的增速也相当高，仅比2002年之后的增速稍低（二者分别是年均8.2%和9.1%）。如果中国对美国消费者的依赖程度没那么高，其经济增速可能会更高。

无论如何，中国是一个巨大的国家，相应地，中国在全球贸易中产生的影响也是巨大的。其他一些小的国家或地区，例如韩国、台湾地区，或者新加坡，都成功地推动了出口导向型工业的发展，但并没有像中国那样，对发达国家的劳动力市场产生显著影响，并且中国现在正在将出口导向型的发展路径转变为强调消费和国内服务的经济模式。中国制造的出口产品已经逐渐变得更加精密，技术密集度日渐提升。虽然中国在全球制造业中将继续扮演重要的角色，但中国冲击可能会渐行渐远。

当然，如果有足够多的发展中国家打算在接下来的几年中超越中国，这些国家产生的总体影响也会和中国的影响大致相似。目前低收入国家有6亿多人口，大约是中国人口的一半。由于中国经济正在从出口导向转向内需拉动，也许该轮到这些发展中国家接力来实行工业化和出口导向型经济模式。由于发达国家制造业工人的就业已经下降到较低水平，这些发展中国家的工业化也许不会产生中国那样的巨大影响。如今在美国，制造业企业雇用的工人在劳动力中的占比不到9%，远低于1970年的25%，现在雇用的工人大部分是熟练工人。

但目前制造业领域出现的一股逆流让情况更加严峻——也就是说，传统意义上的劳动密集型工业化道路似乎已日渐式微。即便是低收入国家现在也在削减工业生产能力，我将这一进程称为过早的“去工业化”（图3；Rodirik，2016）。这一进程似乎是被淘汰低成本劳动力的科技创新所驱动，甚至一些曾经的劳动密集型产业也开始受到波及。例如，现在可以用机器人和3D打印来生产鞋子，这对于一些拥有较多低技能劳动力的穷国来说绝非好事。实际上，传统制造业生产过程中的比较优势已经逐步从发展中国家中消失。因此，中国的发展模式，或者是韩国、台湾地区、新加坡等的发展路径已经越来越不可能被其他国家或地区复制。

从上述论述中我们不难得出结论：中国贸易扩张带来的国内不平等和全球

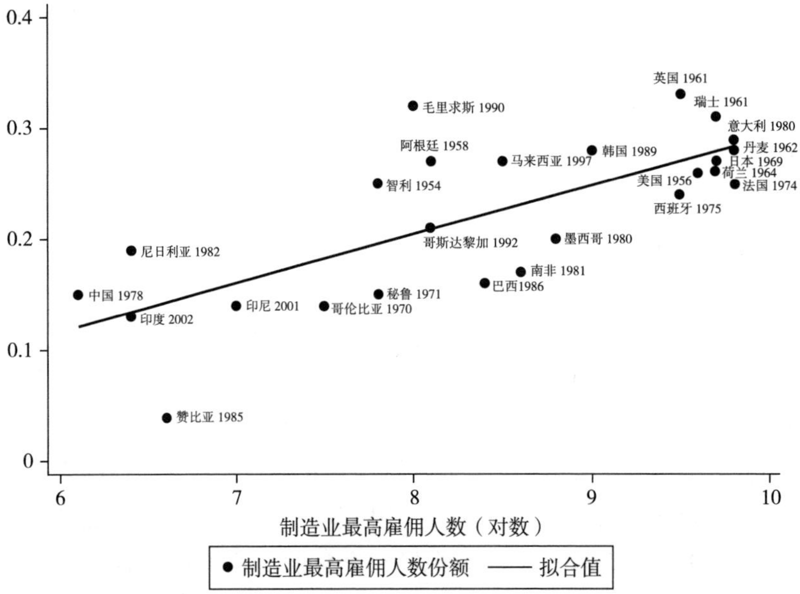

图 3　去工业化之前

资料来源：Rodrik（2016）

不平等之间的冲突不太可能在未来数年成为突出现象。不从穷国进口对发达国家产业工人的替代效应将逐步减弱。需要注意的是，这一结论并不意味着消除国内不平等和全球不平等之间的矛盾，而是说发展中国家可能无法继续快速向发达国家趋同。

国际劳动力流动

但是，关注贸易也会掩盖一个更深层次的问题。当我们把全球化的概念狭义地理解成产品的贸易，也就是说，发展中国家的工人可以通过所生产的产品与发达国家的工人进行竞争。但如果工人也可以像资本一样从穷国转移到富国，那就有可能产生另一种更直接的竞争形式，并且发展中国家工人收入的增长将会更多。

货物贸易实际上包含了体现在产品中的劳动服务的贸易。因此可以说，实现货物贸易的同时也完成了劳动力流动这一目标。确实，在某些条件下，货物贸易会在贸易伙伴中形成要素价格均等化（Samuelson，1948）。但在真实世界中这些条件却难以存在，这也解释了为什么劳动力流动成为提高穷国工资水平的一个重要推动力（在没有资本积累和科技进步的情况下，同时也会降低富裕国家的工资水平）。首先，要素价格均等化要求专业化生产不够完善，或者说，进口国和出口国持续地生产同样的商品。假如美国不再生产足球了，那么从巴基斯坦进口足球就不会对美国的工资水平有直接影响。

但更根本的是，要素价格均等化需要富国和穷国都拥有相似的生产函数。这意味着不仅需要有同样的技术（例如“设计图”），还需要拥有同等质量的公共制度予以支持。实际上，穷国之所以穷的根本原因就是它们的制度很糟糕：腐败、产权保护和合同执行不力、政局动荡、基础设施和公共品供给不足，等等。如果一个巴基斯坦工人搬到美国，他的工资将提高很多倍，原因就是美国的社会基础设施更加完善。对于不同国家中具有同样技能的工人来说，单纯的货物贸易无法使他们的工资达到相同的水平。

克莱门斯等人（Clemens、Pritchett and Montenegro，2010）定义了“所在地溢价”（place premium），并提供了一些具体的预测，他们定义“所在地溢价”为一个工人迁移到美国以后理论上的收入增加额（也可参见 Rosenzweig，2010）。他们发现，如果控制诸如教育等可观测的特征，一个巴基斯坦工人的收入可以增加 6 倍。显然，工资增加的幅度取决于工人原来所在国的工资水平，变动范围从多米尼加工人的 2 倍到也门工人的 15 倍，中位数和均值是 4 和 5。克莱门斯等人发现，即使经过多种调整，这些估计的差距依然成立。例如，即使我们假设巴基斯坦的大学学历仅相当于美国的小学学历，巴基斯坦工人流动到美国后，工资仍然会增长 3 倍。

这些巨大差距反映出某些重要壁垒对目前国际劳动力流动的限制。假设不考虑交通费用和文化差异，一个巴基斯坦工人到美国后获得 6 倍工资，这意味着劳务签证限制的等价值为原工资的 5 倍。或者可以说，假如巴基斯坦工人可以自由流动，但一旦进入美国后，挣得的劳动收入需要缴纳 5 倍的税。如果将这种情况和美国对产成品征收的平均关税进行比较（美国对产成品只征收平均 3% 的关税）；或者与美国对糖类产品的进口壁垒进行比较［制糖业在美国是受到高度保护的工业，美国的糖价比国际价格平均高 80%（Riley，2014）］，那么，自由状态下的货物贸易和受限制情况下的劳动力服务贸易这二者之间的不对称会变得异常清晰。金融资本和实物资本在大部分情况下是自由流动的，并不需要纳税。

公共财政理论提出，税收效率的成本随着税收增加以平方上升。小额税收造成较小的扭曲，大额税收造成与税费不成比例的较大扭曲。从全球资源配置效率的角度来看，目前对自由贸易和跨境劳动力流动的限制是非常糟糕的。如果商品交易与效率、整体经济规模的逐渐增加严格相关，贸易谈判代表们（trade negotiator）就会放下其他事情，致力于达成一份协议，根据这份协议，穷国的工人们到富国的劳务市场务工。

这样的协议看起来会是什么样的呢？我曾经在其他论文中建议过临时工作签证计划，根据母国的特定额度进行双边管理（Rodrik，2007，2011，第12章）。为了使母国得到的收益最大化并使更多人从中受益，这一工作签证应该是固定年限的，例如3—5年。并且，工作签证不可能使外籍劳工获得务工国公民身份，但这些工人会受到务工国国内劳工标准的保护。胡萝卜加大棒的方法可以确保务工人员在签证到期后回到母国。比如说，务工人员的一部分工资会被扣除并存入一个强制储蓄的账户中，这部分强制储蓄仅当回国时才能取出。通过调整对母国务工人员数量的限额，可以促使在外务工人员回国。这一做法可以推动母国出台鼓励在外务工人员回国的条例，就如同它们对外资和有技能侨民所采取的激励政策。①

再分配和效率

显然，这一劳工流动协议对来自发展中国家的工人来说是好事。至少从表面上看，这一协议对全球收入分配有最积极的影响，比货物贸易的影响更大。对富裕国家的低技能工人又有什么影响呢？我们又如何评估全球平等和国内平等这两者之间可能产生的矛盾呢？我将在下面讨论这一问题。但是，首先我从效率和国内平等两个角度论证支持国际劳动力流动的理由。

首先，让我们将在国内劳动对国内资本的收入再分配中纳入外籍劳工视为既定。正如货物贸易会增加国内收入，但也会导致有人受益、有人受损。同样假设政策制定者喜欢由此带来的效率收益（efficiency gains），但不喜欢再分配，尤其是从穷人手中转移到富人手中。我们可以用一种启发式的方法，即计算“政治成本收益率”（political cost-benefit ratio，PCBR），来描述其中的得失权衡（Rodrik，1994）。政治成本收益率是政策变化导致经济中的再分配总值

① 管理临时工作签证计划的实际问题非常多。有批评者指出，这个计划，例如德国的计划，从长期看会变成永久居留，即使它起初只是个临时计划。同时，因为外籍劳工本身及其母国的原因，发达民主国家很少使用这种胡萝卜加大棒的政策，即使它能够产生促使劳工回国的激励作用。

与净效率收益的比率。在一个局部均衡的假设中，开放贸易的政治成本收益率（货物和服务贸易都开放）可以简单地表示为 $1/\mu\varepsilon t$，μ 表示国内消费中进口货物或服务的比例，ε 是进口需求的价格弹性（绝对值），t 是贸易壁垒的大小（以百分比计）（推导见 Rodrik，1994）。

应当注意政治成本收益率如何随贸易壁垒的增加而减少：贸易壁垒越高，为增加 1 美元效率收益所需要的再分配收入就越少。这是因为尽管再分配效应是线性的，但减少贸易壁垒带来的效率收益是壁垒的平方。对消费者和生产者来说，商品价格下降 10% 也会产生同样的影响，不管最初的税率是 10% 还是 500%。图 4 显示了不同贸易壁垒下的效率和再分配效应的相对大小。

这就意味着对外开放劳动力服务的政治成本收益率非常低，远低于为改善现有货物贸易制度而进一步推进贸易自由化的结果。让我们利用政治成本收益率公式，用数字来进行这一比较。假设货物和服务的进口需求弹性 ε 是 -1.5，货物和服务最初的国内消费份额 μ 分别是 0.20 和 0.05，进口商品的税率为 10%，进口劳动力服务的税率为 400%。可以算出，贸易自由化情况下的政治成本收益率为 33，而劳动力流动没有限制时为 3。也就是说，与标准的贸易自由化情形相比，如果稍稍放松对劳动力国际流动的限制，每 1 美元的国内效率收益所需要的再分配将会减少 10 倍。这是一个巨大的差异，使劳动力市场的自由化显得非常诱人。然而，正如图 4 所示，这一巨大的差异并不体现为劳动力之间的收入再分配更少，而是体现为贸易壁垒高度给定的情况下所产生的效率收益更大。

第二点与劳动力流动的相对优势有关，但它可能涉及社会倾销问题。与低收入国家开展贸易更容易引起争议的其中一个原因是，这种贸易可能会违反发达国家对国内劳动者权益以及环境或健康安全的相关标准。假设一家美国公司将自己的一些生产线外包给了孟加拉国的公司，在这个公司里，劳动者的权益无法得到保障，并且忽视基本的安全预警措施（比如可使用的紧急出口等），工作环境十分恶劣。这就好比这家美国公司告诉它的员工：如果你想和孟加拉国的工人竞争，你就必须牺牲自己来之不易的集体谈判权和安全的工作环境。

发达国家的国内法规限制企业以雇用未成年工人，让员工 12 小时倒班或者剥夺员工的集体谈判权等损人利己的市场竞争。但是当企业将生产向国际外包时，却忽视了这些规则，并损害了市场应有的公平和合法性的价值。实际上，通过国际贸易，国内的劳工标准正在逐渐受到侵蚀。当然，为什么孟加拉

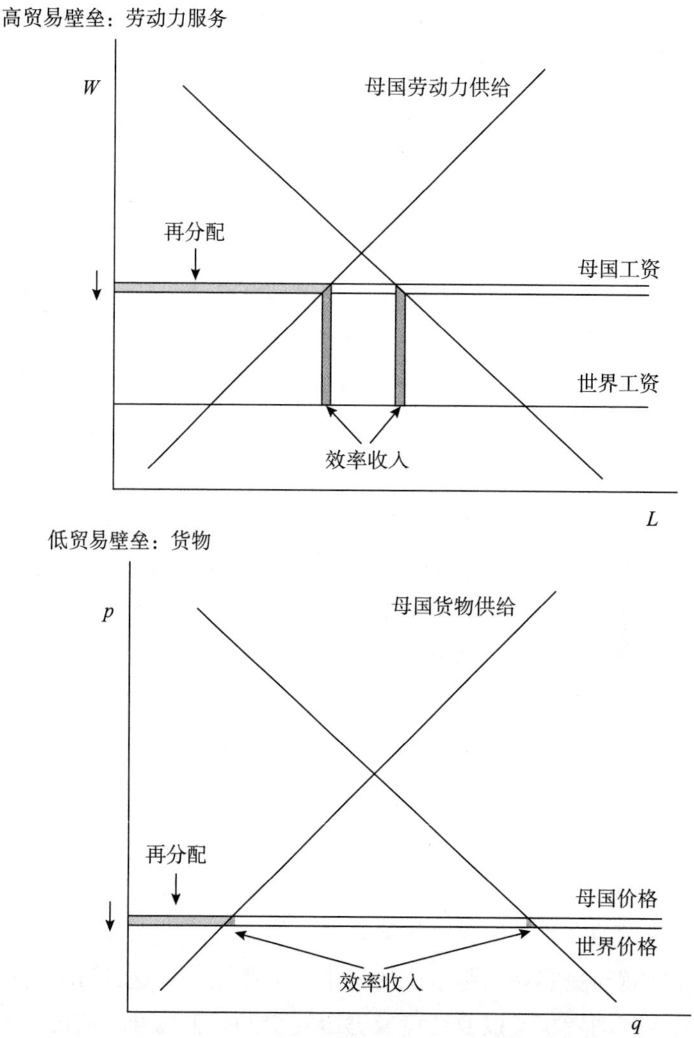

图 4　在高贸易壁垒和低贸易壁垒下的再分配和效率收益

国的工人相对美国工人更具竞争力，可能还有其他原因，而并非由于他们牺牲了自己的基本劳工权利。由于经济中生产率较低并且存在很多低技能的工人，孟加拉国工人的工资很低。然而，这样的情况无法掩盖员工权利受侵犯的事实，也引发了贸易公平等严肃的问题。

假设短期内孟加拉国的工人可以到美国工作，美国法律会要求这些孟加拉员工与美国本地员工享受同样的劳工标准。不过，无论是从法律上还是事实上，外籍劳工也有可能不受美国劳动法的管辖，比如在墨西哥湾沿岸各州的外籍劳工。但是我认为，发达的民主国家不会允许这种情况发生。如果外籍劳工也适用同样的法律，那么侵犯外籍员工权益的情况无疑是存在的。但是，企业如果仍然决定雇用外籍劳工，也是因为基本的经济原因而非监管套利。国内员工仍然会面临工资竞争，但不会出现劳工标准的竞次（race to the bottom）。社会倾销也就可以避免。

我们需要有世界大同观吗？

上述这些考虑都不能否认一个事实：对发展中国家的低收入劳动力敞开国门，很可能对发达国家一部分最贫穷工人的收入产生负面影响。这些影响究竟有多大？在讨论移民的经济影响时，这一直是热议的内容。我并不担心移民本身，而是担心国际劳动力流动对劳动市场会产生多大的影响。

乔治·布加斯一直认为，与这些移民具有相似技能特点的本地劳动力（主要是高中辍学者）的收入会显著下降。在近期的论文中，他和穆拉斯着重分析了四次不同的“难民救济冲击”对工资的影响：1980 年从马里埃尔港到迈阿密的古巴人流入；1962 年阿尔及利亚独立战争之后被遣送回国的法国人及阿尔及利亚在法国的侨民；20 世纪 90 年代上半期苏联解体后犹太移民回到以色列；1991—2001 年的巴尔干战争期间难民大量离开前南斯拉夫。他发现，在每次冲击中，“外生的供给冲击对难民流入国的当地人在劳动力市场的竞争机会有负面影响”，而通常“对补充劳动力有积极影响”（Borjas and Monras, 2016）

其他研究者认为，基于多种原因，可能劳动力市场的负面影响不会很大。国内工人一般比移民更有技能，因此通常不会与他们正面竞争。移民可能为国内劳动力提供服务，他们可能增加对国内生产的商品的需求。并且从长期来看，更多的移民可能刺激创新，提升资本积累率，全面提高工资水平。在这些因素的叠加影响下，乔万尼·佩里认为：“进一步开放移民政策，允许不同教育背景及技能水平的移民平稳流入，对国内劳动力很可能并无负面影响，而工资可以与生产率的增长保持同步”（Peri, 2014）。需要注意的是，即使在佩里更乐观的结论中，全球平等和国内平等之间的矛盾也没有完全消失。允许“不同教育背景及技能水平的移民者平稳流入”可能使他们对国内收入分配的影响最小化，但也更难以实现改善全球收入分配的目标，因为世界上大多数劳动力的技能水平非常低。

当潜在的移民工人比发达国家的工人更穷，甚至技能水平更低时，我们是否还应该关注这个矛盾，这是一个有待回答的问题。很多经济学家倾向于世界大同观，这可使国界的概念最小化，他们也会得到一些道德哲学家的支持。阿玛蒂亚·森认为在考虑公平问题时，国界无关紧要（Sen，2009，第143页）：

> 认为国家（主要是民族国家）的政治分歧某种意义上是根本性的，进而将政治分类不仅看作是亟待解决的现实约束，而且也是伦理学和政治哲学意义上的基本分歧。这样的观点带有思想的暴政意味。

彼得·辛格（Singer，2002，第12页）阐述了一个观点，认为应该从世界大同观，而非国家角度来看待伦理学：

> 如果一个群体定义自己是一个部落，或者一个民族国家，那么其道德观就是部落性的，或者国家性的。然而，如果沟通方式的革命创造了一个全球受众，我们或许要向全世界证明我们的行为是正当合理的。这一变化为新的伦理学创造了物质基础，这个新的伦理学将服务于全球每个人的利益，而尽管之前的伦理学对此说得很多，但都不曾这样做。

如果大家相信世界大同主义伦理学，那么国际劳动力流动就不会造成严重挑战。

另一方面，有令人信服的哲学论据认为，应当从现行政治结构出发来考虑公平问题（例如Nagel，2005）。除了基本的人道主义援助，一国的公民对其他国家的公民并不亏欠什么。实际上，我并不确定，世界主义的设想能够在发达国家的公民那里畅行无阻，尤其是现在的世界又重新强调国家主权，而全球化似乎开始逆转。

讨论这个问题的另一种方式就是调整分析框架，从规范分析转向实证分析，并提出如下问题：相对于外籍劳动力，我们对本地劳动力的偏好程度达到什么水平时，才能证明当前限制劳动力国际流动的壁垒是合理的。更具体地说，在社会福利函数中，用φ代表国内公民的效用相对于外国人效用的权重，当$\varphi=1$时，我们具有完全的世界大同主义，并认为国内公民与外国人没有差别，当$\varphi\to\infty$时，即使外国人饿死我们也不关心。

为了研究这个问题，假设有一项政策允许额外的6000万劳动力从穷国流向富国，这会使富国增加大约10%的劳动力。与克莱门斯等人（2010）一致，我认为移民劳动力将获得4倍的工资。其次，布加斯（2015）假定工资对劳动供给的弹性系数为 -0.3，富国和穷国的初始工资分别设定为每月3000美元和500美元。富国的社会福利将增加国内公民和外国工人的效用，权重分别为 φ 和1。最后，效用是收入的对数函数。

因为这项政策会降低富国的社会福利水平，φ 必须大于4.5。换言之，赋予国内公民的效用的权重必须至少是外国人的4—5倍，因为在世界大同观下，$\varphi=1$。

对于国内公民而言，450%的福利溢价是否过度？认为一个外国人不值国内公民的22%是否合理？这是道德和价值观的问题，经济学家无法给出答案。如果参考显示偏好就会发现，我们大部分人赋予直系亲属的比重很高，比本国人高很多倍，更不必说外国人了。

在一个非常类似的分析中，科普祖克等人（Kopczuk、Slemrod and Yitzhaki，2002）的结论是，按照基于外国政府对穷国援助水平的推算，美国公民的价值是外国公民的6倍多。对于特别贫穷的国家，比如埃塞俄比亚，这个倍数增加到了2000。然而科普祖克等人（2002）指出，这个非常大的估算值也反映出，可能大部分外国援助被浪费了，或者最终落到了腐败的政府官员手中。

从现实中形成的这些观点并非规范（normative）的结论，但仍然具有积极的意义。不断增加的全球劳动力流动需要劳动力流入国拥有最温和的世界大同观。将扩大或者限制劳动力流动视为国家平等主义和世界大同主义之间的选择，没有抓住要害。重要的是全球富人和穷人之间的收入差距，以及潜在的边际收益，我们对此可以有明显的本土主义偏向但仍然能支持放宽全球劳动力流动壁垒。如果我们考虑其他本地人（例如资本所有者）的收益以及通过创新和引导资本积累可能产生的长期回报，支持劳动力全球流动的理由就更有力（即 φ 有更高的上限）。

我们能走多远?

我们暂时先接受先前分析的结论，在一定程度上放宽对劳动力流动的限制，有利于实现全球公平的目标，同时也并不会有损国内的公平标准。然而更困难的问题是："一定程度"指的是多高的程度，我们又能在完全自由的方向上走多远。

只要我们一直不愿意坚持完全的世界大同，支持劳动力无障碍地在国际上流动的理由就是无力的。首先，随着国际工资水平差距的缩小，从国际劳动力流动中获得的边际收益会越来越小。其次，完全流动使成千上万的人从低收入国家流动向高收入国家。布加斯（2015）估计相当于发展中国家工人总数95%的26亿工人，将会通过移居来拉近全球收入水平。格伦·威尔指出，对劳动力流动非常开放的地区，例如美国墨西哥湾沿岸各州，有着“惊人的不平等”（Weyl，2014）。各个社会愿意面对的国内不平等也许是有极限的。从更广泛的意义上来说，要想保证国内制度的有效性，就可能需要严格限制国际的劳动力流动。开放的国界可能会降低国家公共品的供给水平，同时削弱自由和民主。当下民粹主义者的影响，以及欧洲的极右翼和反移民政党的兴起，都显示了可能会出现的消极后果。

太多的外籍劳动力会腐蚀信任系统及社会合作机制，从而降低务工国的公共制度质量吗？这个担忧的实证基础是，国家或社区公共产品的供给与种族、语言或者文化异质性（REF）呈负相关。尽管其具体原因尚待进一步讨论，但是存在这样一种假定，异质性使得有效率的社会公共制度所需要的合作和信任难以维系。制度得以保持依赖于两类因素：要么通过团结（我关心你，所以我愿意与你分享）和社会信任（我信任你，我也知道如果我为你做了什么，你也会为我做什么），要么通过强制力（政府强制，因而合法）。所有这些很可能都被更强烈的异质性和国内的不平等所削弱，特别是涉及的外籍劳动力数量足够大。

鲍德温和休伯（Baldwin and Huber，2010）发表了一篇有趣的文献，他们一方面区分文化和语言学的异质性，另一方面区分群体间收入不平等（between-group income inequality，BGI）。后者提及了不同民族和文化族群的平均收入差异。他们认为，一旦控制了群体间收入不平等，民族或者文化的异质性与国家的公共产品供给之间就不存在统计上的显著负相关（见图5、图6）。然而，群体间收入不平等本身与公共产品呈强负相关（图7）。大量穷国工人的出现可以显著扩大发达国家内部群体间收入不平等。

这项研究的负责人保罗·科利尔（Collier，2013）警告说，如果没有“有效的控制措施”，人口迁移达到一定程度就会产生不良影响。布加斯（2010，第968页）就担心移民会将“不好的组织方式、社会模式和文化也一并带来，而正是这些因素导致了母国糟糕的经济状况”。另一方面，克莱门斯和普利切特（Clemens and Pritchett，2016）回顾了相关的实证研究，并提出，对母国制度的任何有害影响将会导致更多的移民迁入，比我们现在可观察到的数量要更

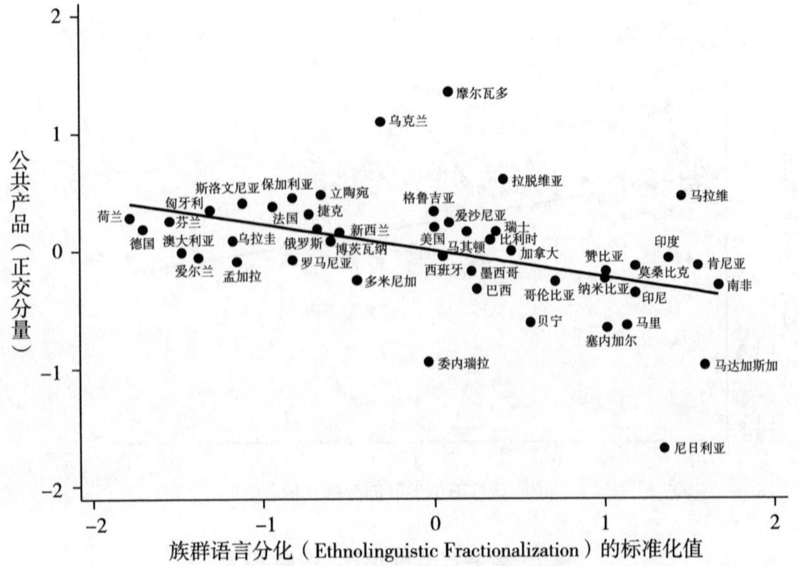

图5　公共产品部门与族群语言分化（ELF）负相关

注：偏相关系数是 -0.23，t统计值为 -3.02，控制变量：人口，GDP，无异方差。

资料来源：作者根据 Baldwin and Huber（2010）的数据得出

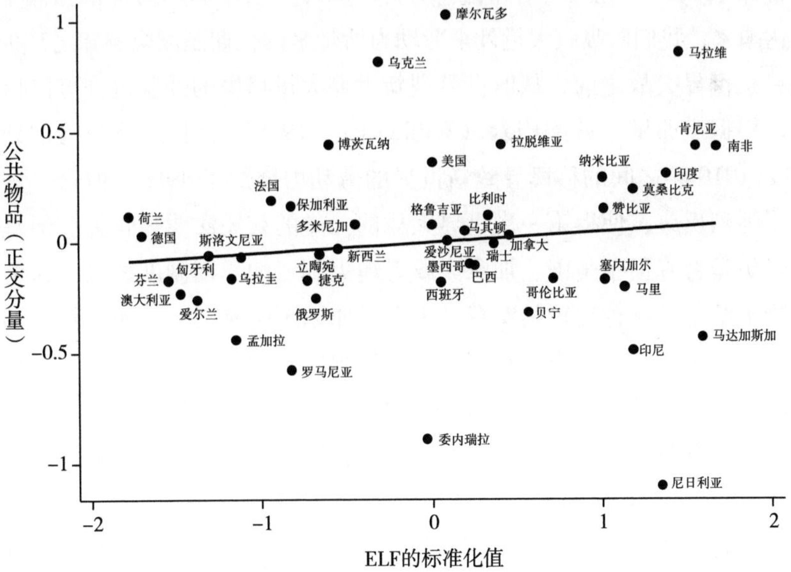

图6　公共产品和 ELF，控制群体间收入的情况下

注：偏相关系数是0.05，t统计量为0.52。控制变量：人口，GDP，BGI，哑变量，无异方差。

资料来源：作者根据 Baldwin and Huber（2010）的数据得出

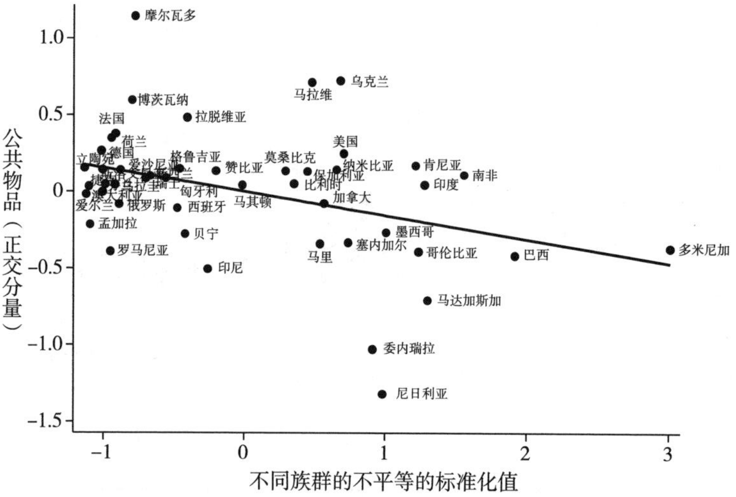

图 7　公共产品和 BGI，控制 ELF

注：偏相关系数是 -0.16，t 统计量为 -2.13。控制变量：人口，GDP，ELF，哑变量，无异方差。

资料来源：作者根据 Baldwin and Huber（2010）的数据得出

多。布加斯（2015）、克莱门斯和普利切特（2016）从不同的角度都强调了，在现代发达国家，我们对吸收大量外来劳动力所带来的长期制度影响知之甚少。

第一次世界大战之前，从旧世界到新世界大量移民的经验也许可以提供一些思路。根据杰弗里·威廉姆森（Williamson，1998）及其同事们的估计，从1870 年到 1910 年之间的移民导致新世界的劳动力增加了 49%。但这一进程最终导致了强烈反应，使得第一次世界大战前几年的移民法明显收紧。但是，这一历史经历是否有损于美国、加拿大或者澳大利亚的长期制度发展？这个问题很难讨论出结果。这种比较其实意义不大，原因至少有二。首先，新世界的土地资源仍然很丰富，因而吸收新移民是一件很容易的事情。其次的原因和我们讨论的问题十分相关，在出现大量移民的时候，美国仅能提供有限的公共产品。税率很低且非累进制，福利国家制度尚在襁褓之中，基础设施建设的资金匮乏。政府支出占 GDP 的平均份额曾经不到 10%，而如今占到了 50%（图 8）。继大量移民之后，公共部门也开始扩张，以更好地应对 20 世纪的负面冲击（特别是大萧条和第二次世界大战）。显然，第一次世界大战之前大量移民的经历与这种发展并不排斥，但我们并不清楚，对于一个已经拥有大量公共机构的国家来说，大量移民会导致什么结果。

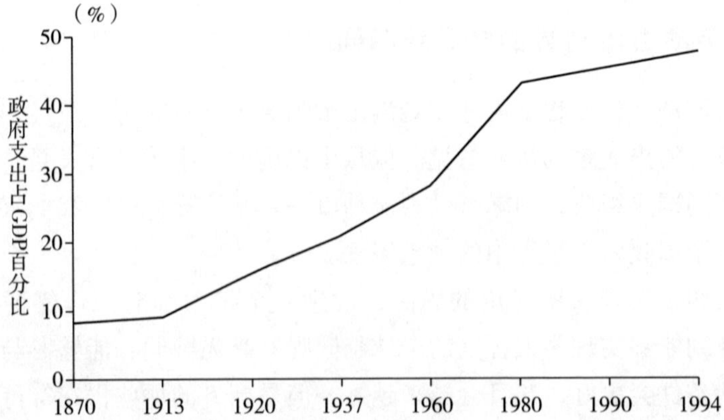

图8　政府增长

注：表中显示的是17个发达国家的平均值

资料来源：Tanzi and Schuknecht（1996）

由于数据的限制，实证文献并没有区分移民和外籍劳动力的区别。后者是一国暂时性的居民，并不享有公民权利。因此，这两者对公共产品的需求和供给带来的影响存在着区别。例如，如果一个外籍劳动力没有退休金，无法享受教育的优惠（但他们在居留期间仍然能付费进入学校系统），他也许会加大对公共教育和社会保险的政治支持力度，资助这些项目或者是给这些项目提供资源。此外，如果当地居民并不喜欢与来自不同背景、不同社会地位、长相也与当地居民不同的人共享公共基础设施，反而可能形成对公共产品的不利影响。

这些担心并非完全是猜测。大部分分析认为，在当地社会最终将外籍劳动力转变为本地居民之前，一个社区能吸收的外籍劳动力数量是有上限的。既然我们并不知道这一上限在哪里，那么对于劳动力流动限制的放松最好以一种谨慎的方式逐步进行。然而，如果对制度的侵蚀是一个长期且不可逆的过程，逐步放松劳动力流动限制并不是一个好方法。当不利影响能够被人们所察觉的时候，可能为时已晚。在欧洲，反对移民和难民的声浪四起，这不仅会对欧洲一体化造成意想不到的结果，对欧洲民主来说亦是如此。许多经济学家认为，本土主义者并不清楚劳动力和人员自由流动可以带来的好处，但他们依然极力反对。这种行为对改善结果并无作用。

不完全的劳动力流动真的会导致趋同吗？

劳动力流动在什么程度内才能既满足政治要求又具有可持续性，前面的讨论对此并没有给出太多的指导意见。但从中得出的一个关键含义是，只要世界仍然是由不同国家组成，国际劳动力流动就一定是不充分的。我们永远也不可能完全消除全球收入不平等中的国家因素。

如果按照本文开头所讨论的思路，设想一个扩大临时工作签证的全球计划。这一计划能够实现多大程度的全球趋同呢？毫无疑问，能够参与此项计划的工人生活条件会更好，并且会越来越好。但是剩下的那些仍在等待参与此项计划的工人会怎样呢？

一般来说，如果一个工人从穷国迁移到富国后工资上涨，将会导致穷国的劳动力减少，相对于富国来说出现不足。这种现象在第一次世界大战前穷国大量移民之后出现过。根据威廉姆森（1998）：

> 1870 年之后的大量移民使 1910 年新世界的劳动力增加了 49%，使欧洲外围的移民国家在 1910 年的劳动力减少了 22%。对于移出国和移入国来说，大量劳动力供给变化的影响都很容易转变为对实际工资的冲击。我的同事们和我在一系列论文中分析了这一影响，并提出：对可观察到的 19 世纪后期大西洋沿岸国家实际工资趋同的现象，仅大量移民这个因素就可以解释其中的 70%。

引述这一段是想说明，劳动力流动同样可以对穷国的工资水平产生有利影响。因此，也会对国家间工资差距的缩小产生有利影响。

然而，最近却出现了一些不支持这种观点的证据。对于有大量劳动力流出的穷国来说，虽然劳动力流出对外汇和直接消费会产生有利影响，但这些国家在经济上的表现却不尽如人意。图 9 总结了墨西哥、尼加拉瓜、萨尔瓦多三国的表现。前两个国家的移民率是 10% 左右，而萨尔瓦多的移民率达到了 20%。正如图 9 所示，这三个国家没有一个与美国的工资水平趋同。图 9 也包含了中国，中国实施的是国内生产多样化和出口导向型经济模式。此处暂且先不讨论移民战略存在的问题。

正因为国家经济落后，类似萨尔瓦多这样的国家已经出现了向海外的大量移民。在文章开始我描述过临时工作签证计划，这个计划可以激励大部分出国

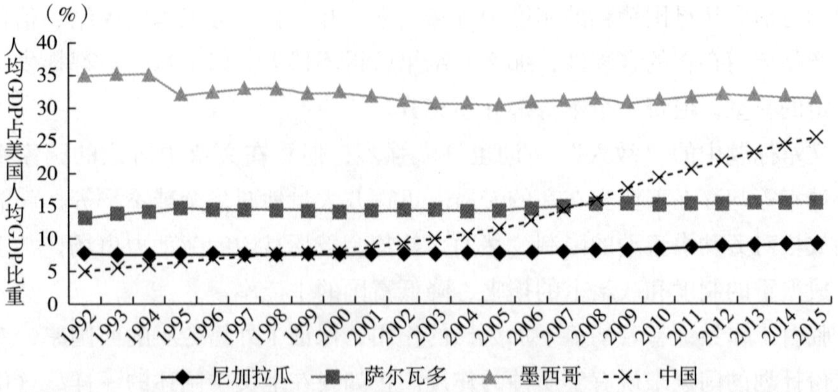

图9 中美洲与中国的发展模型

资料来源：World Development Indicators

务工人员，因而整个计划可能会对经济发展产生有利影响。劳动力回国后可以给母国带来存款、知识技术和与国外人员的关系网，也可以在母国发展新产业。①

然而，事实上这种工资趋同因国家而异。由于向新世界进行了移民，旧世界会经历工资上涨，但是一国的经济发展最终仍以坚实的国家制度和政治体制为基石。如果像东欧一样，制度没有改善，经济仍会落后于人，就会产生更多的移民。同样地，无论是否限制劳动力流动，如果发展中国家缺乏鼓励经济增长的合适措施，我们也很难看到意义深远的工资趋同现象的出现。

结　语

从效率的角度来看，劳动力无法自由流动是世界经济中实现资源有效配置的最大障碍。从国家平等主义的角度来看，在短期内消除劳动力无法自由流动的障碍，其成本是很高的。从世界大同主义看，国境线不存在也不应该存在。从功利主义的角度来看，即使劳动力流入国不给外籍劳动力提供正当的政治和社会权利，外籍劳动力也应该有被雇用的机会。从制度主义的角度来说，如果

① 在《纽约客》（2017年1月23日刊）中有一个奇怪的例子，被美国强制驱逐出境的萨尔瓦多人（多数是未成年罪犯）是怎样促进了呼叫中心产业（call center industry）在萨尔瓦多的出现与发展的。被驱逐出境的萨尔瓦多人懂英语，再加上后续的培训，他们可以成为低工资的呼叫中心接线员。

穷国的劳动力从母国糟糕的制度中逃离出来，却损害了务工国的团结、信任和公共产品部门存在的合理性，那么其结果就得不偿失。以上每一点都提供了一个确定的答案，但每一个本身都并不充分。

文章标题中的“敌人”一词也许太强烈，但我在文章中讨论的国家平等和全球平等却存在着实实在在的矛盾。迅速并大量地减少全球不平等，就需要富国放松对劳动力流动的限制。然而，这却会破坏富国的劳动力市场，甚至可能造成严重的制度和政治上的损害，降低富国的生产率。

临时工作签证有着胡萝卜加大棒的作用，保证了外籍劳工的回国率，对参与这份计划的国家来说有实质性的作用。正如我在上文中阐述的一样，这份计划不需要富国的选民都是世界大同主义者。并且，这一计划对现在的贸易协定来说有着明确的优势。对劳动力流入国来说，此项计划阐述的效率收益比再分配成本要高很多，同时也减缓了在国际贸易和外包中一直存在争议的社会倾销问题。还有，有限的劳动力流动会不会对国家之间的收入差距产生影响尚不清楚，但国家之间的收入差距正是全球不平等的主导因素。

民族国家不是全球平等的敌人，因为国家层面的有效增长战略仍然至关重要。最终只有发展中国家飞速发展之时，全球不平等才会缩小。好的方面是，20 世纪最后 25 年已经向我们展示了，因为穷国实行了更好的政策，使全球不平等缩小的趋势有可能出现。虽然出口主导型的工业化曾经导致了快速和持续的发展，但目前似乎已经落后于时代发展了。许多落后国家在前几十年中没有实现工业化，现在已经逐渐显现出颓势（Diao、McMillan and Rodrik，2017）。可以替代工业化的其他发展模式是否存在仍然存疑。

我认为，全球不平等和国内不平等之间的矛盾不会消失。在最好的情况下，我们可以尝试着通过实施某些政策来缓和这个问题。此外，我们可以尽力寻求对全球穷人和富裕民主国家中的穷人都有利的政策建议。这类政策并不是什么新东西，例如，增加总需求和就业政策（同时在发展中国家和发达国家）；为发展中国家实施产业政策和其他能够提高总体生产率的政策提供更大的政策空间；为了减少发达国家和发展中国家的富人偷税漏税，提高全球银行业的透明度，对短期跨境资金流动实施监管，提高宏观政策的效力，减少金融动荡；全球合作以支持全球公共产品，例如全球性的传染病防治、阻止气候变暖等。这些政策措施需要的不仅仅是开放经济边境。但是从长期来看，这些政策措施在协调全球平等和发达民主国家内部的平等方面有更大的潜力。

（对外经济贸易大学金融学院　李影雯　译　广州外语外贸大学　张涵　校）

参考文献

Autor, David, David Dorn, and Gordon Hanson, "The China Shock: Learning from Labor Market Adjustment to Large Changes in Trade," *Annual Review of Economics*, forthcoming 2016.

Baldwin, Kate, and John D. Huber, "Economic versus Cultural Differences: Forms of Ethnic Diversity and Public Goods Provision," *American Political Science Review*, Vol. 104, No. 4, November 2010.

Borjas, George J., "Immigration and Globalization: A Review Essay," *Journal of Economic Literature*, Vol. 53, No. 4, December 2015, pp. 961-974.

Borjas, George J., and Joan Monras, "The Labor Market Consequences of Refugee Supply Shocks," NBER Working Paper No. 22656, September 2016.

Bourguignon, François, and Christian Morrison, "Inequality among World Citizens: 1820-1992," *The American Economic Review*, Vol. 92, No. 4, September 2002, pp. 727-744.

Clemens, Michael, Lant Pritchett, and Claudio E. Montenegro, "The Place Premium: Wage Differences for Identical Workers across the US Border," unpublished paper (https://ideas.repec.org/p/udc/wpaper/wp321.html), 2010.

Clemens, Michael, and Lant Pritchett, "The New Economic Case for Migration Restrictions: An Assessment," Center for Global Development Working Paper 423, February 23, 2016.

Collier, Paul, *Exodus: How Migration is Changing Our World*, Oxford and New York, Oxford University Press, 2013.

Diao, Xinshen, Margaret McMillan, and Dani Rodrik, "The Recent Growth Boom in Developing Countries: A Structural-Change Perspective," January 2017 (http://drodrik.scholar.harvard.edu/files/dani-rodrik/files/recent_growth_boom_in_ldcs.pdf).

Kopczuk, Wojciech, Joel Slemrod, and Shlomo Yitzhaki, "Why World Redistribution Fails," NBER Working Paper No. 9186, September 2002.

Milanovic, Branko, "Global Income Inequality in Numbers: in History and Now," *Global Policy*, Volume 4, Issue 2, May 2013, pp. 198-208.

Milanovic, Branko, "Global Inequality of Opportunity: How Much of Our Income Is Determined by Where We Live," *Review of Economics and Statistics*, Vol. 97, No. 2, May 2015, pp. 452-460.

Nagel, Thomas, "The Problem of Global Justice," *Philosophy & Public Affairs*, Volume 33,

Issue 2, March 2005, pp. 113-147.

Peri, Giovanni, "Do Immigrant Workers Depress the Wages of Native Workers?" IZA World of Labor, 2014 (http://wol.iza.org/articles/do-immigrant-workers-depress-the-wages-of-native-workers-1.pdf).

Pritchett, Lant, and Marla Spivack, "Estimating Income / Expenditure Differences across Populations: New Fun with Old Engel's Law," Center for Global Development Working Paper 339, August 2013.

Riley, Brian, "U. S. Trade Policy Gouges American Sugar Consumers," The Heritage Foundation, Backgrounder # 2914 on Trade (http://www.heritage.org/research/reports/2014/06/us-trade-policy-gouges-american-sugar-consumers), June 5, 2014.

Rodrik, Dani, "Be Our Guests," *The New York Times*, June 1, 2007.

Rodrik, Dani, "The Rush to Free Trade in the Developing World: Why So Late? Why Now? Will It Last?" in S. Haggard and S. Webb (eds.), *Voting for Reform: Democracy, Political Liberalization, and Economic Adjustment*, New York, Oxford University Press, 1994.

Rodrik, Dani, *The Globalization Paradox: Democracy and the Future of the World Economy*, W. W. Norton, New York, 2011.

Rodrik, Dani, "Premature Deindustrialization," *Journal of Economic Growth*, 21 (1), March 2016.

Rosenzweig, Mark R., "Global Wage Inequality and the International Flow of Migrants," Yale University Economic Growth Center Discussion Paper No. 983, January 2010.

Samuelson, Paul A., "International Trade and the Equalisation of Factor Prices," *Economic Journal*, June 1948, pp. 163-184.

Sen, Amartya, *The Idea of Justice*, Harvard University Press, Cambridge, MA 2009.

Singer, Peter, *One World: The Ethics of Globalization*, Yale University Press, New Haven and London, 2002.

Tanzi, Vito, and Ludger Schuknecht, *Public Spending in the 20th Century: A Global Perspective*, Cambridge and New York: Cambridge University Press, 2000.

Weyl, E. Glen, "The Openness-Equality Trade-Off in Global Redistribution," The University of Chicago, unpublished paper, October 2014 (https://bfi.uchicago.edu/sites/default/files/research/Weyl.pdf).

Williamson, Jeffrey G., "Research Summary: The Economics of Mass Migrations," Summer 1998 (http://www.nber.org/reporter/summer98/williamson_summer98.html).

全球化
从替代型回归互补型

方　晋

英国“脱欧”和美国特朗普政府着手实施“美国优先”政策，引发了关于逆全球化的三个悖论。首先，如果说全球化是生产力发展和技术进步的产物，而且极大地促进了世界各国的紧密联系，对人类生产和生活方式的改变和改善有目共睹，为什么这时候会出现逆全球化？其次，过去反对全球化的力量主要来自发展中国家，原因就在于发达国家主导全球化并从中获益，为什么现在曾长期倡导和引领全球化的美国和英国等国却率先实行逆全球化之举？第三，为什么英国一边脱欧，一边又说要成为一个“全球的英国”（Global Britain）?① 为什么特朗普退出跨太平洋伙伴关系协定（TPP），却提出今后要推进双边贸易协定？

通过对上述问题的思考，笔者提出，无论是从全球化发展的历史还是现实、无论是理论还是实践来看，在前一阶段全球化大发展之后出现一定调整是正常的。如果用一定的概念来描述这一调整的话，那就是“替代型”全球化将回归“互补型”全球化。换句话说，全球化产生的替代效应会减弱，互补效应得以维持甚至增强。

一、全球化的互补效应和替代效应

全球化，就是生产要素，或是生产要素构成的产品和服务，在全球范围内

① Speech by Theresa May, Lancaster House, 17 January 2017.

流动程度不断加深的过程。这样的流动，对不同国家和地区当地的生产要素、产品和服务可能会产生互补或替代效应，并造成不同的福利影响。

当一个国家缺乏某些国内生产和生活所需的要素以及产品和服务的时候，国外要素、产品和服务的输入会弥补当地的不足，在提高消费者以及下游生产者福利的同时，并不损害国内生产要素的拥有者以及相关产品和服务提供者的福利，这就是经济学中所说的“帕累托改进”——在增进自身福利的时候不损害他人福利。比如说，日本不产石油，而科威特不生产汽车，日本从科威特进口石油，科威特从日本进口汽车，对双方都是福利改进，而两国没有人因此受损，这就是全球化带来的互补效应的体现。

但是，如果本国存在相当规模的生产要素拥有者及产品和服务提供者，那么外国生产要素、产品和服务的进入则会在本地产生一定程度上的替代。20世纪70年代日本汽车大量出口美国，使美国本土汽车销量显著下滑，造成美国汽车生产企业经营困难，工人失业。17世纪时，物美价廉的印度纺织品畅销英国，给英国相关行业带来很大冲击。但工业革命爆发后，英国机器生产的纺织品大量出口印度，使当地织工大批失业甚至饿死。尽管美国、英国和印度的消费者从物美价廉的进口产品中获益，但进口产品对当地产业和就业的影响显然是负面的，这是全球化带来的替代效应的体现。

按照国际贸易理论，一国应该进口不具有比较优势的产品和生产要素，但这一进口是产生互补效应还是替代效应，取决于在封闭条件下国内供给满足国内需求的能力。国内供给满足国内需求的能力越弱，进口带来的互补效应就越强；国内供给满足国内需求的能力越强，进口带来的替代效应就越强。如果国外供给能力在数量上大于国内需求，且相对于国内供给存在质量或价格优势的时候，完全替代国内供给也是可能的。

例如，19世纪中叶美国修建西部铁路和淘金热时期，因为缺乏劳动力，曾经从中国输入大批劳工，有力地支撑了相关项目和产业的发展，这时候中国工人的到来显然是发挥了互补效应。但是到后期，中国劳工的不断增加开始威胁到美国本土工人的生计，替代效应逐渐压倒了互补效应，最终美国出台了歧视性的《排华法案》，驱赶华工。再比如，18世纪的英国农业非常发达，农业革命为后来的工业革命奠定了坚实的基础。进入19世纪以后，来自欧洲大陆以及新世界的粮食价格优势日益明显，因为其替代效应很强，影响了本国地主的利益，英国一开始限制外国谷物的输入。但随着自由贸易理念占据上风，英国废除了《谷物法》，最终英国粮食主要依赖进口，国内生产大幅萎缩，当初的替代效应已经转化为现在的互补效应。

如果一国某种要素相对丰裕，在密集使用该要素的产品上具有比较优势，该国应该出口这种要素或是产品。但是，如果这种要素投入处于规模报酬递增阶段，互补效应仍然发挥主要作用，而不会产生替代效应，则该国也会进口这一要素。如发达国家高科技人才相对于发展中国家更多，但由于许多高科技产业和相关人才的投入存在规模报酬递增，发达国家仍然积极输入高科技人才。

尽管本国的生产要素和相关产业有可能被进口替代，但总体上国家的福利仍然是增加的。一方面，消费者的需求得到更好的满足，因为进口会从供给质量、价格以及多样性方面带来好处。另一方面，不具备比较优势的要素和产业被淘汰，本国的专业化与分工能力进一步提升，参与国际竞争的能力增强。这两方面的收益足以抵消部分生产要素和产业被替代的损失。理论上讲，全球化的获益者可以拿出自身收益的一部分补偿受损者，实现帕累托改进，但在现实中，受益者有时候不好识别，或是识别后难以建立有效的转移支付机制。

除了产品和服务之外，生产要素也可以在全球范围内进行布局和流动。这是因为，产品和要素流动是可以相互替代的。① 任何一种产品和服务，都是生产者通过一定生产技术将不同生产要素组合而成。进口一种产品，等于是进口了蕴含在产品之内的生产要素。进口农产品，等于是进口了生产农产品所必需的土地和水资源；进口劳动密集型产品，等于是进口了劳动力；进口资本密集型产品，等于是进口了资本。因此，一国既可以出口密集使用本国富裕生产要素的产品和服务，进口密集使用本国稀缺生产要素的产品和服务，也可以选择直接出口或进口相关生产要素。

不过，在现实中，不同生产要素的跨国流动性是不一样的。土地基本上是无法流动的，而水资源的跨国流动也受地理条件限制，因此直接进口农产品更加现实。资本流动性强，因此一国可以选择进口资本密集型产品，或是吸收资本自己生产。受当前各国移民制度的限制，劳动力的流动性要弱于资本，因此在制成品方面，多数国家也选择直接进口。而在服务业方面，一些劳动力缺乏的国家会选择进口劳动力，如在建筑业和家政服务业。因此，生产要素的全球化同样会产生替代效应和互补效应，下面对此可以做进一步分析。

① Mundell（1957）.

由于地质条件的不同，矿产资源在全世界的分布是不均衡的，在绝大多数情况下，矿产资源的国际贸易带来的是互补效应。而其他一些自然资源特别是农业（农林牧渔）生产所需要的自然资源虽然在不同国家间也有差异，但这种差异要小于矿产资源的分布差异，而且如前所述，这种资源往往是难以贸易的，如土壤、水分、日照等，因此只能进行产品的贸易。农业是第一次产业，世界上所有国家都是从农业社会发展而来，即使最发达的国家，也会保持一定规模的农业生产，何况当今世界仍然是发展中国家占多数，在不少发展中国家农业仍然是主导产业。再加上大部分工业化国家对本国农业实行保护，因此农产品贸易往往会产生替代效应，而且这种替代效应往往还很强。

自从工业革命之后，资本就成为最重要的生产要素，任何国家要想实现工业化、现代化，都需要资本积累。发展中国家资本相对稀缺，外国资本的到来总体上会带来互补效应。发达国家资本相对丰裕，但由于长期投资往往附着专业知识，且有利于实现规模经济和促进本地就业，因此一样欢迎外国资本流入。事实上，由于发达国家产权保护好，投资机会多，在相当长时期内曾出现发展中国家资本净流入发达国家的现象。① 这也是为什么资本流动主要出现在发达国家之间，资本密集型产品的国际贸易也主要出现在发达国家之间。由于流动性好，在全球化条件下，资本能够得到更好的配置，因此无论是发展中国家还是发达国家的资本拥有者总体上都是赢家。②

劳动力是不可或缺的生产要素。任何其他生产要素都必须和劳动力相结合才能进行生产，这是其他生产要素所不具备的特点。不同的产品和不同的技术，决定了劳动要素相对于其他要素在生产中密集使用的程度。在工业革命前，纺织业是一个劳动密集型产业，工业革命后变成资本密集型产业，今天又成为劳动密集型产业，未来随着智能制造的发展，可能又变成资本密集型产业。正因为劳动的这一特点，当其他要素被替代的时候，和这些要素共同生产的劳动要素也会被替代。如果进口农产品产生了替代效应，首当其冲的是土地的拥有者，但是种地的农民也会受到影响。如前所述，在劳动力缺乏的时候，输入劳动力不会造成替代效应。如美洲、大洋洲因为地广人稀且土地肥沃、资

① 诺贝尔经济学奖得主罗伯特·卢卡斯曾经问：按理说，发展中国家资本更稀缺，投资回报率应该更高，为什么发达国家资本不流向发展中国家？见 Lucas（1990）。

② Milanovic（2016）的研究清晰地显示，在过去 30 年中，不论是发达国家还是发展中国家，收入最高的 1% 的人群占总收入比重都显著上升。

源丰富，曾长时间吸引外来移民，甚至从非洲贩卖奴隶。但在本地居民达到相当规模之后，大规模移民停止了，而技术移民仍然在一定程度上保留。但进口劳动密集型产品，仍然是对本地劳动力特别是低技能劳动力的替代。在工业化时期，被替代的农业劳动力可以转向工业就业，在后工业化时期，被替代的工业劳动力可以转移到服务业就业。由于多数服务业是不可贸易的，在服务业就业本来是可以避免全球化竞争的。但移民的涌入，意味着这部分就业也不再安全。全球化的另一个表现就是基于商务、旅游、留学、就医、购物等原因跨国流动的人员也大幅增加，这部分流动可以看作是服务贸易的一部分，其影响和货物贸易类似。在一定数量范围内，服务贸易可以带来互补效应，超过了这一界限，可能会演变成替代效应。

除了土地、自然资源、资本和劳动之外，技术、知识、信息，甚至企业家精神都可以看作是重要的生产要素，我们可以将这部分无形的投入统称为知识。在新经济时代，知识作为生产要素的重要性日益提高，可能已经超越了其他几种传统的生产要素。由于知识具有规模报酬递增的特性，知识全球化带来的基本上都是互补效应。绝大多数国家都欢迎知识的传播，以及蕴含着知识的资本和人才。

短期资本的跨国流动是全球化的重要标志之一，甚至有人认为，金融全球化是全球化的高级形式。① 但长期以来，许多发展中国家饱受“热钱”大规模进出引发的金融危机之苦，这也是部分发展中国家反对全球化的重要原因之一。尽管美英等发达国家长期积极倡导和推动金融全球化，但迄今为止的证据都显示，短期资本自由流动带来的收益很小，潜在的危害却很大，其积极作用远不能和其他生产要素的全球化配置相比。② 这里，互补和替代效应就谈不上了。

全球化除了经济影响之外，商品、人员、资本、信息的流动也会产生社会影响，包括不同文化的冲击。在一定程度上，外来文化对本地文化也会产生互补和替代效应，互补效应受欢迎，替代效应受排斥。文化蕴含在有形的产品和服务中，也蕴含在无形的人员和信息流动中。例如，麦当劳和好莱坞电影在一定时期和一些地区曾经受到欢迎，也有可能在同一时间的其他地区或是同一地

① Mishkin（2007）.

② Stiglitz（2011）、Rodrik（2011）.

区的其他时刻受到抵制。受欢迎和被抵制的往往不仅仅是麦当劳这种食品或好莱坞电影这种娱乐产品，而是这些产品中代表的美国文化、美国生活方式和美国价值观。今天，随着发展中国家的产品和移民涌入，发达国家的不满，同样不仅仅是因为经济机会的丧失和替代，而是包含着对外来文化的替代效应的警觉和排斥。英国“脱欧”和美国这样一个移民组成的国家开始在边境建围墙，很大程度上也是为此。

二、全球化替代效应的不断增强

回顾历史，可以发现随着生产力发展、技术进步和政策调整，全球化就是一个替代效应不断增强的过程。如果我们按照替代效应和互补效应的强弱作为参考标准的话，全球化可以分为三个阶段。第一阶段，从 15 世纪末期地理大发现开始为标志，到工业革命爆发，这一阶段的全球化基本上是互补效应。第二阶段，从工业革命爆发到“二战”，全球化的替代效应开始显现。第三阶段，是“二战”后至今，替代效应显著增强。

全球化第一阶段应该从 15 世纪末期葡萄牙经非洲开辟亚洲新航线以及西班牙发现美洲新大陆开始。在此之前，跨洋和跨洲的国际贸易不是没有，如亚洲与欧洲通过陆上和海上“丝绸之路”进行的贸易，但一来美洲和撒哈拉以南非洲地区没有纳入这一贸易体系当中，二来当时的跨洋跨洲贸易并不具有全球化的意图,① 而西班牙、葡萄牙以及后来的英国、法国、荷兰等国有意识地在全球建立贸易网络，将全世界纳入整体的贸易体系之中。

这一阶段的贸易基本上是互补性的。西欧国家开辟新航线，一是要打破意大利沿海城市以及阿拉伯商人对东方贸易的垄断，二是要获取欧洲缺乏的香料。在发现美洲新大陆之后，更多的贸易机会涌现，特别是贵金属和农产品。此时无论是欧洲还是亚洲仍然是农业为主的生产方式，在部分经济发达和人口稠密地区虽有一定水平的手工业存在，但受生产能力限制，剩余产品很少，因此互通有无是这一阶段国际贸易的主要特点。替代性贸易不多，当然也不是没有，如印度向欧洲输出的棉布对英国纺织业带来了很大压力，导致英国采取了相应的贸易保护措施。此时的贸易政策是重商主义的，鼓励出口，限制进口。但由于互补效应如此强大，重商主义政策未能阻挡全球化的发展。

---

① MacGillivray (2006).

全球化的第二阶段与工业革命紧密相连。人类首次进入工业时代，生产力飞速提升。机器生产代替了手工生产，西方国家的制成品相对于其他地区取得了绝对优势，开始对外输出大量产品。同时，西方国家在全球范围内大肆掠夺甚至通过武力抢占各种矿产资源和原材料，以满足工业生产的需要。而交通和通信技术的发展，显著降低了贸易、投资和人员流动成本，全球化出现了前所未有的繁荣景象。到第一次世界大战前，整个世界都被纳入西方主导的全球生产和贸易及投资体系之中，世界市场最终形成。

这一时期的全球化，替代效应开始显现。一方面，以西方国家为主建立了全球垂直分工体系，工业品、资本和移民涌向殖民地并输入大量原材料，这是一种明显的互补作用。另一方面，西方工业产品的输入对部分发展中地区的手工业带来毁灭性影响，只不过由于力量对比悬殊，发展中国家无法扭转这一不利局面。而交通和通信技术的不断进步，以及老牌和新兴资本主义国家领先地位的交替，也对西方国家之间彼此的产业带来很强的替代效应的威胁。尽管自由贸易的概念在此一时期被提出并率先由英国付诸实践，但总体而言，实行自由贸易的时间要远远短于实行贸易保护的时间。在“一战”前，技术进步和工业革命所释放的生产力和所降低的贸易成本是如此巨大，保护主义并没有减缓全球化的步伐。但在“一战”后，由于经济不景气和技术进步放缓，贸易保护的恶果终于体现，全球化陷入困境，并最终成为“二战”的导火索之一。

有感于“二战”前贸易保护主义和国际政策协调失败带来的灾难性后果，“二战”后以美英等国为首的西方国家建立了一整套推动自由贸易、金融稳定和经济发展的国际经济体系，这是全球化第三阶段的开始。这一阶段，贸易自由化在理论和政策上取得了主导地位，总体上也被多数国家先后付诸实践。在20 世纪五六十年代，人类迎来了有史以来经济增速最快的时期，不能不说上述体系在其中发挥了重要作用。发达国家与发展中国家之间总体上仍然是垂直分工体系，但许多发展中国家采取了“进口替代”策略，没有积极参与全球化。发达国家之间的贸易存在一定的替代效应，特别是在日本和联邦德国国际竞争力不断提升以后，但由于垄断竞争和规模经济的存在，① 替代效应仍在可接受范围之内。

自 20 世纪 70 年代起，情况发生了变化。一是布雷顿森林体系的崩溃以及

① Krugman（1979）.

美英等国放松国内管制，使得世界进入了一个金融危机的频发期，全球化尤其是短期资本流动带来的负面影响开始显现。二是交通和通信技术的不断改进，特别是互联网信息技术的广泛运用，使得产品、资本、人员和信息流动成本进一步降低，流动速度进一步加快，跨国公司主导建立的全球生产链逐步形成，公司内贸易和产品内贸易重要性不断增强。三是以日本以及亚洲四小龙为代表的新兴经济体实施“出口导向”策略取得成果，其他发展中国家也先后实行对外开放政策，参与到全球分工体系当中。上述因素使得全球化的替代效应显著增强。

其中最主要的替代效应是发展中国家劳动对发达国家劳动的替代。部分发展中国家有丰富的自然资源，和其他发展中国家与发达国家的贸易均是互补关系为主。而另一部分发展中经济体劳动力资源丰富，他们融入全球分工体系之后，以出口劳动密集型产品为主，而由于全球生产链的出现，他们甚至可以从事资本或技术密集型产品中的劳动密集环节。这方面竞争力最强的先是亚洲四小龙，然后是东南亚国家以及中国。东亚经济体劳动密集型产品的优势不仅对发达国家的低技能劳动力造成了替代，甚至对其他发展中国家的低技能劳动力也造成一定替代。本来，发达国家制造业流失的低技能劳动力可以转向服务业就业，特别是不可贸易的生活服务业，但这些服务业的工资一般都低于制造业,① 而且这部分就业机会也因为来自发展中国家的合法与非法移民的涌入而逐渐减少。在这种情况下，发达国家低收入和中等收入的劳动者成为反全球化的新生力量，并且爆发出强大的政治影响力。

需要说明的是，尽管本轮全球化带来了巨大的替代效应，特别是对部分发达国家的劳动力带来了替代效应，但这并不意味着这些国家的整体利益受损。实际上，全球化带来的福利改善仍然是成立的。发达国家资本、技术和高端人才相对丰裕，这些要素流动性比其他要素更强，恰恰是本轮全球化的最大受益者。何况，当前的国际经济秩序由发达国家所主导，他们建立的规则往往都有利于其自身。比如说，很多发展中国家的农业具有比较优势，但农业是多数发达国家保护最严重的部门，因此全球化的好处并没有惠及这部分发展中国家。此外，美英为首的发达国家力推金融全球化，从中获取巨大利益，却给很多国家带来了金融危机。

---

① Scott（2015）.

因此，发达国家整体上依然是全球化的获益者，只不过其收益在内部没有合理分配和使用。理论上而言，让全球化的受益者补偿受损者，实现帕累托改进，这是应该的，也是必要的。政府可以通过税收、强化社会安全网、投资基础设施和公共服务等方法，让全球化的受损者特别是失业的劳动者有所保障，并获得重新就业的能力和机会。但美国和英国信奉自由放任的政策理念，反对政府过多地干预经济、社会发展，因此在这方面做得不够。① 此外，美国为了维持自己作为唯一超级大国的霸权地位，多次发动对外战争或进行武力干预，也挤占了本可以用于提升公共服务和加强社会安全网的财政资源。

此外，所有国家的消费者都从更多的进口产品和服务中获益。而且，有研究表明，低收入群体从更便宜的进口产品中获益最大。② 但具体到个体而言，物价再低也不能弥补因失业带来的收入损失。由于消费者更分散，获益也更分散，而失业者集中，受损也集中。在这种情况下，反全球化的力量更容易动员，其影响也就更大。例如，有研究表明，美国对糖种植业的保护相当于使美国消费者每年损失35亿美元，平均到每个美国人身上是11美元。③ 如果美国政府撤除这一保护，美国4000多家甜菜和甘蔗农场可能因此破产。农场主为了保住饭碗，有很强的动力组织起来要求继续保护。而美国的消费者则基本上没有什么动力为了节省11美元组织起来支持糖的自由贸易。

劳动作为一种生产要素是抽象的，但在现实中其拥有者是活生生的人。对于大多数中低收入群体而言，劳动仍然是最主要的谋生手段。一个劳动者一旦失业，不仅本身的生计会成问题，整个家庭也有可能陷入困境。虽说失业之后可以再就业，但劳动者原有的技能可能无法适应新的工作岗位，收入水平也会因此下降，特别是年纪较大、学历较低的劳动者学习新技能再就业往往比较困难。尽管发达国家的社会安全网已经比较健全，但仅仅依靠社会保障难以维持

---

① 由经济合作与发展组织（OECD，简称经合组织）实施的国际学生评估项目的数据显示，2012年美国15岁学生的数学素养在经合组织33个成员国中排第28名，科学排第20名，阅读排第17名，英国分别是第19、13和16名。经合组织2013年的一项研究显示，发达国家中向上社会流动性最差的就是英国，倒数第二差的就是美国。

② Fajgelbaum and Khandelwal（2016）.

③ Lincicome（2016）.

工作带来的体面生活。① 即使有工作的人，面临进口产品和移民的竞争，就业机会也受到威胁。因此，因全球化而被替代或面临替代威胁的劳动者成为反全球化的主力也就不足为奇了。

在发达国家，由于实行代议民主制，劳动者可以通过投票选举反全球化的政治家来实现自身的诉求。而全球化的受益者，如资本的拥有者和知识精英，尽管可以通过操纵舆论和提供资金来影响选举结果，但他们毕竟是少数，在一人一票的制度下，如果受损者是多数，他们将会取得胜利。这就是美国哈佛大学教授丹尼·罗德里克所提出的国家主权、民主政治和深度参与全球化的三角悖论，即三者不可兼得。一国如果想保持民主政治和国家主权，就不能深度参与全球化；或是一国想要保持民主政治并深度参与全球化，就不得不让渡国家主权；或是想维持国家主权，又想参与全球化，那就不能实行一人一票的民主制。罗德里克认为，对于西方国家而言，民主制是不可动摇的，因此只能在国家主权和全球化之间权衡。英国为了拿回加入欧盟时让渡的国家主权，毅然选择“脱欧”。同样，特朗普退出 TPP，在边境修围墙，也是要实现“美国优先”。

因此，全球化实际上就是一个替代效应不断增强的过程。之所以到现在爆发出来，一方面，是因为量变导致质变；另一方面，是因为过去经济繁荣时期，创造出来的新增就业机会可以吸纳因全球化受损的群体，而国际金融危机后，发达国家经济低迷，新增就业机会减少，已经不足以弥补全球化的替代效应。回顾历史可以发现，经济不好的时候，贸易保护主义最容易抬头。19 世纪 70 年代以及 20 世纪 30 年代贸易保护主义的全面上升，都与当时西方国家的经济和金融危机有直接关系，今天也是如此。事实上，中国参与全球化同样面临替代效应，同样存在受损者，但因为改革开放释放的增长潜力足以弥补这些损失，所以反全球化并未成为主导力量。如果有一天，中国经济增速显著下降，参与全球化造成的替代效应更加突出，反对开放的声音就会越来越强。

三、回归互补型的全球化

如果上述分析成立，那么全球化调整方向就比较清晰了，那就是从替代型

---

① 美国的劳动参与率在 2000 年达到 67.3% 的历史最高水平后一直下降，当前只有 62.9%。尽管危机过去八年，美国的长期失业率仍显著高于历史平均水平。关于失业对劳动者的长期影响，参见 Applebaum（2012）。

的全球化回归互补型的全球化。带来互补效应的全球化还会坚持，因为全球化带来的好处还是很明显的，没有人会完全关紧国门，走向封闭和孤立。但是，产生替代效应的全球化政策可能会被收紧，尤其是对劳动替代效应强的政策都会出现某种程度的调整。不同国家要具体情况具体分析。

以美国为例，其农业有一定国际竞争力，将会成为未来美国打开其他国家市场的重要领域，美国政府也会继续补贴和支持这一行业。而美国不会对自然资源的贸易实施太多限制，因为总体上互补效应仍占主导地位。而在制造业，美国会采取更多的贸易保护措施，以维护和扩大就业。比如说，对进口产品征边境税，迫使其他国家汇率升值，惩罚将本国工厂搬迁到海外的企业等，同时吸引资本回流和欢迎外来投资。在服务业，可贸易部分美国有较强国际竞争力，美国将继续要求其他国家开放市场。不可贸易部分，为维护本国就业，将采取严格限制移民的措施。但是，美国会继续吸引高端人才，因为其互补效应仍然明显。为什么特朗普退出 TPP，却提出今后以双边自由贸易协定为主？因为在多边贸易协定中，为了降低谈判成本，兼顾多方利益，必须建立统一的贸易规则和框架，缺乏足够的灵活性，单个国家的利益难以完全体现。而在双边贸易协定中，无论是在贸易伙伴的选择上，还是在具体领域的开放上，双方都可以最大限度地发挥互补效应，减少替代效应。

英国体量比美国小很多，农业和制造业都不发达，因此非常依赖国际市场。这就是为什么英国虽然“脱欧”，但将继续维持和欧盟国家的自由贸易关系。同美国类似的是服务业，英国将继续推动金融全球化，但将严格控制移民。在此基础上，英国提出成为“全球的英国”，意味着该国将和欧盟之外的其他贸易伙伴积极开展双边合作，甚至是自由贸易关系，其目的同样是要最大化互补效应，最小化替代效应。法国大选中，极右翼候选人勒庞的竞选纲领也类似，如关闭边界，退出欧元区等，目的也是要拿回国家主权。

但是，上述措施是否真能达到理想效果存在很大不确定性。这是因为，逆全球化违背经济规律，即使短期内能取得一定效果，但长期内将损坏经济效率，最终可能无法持续。而且，贸易保护会导致贸易伙伴采取贸易报复，上述措施的效果也会大打折扣。总体而言，贸易保护是治标不治本，要想真正解决全球化带来的替代效应及其他一些不利影响，可能需要建立全球化受益者对受损者的补偿机制，确保全球化能惠及最广大的人群，使全球化能健康、可持续地向前发展。在一国之内，识别全球化的受益者，以及建立和执行补偿机制，只能是具有立法、执法以及在不同群体之间实行转移支付能力的政府来完成。具体的做法可以是根据受益者参与全球化的程度和获益情况征税，当然，这种征税必须考虑可行性的问题。比如说，对国内企业的对外投资额以及海外投资收益征收一次性总赋税，① 对短期资本流动征收托宾税，对出入境旅客和移民征收离境税或入境税等，力争实现“谁获益、谁付费；获益多、付费多”的原则。正如税收是为了维护一个文明社会所付出的代价一样，对全球化活动征税，也可以说是为了让全球化收益在更大范围内的共享，并因此获得更广泛的支持。②

对全球化的受损者可以采用普遍和特定两种方式予以补偿。普遍方式指的是普惠性政策，但客观上使受损者获益。一方面，政府应该加强有利于人力资本提升的公共服务，比如说教育，包括基础教育、职业教育和高等教育，还有培训，如失业培训、在职培训等，建立终身学习系统，提升国民素质，使其能更好地适应全球化竞争。另一方面，加强社会安全网建设，使全球化竞争的失利者有所依靠。特定方式指的是仅针对全球化受损者给予的补偿措施。这里需要建立一个专门机构，对全球化受损者身份、受损事实和受损程度予以认定。基本上每个国家都有劳动仲裁和贸易仲裁机构，适当改造就可以成为履行这一认定职责的机构。一旦认定，既可以在上述普惠性政策中叠加对全球化受损者的支持，如培训和失业救济时限可以延长，也可以将从全球化受益者中征税所得成立专门基金，直接对受损者予以现金补偿。此外，常规贸易救济手段也可以合理运用。需要说明的是，补偿不是补贴。全球化竞争的失利者获得补偿的另一个前提条件是不得从事原来的工作，否则补偿就变成补贴没有竞争力的劳工或企业，这是必须反对的。

不同国家，可以根据自身比较优势、发展阶段、政治体制，确定参与全球化哪些方面产生了互补效应，哪些方面产生了替代效应，互补效应是否应该鼓励，替代效应是否需要建立受益者对受损者的补偿机制。对于多数国家而言，资本和高技能劳动力是全球化的受益者，而且存在互补效应，特别是长期投资

---

① 比如说，皮凯蒂（2014）曾提出要对资本征税以消除收入不平等，但由于资本的跨国流动性强，他又认为单个国家这么做只能是个“乌托邦”。因此，美国特朗普政府最近提出的对美国企业海外投资征收一次性总赋税的做法似乎更加可行。

② 即使是全球化最坚定的捍卫者之一，美国哥伦比亚大学教授贾格迪什·巴格瓦蒂也很早就提出，要对发展中国家外流的高技术移民征税，以补偿这些国家的损失。见 Bhagwati（1976）。

和专业人才，对于这两种要素流入会继续鼓励，对流出可以征税，用于补偿中低技能劳动力被全球化替代的损失。对中低技能劳动力的流入应通过行政、法律和经济手段加以控制，除非是劳动力缺乏的国家。发展中国家对于短期资本流入和流出仍然要加以管控。

如在自然资源、初级产品领域有比较优势的国家，参与全球化互补效应显著大于替代效应。但从长远来看，资源可能会有枯竭的那一天，因此应善用资源收入，除了做好投资实现资产保值增值，应大力投入公共服务，提升人力资本，吸收外国资本和高端人才，发展初级产品加工业和现代服务业，提升产品附加值，塑造新的国际竞争力。如果是农业领域有比较优势的国家，还应该敦促其他国家开放农产品市场，减少对农业的补贴等。而对于在中低技能劳动力具有比较优势的发展中国家而言，参与全球化可以吸引资本和技术，同时扩大就业，提高收入，因此也是互补效应大于替代效应。

全球化调整的幅度还取决于技术进步和经济增长的速度。如果交通和通信技术能够出现重大突破，大幅降低全球化的成本，那么贸易保护的作用会被抵消，替代效应仍然会不断增强。如 19 世纪末期主要发达国家纷纷采取贸易保护主义措施，关税水平大幅上升，但由于同期爆发了第二次工业革命，交通运输成本显著下降，抵消了贸易保护主义带来的不利影响，因此全球化仍然实现了大发展。① 同样的道理，如果今天人类发明了新的交通运输工具，从北京到纽约的飞行时间从 12 个小时减少到 2 个小时，那么再严格的移民政策也挡不住人员的跨国流动。目前，有不少人在讨论新一轮科技革命和工业革命的可能性。总体而言，交通技术还没有显示出革命性的前景，而信息技术仍然在不断发展，智能制造、3D 打印、虚拟现实等技术的发展有可能强化全球化的替代效应，特别是在原来一些不可贸易的服务业部分。② 但是，上述技术在制造业的应用有可能提升发达国家在这方面的竞争力，缩短全球供应链。因此，信息技术进一步发展对全球化的总体影响还不确定。

当经济不景气的时候，贸易保护主义更容易抬头，而在经济繁荣期，对全球化的反对不会那么强烈，因为进口竞争带来的压力可以在一定程度上被国内的经济增长所抵消。在短期内，经济增长会呈现周期性的波动，国际金融危机

---

① Bernstein（2009）.

② Baldwin（2016）.

爆发至今已逾十年，不排除当前世界经济出现周期性的复苏。但从长期来看，经济增长取决于技术进步。尽管当前信息技术发展很快，但也有学者认为，总体上技术进步的速度在放慢，信息技术革命对经济增长的作用远远不能和第一次工业革命及第二次工业革命相比，因此，西方国家将陷入长期的低增长期。① 如果这种判断是正确的，那么回归互补型全球化的趋势仍然成立。

回归互补型全球化，意味着“二战”后建立的全球经济治理体系也会出现调整。布雷顿森林体系建立的多边国际机构如世界银行、国际货币基金组织、世界贸易组织的作用将进一步弱化。国家主权将重新获得尊重，大国协调将成为解决国际事务的主要机制。多边贸易谈判已经多年没有取得进展，今后可能也很难取得突破。在美国放弃 TPP 和英国脱欧之后，区域贸易自由化进程也会放缓。在互补效应明显的贸易伙伴中，区域和双边贸易和投资的自由化还有可能。对金融全球化的支持会越来越弱，对跨国移民的控制将日趋强化。

近四十年来，中国抓住了这一轮全球化的契机，积极参与全球分工，不仅从外部获取了宝贵的资金、技术、人才和市场，也有力地促进了国内的体制改革和经济发展。总体而言，中国参与全球化产生的主要是互补效应，替代效应当然也存在，但由于中国自身存在的比较优势、后发优势和规模优势以及政府坚定不移地融入全球经济，这些替代效应更多地起到了对中国发展的促进作用，即使有负面影响，也因为经济的飞速发展而不显。毫无疑问，中国从参与全球化中获得巨大收益，但随着中国从“世界工厂”转向“世界市场”，并成为净对外投资国，我们也为全球化和全球经济发展做出了巨大贡献。

面对全球化可能出现的调整，我们要认清这一变化。在生产力发展和技术进步的作用下，全球化向前发展的大趋势是不变的，但在一定时期内出现调整也是正常的。要充分认识到全球化调整可能对我们产生的不利影响。一方面，发达国家不再积极推动全球化，削弱了对这一全球公共产品的提供和维护；另一方面，发达国家是中国参与全球化的重要伙伴，其政策调整直接影响中国参与全球化的收益。对此我们要做好准备。

但是，我们仍然要坚定信心。一方面，我们不怕封闭。全球化的倒退是多输，没有赢家，但受资源禀赋和技术条件限制、更加依赖于国际市场的小国损失更大，而像中国这样国内市场需求大、产业门类齐全的国家损失相对小，美

---

① Gordon（2016）.

国这样的大国也同样如此。如果全球化真的出现大幅倒退，中国是最有条件适应这一变化、将损失减到最小的国家之一。另一方面，我们更不应该惧怕开放。不能因为我们对国际市场依赖相对较小，内部回旋余地大，就可以对全球化的退潮和调整无动于衷、无所作为。自助者，天助之。习近平总书记在 2017 年达沃斯世界经济论坛上指出，中国将坚定不移地推进对外开放，更深更全面地融入全球经济当中。过去近四十年的实践表明，越开放，中国就越发展，国际竞争力就越强。事实上，由于中国的开放远远没有到位，进一步对外开放将更多地给我们带来互补效应。即使存在替代效应，我们也能够像习总书记所言，“在游泳中学会游泳”。

参考文献

1. 习近平：《共担时代责任 共促全球发展》，在世界经济论坛 2017 年年会开幕式上的主旨演讲，2017 年 1 月 7 日。

2. 丹尼·罗德里克：《全球化的悖论》，廖丽华译，北京：中国人民大学出版社，北京 2011 年 10 月。

3. 弗雷德里克·米什金：《下一轮伟大的全球化》，姜世明译，北京：中信出版社，2007 年 11 月。

4. 皮凯蒂：《21 世纪资本论》，巴曙松等译，北京：中信出版社，2014 年 9 月。

5. 约瑟夫·斯蒂格利茨：《让全球化造福全球》，雷达、朱丹、李有根译，北京：中国人民大学出版社，2011 年。

6. Applebaum, Binyamin. "The Enduring Consequences of Unemployment", *New York Times*, March 28, 2012.

7. Baldwin, Richard. *The Great Convergence: Information Technology and the New Globalization*, Harvard University Press, Cambridge Massachusetts, 2016.

8. Berry, Steven, James Levinsohn, and Ariel Pakes. "Voluntary Export Restraints on Automobiles: Evaluating a Trade Policy", *American Economic Review* 89 (3): 400-430, 1999.

9. Berstein, William J., *A Splendid Exchange: How Trade Shaped the World*, Grove Press, May 2009.

10. Bhagwati, Jagdish. "Taxing the Brain Drain", *Challenge*, Vol. 19, No. 3, pp. 34-38, 1976.

11. Fajgelbaum, Pablo D. and Khandelwal, Amit K. "Measuring the Unequal Gains from Trade", *Quarterly Journal of Economics*, 131 (3): 1113-1180, 2016.

12. Gordon, Robert. *The Rise and Fall of American Growth: The U. S. Standard of Living since the Civil War*, Princeton University Press, January 2016.

13. Krugman, Paul. "Increasing Returns, Monopolistic Competition, and International Trade", *Journal of International Economics*, Volume 9, Issue 4, pp. 469-479, November 1979.

14. Lucas, Robert. "Why dosen't Capital Flow from Rich to Poor Countries?" *American Economic Review*, 80 (2): 92-96, 1990.

15. Lincicome, Scott. "Promoting Free Trade in Agriculture", *Eurasia Review*, July 2016.

16. MacGillivray, Alex. *A Brief History of Globalization*, Carrol & Graf Publishers, New York 2006.

17. Milanovic, Branko. *Global Inequality: A New Approach for the Age of Globalization*, Harvard University Press, Cambridge Massachusetts, 2016.

18. Mundell, Robert A. "International Trade and Factor Mobility", *American Economic Review*, 47 (3), pp. 321-335, 1957.

19. Scott, Robert E. "The Manufacturing Footprint and the Importance of U. S. Manufacturing Jobs", *Economic Policy Institute Briefing Paper*, No. 388, January 2015.

改革论坛

Reform Forum

Comparative

从“中国制造”到“中国创造”

魏尚进　谢　专　张晓波

一、引言

从1980年到2015年，中国经济总量年均增长达到了8.7%。在这35年间，人均实际收入累计增加了17.6倍，从1980年的714美元增长到2015年的13277美元（基于IMF数据，以2011年购买力平价美元计算）。除了赤道几内亚这个人口不到100万的石油产出国，没有其他国家在同期达到中国同样的增长速度。中国的经济增长无疑是举世瞩目的奇迹。

但是，中国经济现已走到了一个十字路口。从2012年至今，经济增长率已下滑至6%—7%，并可能进一步放缓。其中一部分原因是周期性的，即近年来全球经济疲软直接影响了中国的出口。但经济增速放缓的主要原因还是结构性的。中国经济在过去35年的增长主要依赖于几个因素：一系列以市场为导向的制度改革（包括开放对外贸易、积极招商引资等）、低工资和人口红

* 魏尚进，美国哥伦比亚大学商学院教授，美国国民经济研究局中国经济研究组主任；谢专，博士，供职于国家外汇管理局中央外汇业务中心；张晓波，北京大学国家发展研究院国家“千人计划”讲座教授，国际粮食政策研究所的高级研究员。因篇幅所限本文省略了附录部分内容，有需要者可向《比较》编辑室索取：bijiao@ citicpub. com，或登录网站自行下载：https：//assets. aeaweb. org/assets/production/files/3239. pdf。——编者注

利。但现在，中国的工资水平已经高于大部分经合组织（OECD）以外的国家，例如，目前中国劳动力的工资水平是印度的3倍，而后者拥有和中国相当的劳动力规模。中国的劳动人口数量从2012年起已经开始下降。

本文第二节将回顾过去中国经济增长的主要动力，并解释为什么这些因素无法继续发挥那么大的作用，由此得出结论，未来中国经济增长需要更多地依靠劳动生产率的提高。2015年，投资占中国国内生产总值的比重已达到43.3%，未来很难再依靠增加固定资产投资来实现经济的高增长。事实上，白重恩和张琼（2014）发现投资回报率在2008年后出现了下降。当然，生产率的部分提高可以通过减少资源错配来实现（Hsieh and Klenow，2009），这要求进一步推进包括国有企业改革在内的要素和产品市场的改革。但是，两方面因素会让未来改革的步伐放慢：一是现在的利益集团与过去相比，拥有更多阻挡改革的手段；二是较容易实现的改革已经完成，剩下的都是难啃的骨头。因此，通过进一步改革提高生产率的空间比以前要小。

自2008年国际金融危机爆发以来，其他国家对中国产品的需求显著下降，而中国的工资持续快速上涨，以出口劳动密集型产品为导向的经济增长模式逐渐失去比较优势。同时，从80年代初期开始严格执行的计划生育政策导致了超低生育率和非自然的人口抚养比，使中国产生巨大的人口红利。但目前这一政策所产生的人口红利已经消失，现在新进入劳动力市场的人数少于新退休人数，导致人口抚养比攀升。

面对不断上涨的工资水平和疲软的外部需求，中国企业需要做出一个艰难的抉择："进"、"出"、"上"还是"下"。"进"，指的是将企业从沿海地区搬迁到工资水平相对较低的内陆地区。但是，由于沿海和内陆地区工资水平逐步收敛，并且内陆企业面临更高的运输成本，"进"的策略至多是一种权宜之计。"出"，指的是对外直接投资，将中国的生产技术与更贫穷国家的低劳动力成本相结合。"上"，指的是创新和升级，企业通过研发新技术和新产品来减少对低成本劳动力的依赖。"下"，指的是关闭企业，退出市场。对于单个企业而言，"下"是一种选择，而对于整个国家而言，不可能允许所有企业都退出市场。在以上策略中，中国经济发展前景的决定性因素是中国企业能否实现创新升级，以及创新升级的速度有多快。在第三至七节中，我们将着重讨论创新和质量升级的问题：中国的研发投资是否足够多且合理，能否支撑向创新经济体的转型？

我们特别关注三个问题：第一，中国的研发投入强度有多高？我们通过国际经验比较，并分析近年来中国的发展状况，来回答这个问题。

第二，中国企业创新能力的增长趋势如何？为了回答这一问题，我们主要利用中国国家知识产权局（SIPO）、美国专利商标局（USPTO）和世界知识产权组织（WIPO）的专利数据，以专利申请和授权的数量作为创新活动的度量。我们将中国的专利增长与其他金砖国家（巴西、俄罗斯、印度和南非）和几个高收入经济体（如美国、德国、日本和韩国等）进行比较，发现尽管中国仍需要借鉴印度和韩国的发展经验，但近几年来中国在以专利衡量的创新方面表现得非常好。我们发现，工资上涨和市场扩大是中国专利爆炸性增长的主要原因。

第三，中国的创新同样存在一些问题。中国仍然拥有数量可观的国有企业，它们在创新方面的表现不如私企，专利申请和授权相对于研发的弹性显著低于私企，却获得了更多的政府补贴。这说明创新领域的公共财政投入存在资源错配的问题。有意思的是，我们发现国企往往面临更高的实际税率（营业税和增值税占收入和增加值的比重）。由此，我们给出的政策建议是：让不同类型的企业处于同一起跑线上，并减少补贴和税收，以提高资源配置的效率。

二、改革开放后中国经济高速增长和2012年后增速放缓的原因

中国经济在过去几十年的快速增长得益于两方面因素：一是市场导向的改革，包括市场取代计划成为产品和要素的价格决定机制，引入并加强了知识产权的保护，降低了国际贸易和外商投资的门槛。二是经济基本面，包括有利的人口结构和劳动力低工资起步水平的优势。我们将分析这些因素在过去36年来的变化趋势。

中国的增长奇迹始于80年代初的农业改革，即“家庭联产承包责任制”。在集体所有制下，农民将农产品以计划价格（往往低于市场价）卖给国家。改革后，农民拥有土地的使用权，并能以市场价格销售上缴国家公粮后剩余的农产品。在接下来的几年内，粮食产量和农民收入迅猛上涨（Lin，1992）。在短短几年时间里，成千上万的农民从土地中解放出来，进入工厂工作，为非农部门提供了大量劳动力。在80年代，中国是劳动力成本最低的发展中国家之一，工资水平甚至低于印度和菲律宾，劳动力成本在138个非经合组织（OECD）成员国中排115位。由于户籍制度的限制，大部分人只能在农村地区工作和生活。在劳动力流动限制被解除之前，乡镇企业为当地的劳动力提供

了就业机会，使劳动力资源从低生产率的农业部门流向高生产率的非农部门。

在90年代，政府实施了乡镇企业和国有企业改革。大多数乡镇企业在法律上和事实上均实现了民营化。到2011年，乡镇企业这一概念几乎消失，就业人数从1995年的1.29亿人下降到2011年的600万人（Xu and Zhang，2009）。在城市，过去就业以国有企业为主。改革之后，国企就业人数从1995年的1.13亿人下降到2011年的6700万人，下降了近一半；国企的数量从1995年的1084433家（占企业总数的24%）下降到2014年的521503家（占企业总数的3%）。国企数量的下降幅度大于就业人数的下降幅度，这在一定程度上是国企改革“抓大放小”的结果——小型国企民营化，重点发展大型国企（Hsieh and Song，2015）。

改革在短期内是残酷的，城市里数千万工人被迫从国企下岗，然而中国的失业率并未因此大幅上升。关键原因在于民营化改革的同时，国家采取了一系列措施以降低私企的进入门槛。之前由于低效的计划经济体制、国企占据主导地位以及行业进入门槛高等因素，市场中存在着大量未被充分发掘的机会。因此，改革之后富有活力的民营部门创造了许多新的工作岗位，吸收了几乎所有乡镇和国有企业的下岗职工。民营企业的数量在1995年至2014年间翻了5倍（表1）。截至2011年，1.93亿人在民营企业工作（包括自雇）（国家统计局，2012），这说明有史以来规模最大的民营化改革是成功的——在避免大规模失业的条件下，将劳动力从国有部门转移到了民营部门。

表1　中国的工商注册企业数量（1995—2014年）

年份	年末企业数	民营占比（%）	国有占比（%）	外资占比（%）
1995	4598604	71	24	5
2000	5875706	76	19	5
2005	7980991	85	10	5
2010	11150201	90	5	5
2014	18178921	94	3	3
年均增长率（%）				
1995—2005	6	8	−3	5
2005—2014	10	11	−5	3
1995—2014	8	9	−4	4

注：作者根据中国工商注册企业数据库计算。企业根据其注册类型分为民营、国有和外资企业。

在此期间，民营经济的迅猛发展是中国经济增长的主要动力，成千上万的企业家起到了关键作用。制造业的发展尤其突出，增长速度明显高于农业和服务业。魏尚进和张晓波（Wei and Zhang，2011b）根据1995年和2004年的经济普查数据总结了两个“70%”的规律：第一，在两个普查年份之间，大约70%的工业增加值来自民营部门；第二，大约70%的民营部门增长来自新增企业，而剩下30%来自现有企业效率的提高。

中国还实施了一系列其他改革措施，以促进地方政府实施有利于经济增长的政策。例如，在80年代初实行的财政分权改革，中央和地方政府按一定比例分享税收（因不同地区讨价还价能力有所差异，各地分成比例不同）。改革赋予了地方政府更多自主权，并且使它们之间相互竞争。地方经济增速成为决定地方官员升迁的关键指标。地方政府为追求经济增长和财政收入，需要扩大投资和税基，在招商引资方面形成激烈竞争，会优化营商环境、减少对企业资产的侵犯。因此，在改革初期，虽然正式产权制度并不健全，但是民营企业在一定程度上仍受到地方政府的产权保护（Qian and Weingast，1997；Xu，2011）。

在八九十年代，中国政府还在沿海各省设立了众多经济特区和开发区以吸引外商直接投资。开发区的建立帮助政府解决了两个难题。一方面，在改革开放初期，中国基础设施薄弱，而用于基础设施建设的资金又十分有限。政府短期内没有能力在全国范围内提供优质基础设施，但可以集中资金在开发区内提供道路、能源供应和垃圾处理等基础设施。另一方面，在开发区内推行改革政策要比在全国范围内直接推广更容易。经济开发区在招商引资、创造就业和增加税收方面的成功起到了示范作用，反过来促进了开发区外全国性的市场化改革。特别是在1992年之后，外商直接投资迅速增加，使得外资企业成为中国从发达国家获得先进技术和管理方法的重要渠道，经济特区在其中发挥了重要的作用。

2001年12月中国加入世界贸易组织（WTO），加速了中国和世界经济融合的步伐，外资企业常常占到中国出口贸易总额的一半。中国的贸易总量迅速增长：国内生产总值（GDP）大约每7年增长1倍，而以美元计价的出口额几乎每4年就增长1倍。2004年，中国被称为“世界工厂”，这个称号不仅涉及跨境贸易总量，也代表着行业的覆盖程度（Feestra and Wei，2010）。中国进出口和外商投资的迅猛增长也是国内企业获得隐性知识的重要途径。

中国经济发展的根本原因是改革和开放，而经济增长的主要驱动力是生产率的提高。生产率的提高包括行业内的技术进步以及资源（主要是劳动力）

从低生产率部门向高生产率部门的转移，比如从国有部门向民营部门的转移、从农业部门向非农部门的转移（Zhu，2012）。从1978年到2015年，行业内的生产率进步和结构变迁分别贡献了42%和17%的经济增长（Fan et al.，2003）。

市场化改革实施30年以来，中国似乎有用之不竭的剩余劳动力（理论上主要是农村地区低生产率的劳动力）。但是劳动力短缺的信号在2000年后开始出现。根据蔡昉和都阳（Cai and Du，2011）以及张晓波等人（Zhang et al.，2011）的结论，低技能工人的工资从2003—2004年开始以两位数的速度增长。关于低技能工人工资快速增长的具体拐点仍存在争论。王晓兵等人（Wang et al.，2011）认为转折点在2000年就已经到来。而约翰·奈特等人（Knight et al.，2011；Golley and Meng，2011）指出目前人口迁徙依然存在障碍，严格的户籍登记制度对人口流动仍有较大限制。如果消除这些制度性障碍，会有更多农村劳动力向城市转移。然而，无论争议结果如何，中国都不再是一个低工资国家。

两个人口结构特征的转变是过去35年经济增长的另一个重要推力。第一个特征是有利的子女比例。生育率的下降意味着对于固定数量的工作群体而言，需要抚养的子女更少。劳动人口所占比重持续稳定地上升了30年，产生了非同寻常的人口红利，对经济增长做出了巨大贡献（Cai and Wang，2008；Wei，2015）。

第二个人口结构特征是性别比例的失衡，它对经济发展产生了显著影响，但被关注较少。计划生育的“独生子女政策”和重男轻女的习俗导致性别比例失衡。当独生子女一代进入适婚年龄，年轻的男性面临着竞争极其激烈的婚姻市场。为了吸引潜在的新娘，有男孩的家庭会更努力地工作，储蓄更多的钱，承担更多的风险，包括选择创业（Wei and Zhang，2011a，2011b；Chang and Zhang，2015；Wei、Zhang and Liu，2016）。性别比例失衡引起的婚姻市场竞争贡献了每年两个百分点的经济增长（Wei and Zhang，2011b）。

我们有必要指出，性别比例失衡所引起的经济增长有很大的负面影响：社会总体福利可能随着经济增长反而降低。魏尚进和张晓波（2011）解释了这个逻辑：推动经济增长而额外付出的工作努力、承担的风险，是为了提高自己（或者自己孩子）在婚姻市场上成功的机会。但是，在宏观层面，工作努力和风险承担程度并不能决定无法结婚的男性的比例，不能从根本上改变性别比例失调的问题。从这个意义上讲，所有人更努力地工作、承担更大的风险，都是徒劳的。如果能回到性别比例平衡状态，也许经济增长速度会放慢，但社会的福利水平反而会提高。

因此，从1980年到2011年，中国经历了低工资、巨大人口红利、低抚养比例以及年轻人性别比例失衡的时期。但从2012年开始，15—60岁的人口数量开始减少。延迟退休年龄和鼓励女性参与工作的政策至多只能延缓劳动人口下降的趋势。中国女性劳动参与率在1980年之前的计划经济时代非常高，高于绝大多数非共产主义国家，比如美国、日本、德国、印度和印度尼西亚。随着时间的推移，女性的劳动参与率有所下降。2015年11月，政府放宽了计划生育政策，允许二胎，因此在未来10—15年间，孩子的数量会增加而工作的人数却没有改变，使得人口抚养比大幅上升。毕竟，没有夫妻可以直接生出一个16岁的孩子（Wei，2015）。出生婴儿的性别比例从2009年起逐渐向平衡发展，所以由性别比例失衡导致的经济增长会逐渐减弱。①

三、生产率的变化趋势

为了区分实物资本、人力资本（用受教育年限调整后的劳动人数）和全要素生产率的增长对中国经济增长的贡献，我们根据总生产函数做一个分解。② 图1汇报分解结果，有几点值得注意。第一，实物资本投资对中国经济增长一直起到重要作用，它解释了这一时期67.9%的增长。2009年全球金融危机之后，政府推出“四万亿”经济刺激政策，使得实物资本投资的相对贡献上升到107%。第二，人力资本的贡献是正的，在1999年到2008年期间贡献了12.5%，在2009年到2015年期间贡献了16%。由于实物投资在中国经济增长中占有极大比重，中国人力资本的贡献小于经合组织国家的平均水平。第三，2008年前全要素生产率的提高是经济增长的重要驱动因素，贡献超过20%（1989—1991年除外）。

需要注意的是，全要素生产率的提高对经济增长的贡献从2009年起转变

① 除了自2012年以来的经济增速放缓之外，中国还需要面对并处理收入不平等、地区差异、环境恶化和腐败等问题。对于这些问题的观点，请参见 Fan、Kanbur、Wei and Zhang (2014)。

② 计算的方法和数据在网上的附录A被解释，详细请见 http：//e－jep.org.

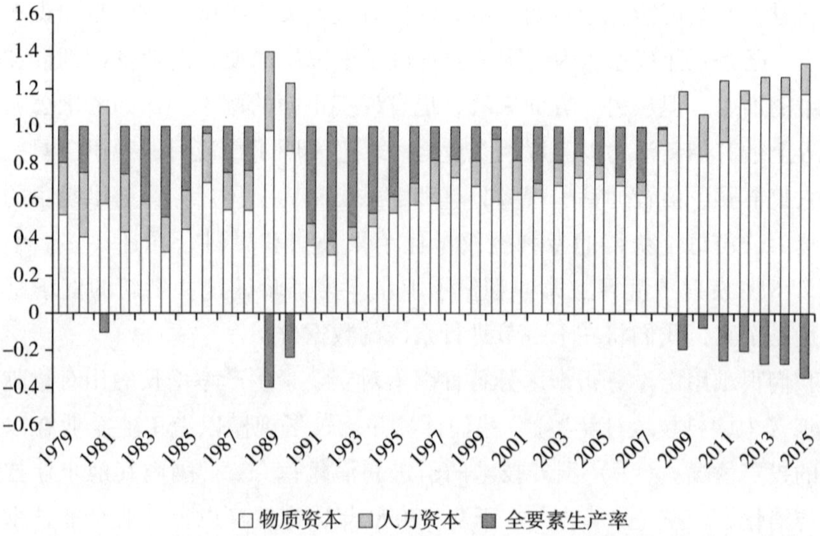

图1 1979—2015 年物质资本、人力资本和全要素生产率对 GDP 增长率的贡献

注：估计方法详见附录。

为负值。① 但仔细想想，也许并不奇怪。中国政府对 2008 年全球金融危机的反应是大力增加固定资产投资，而不是推进结构性改革来提高效率。经济增速虽有短期反弹，但从 2012 年后开始下滑，这些因素共同导致了全要素生产率的负增长。

中国经济现在已经走到了一个十字路口。不利的人口结构和不断攀升的劳动力成本等结构性因素意味着经济的潜在增长率下降了。未来要想实现稳定的经济增长，提高全要素生产率势在必行。

提高未来生产率的一个办法是进行更多的结构性改革。这包括消除劳动力流动障碍（户籍制度）和对企业进行普惠的金融支持。另一个提高生产率的方法是创新。创新包括创造新产品，改进现有产品的设计、外观、生产流程，建立新商业模式、新品牌和新市场策略。

中国能从一个“世界组装工厂”变成创新强国吗？如果单从西方媒体的

---

① 基准假设是资本收入的比例为 50% 。我们将这一值从 0. 4 到 0. 55 进行变动，发现全要素生产率的整体趋势不变。我们的结果基本和伍晓鹰（2014）是一致的。比如，他发现 2007—2012 年的全要素生产率增长为负，而我们发现 2009—2014 年为负。我们的区别在于他的增长分解方法中人力资本的占比更高，这可能和用受教育年限来调整有关。

报道来看，答案可能是否定的。西方媒体有大量关于中国企业侵犯知识产权的新闻。① 还有一种观点认为中国的教育过于重视死记硬背而缺少批判性和创造性思维的训练。但从另一方面来看，也有许多正面的例子。比如腾讯公司被视为世界上最有创新活力的互联网企业之一，它发明了最流行的通讯工具——微信，它集群聊、语音通话、视频分享和金融交易为一体。作为通讯装备的制造商，华为公司每年获得的专利授权量比苹果公司和思科公司还要多。中国于2016年8月发射了世界上第一颗量子卫星。为了验证这些创新的例子是普遍情况还是个案，我们将在下一节进行系统的数据分析。

我们很难用定量分析来区分各种因素对全要素生产率增长的相对贡献。基于历年《中国科技统计年鉴》，我们计算并比较了规模以上工业企业在以下三方面的投资情况：（一）国外技术的引进和消化；（二）国内其他企业技术的购买与消化；（三）技术的自主研发。2000年，在规模以上工业企业技术改造和自主研发资金中，20%用于引进和消化国外技术，2%用于购买和消化国内其他企业的技术，78%用于技术的自主研发。随着时间的推移，第一项投资的占比呈现下降趋势而后两项呈上升趋势。截至2014年，在规模以上工业企业投入到技术提升的资金中，11%用于引进和消化国外技术，5%用于购买和消化国内其他企业的技术，84%用于技术的自主研发（见图2）。这些数字间接表明了国内制造业的创新能力正在提高。

四、研发资金和人员投入

创新型国家或企业通常都会在研发（R&D）上大量投资。美国、日本和德国，这三个最大的高收入国家2014年在研发上的投入资金超过GDP的2.7%，比同期经合组织国家的均值（1.9%）高了将近50%，是多数最不发达国家的3倍。如果中国希望转型为创新型经济体，也需要增加在研发上的投资。

关于中国的研发数据最早可追溯到1991年，按照世界银行的估计，当时中国研发投资占GDP的比例是0.7%。这一比例远低于几个发达国家如美国、日本和德国等，但与其他发展中国家相比并不低，比如印度、巴西和南非等。

① Fang、Lerner and Wu（2016）提供了证据表明区域内对知识产权保护力度的强弱和创新的意愿对民营化的国企而言是正相关的。

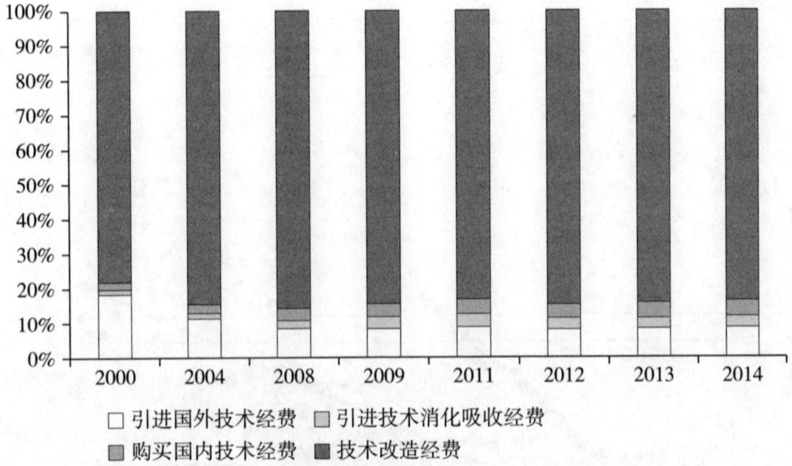

图 2　国外进口技术的贡献下降：来自规模以上企业的统计数据

资料来源：《中国科技统计年鉴》（不同年份）

当时中国有大量的廉价劳动力，还可以引进国外的现成技术，因此研发投资的动力并不十分迫切。

图 3 比较了中国和其他国家在研发上的投入，展示了其他国家最新年份（多数是 2014 年，少数是 2013 年或 2012 年）研发投入占 GDP 的比例。明显可以看出，高收入国家研发投入的强度普遍更高。对于中国，我们画出了 1995 年至 2014 年的研发投入强度。2010 年，中国的研发投入强度超过经合组织国家的中位数，到 2012 年则超过了经合组织国家的均值（2012 年是 1.88%），而 2012 年中国的收入水平连经合组织国家均值的 1/5 都不到。截至 2014 年，中国的研发投入强度上升至 2.05%，整体上甚至超过了许多发达国家。

另一个度量创新投入的指标是研发人员的比例。1996 年，中国每百万人口中研发人员数量是 443 人。而美国、日本和韩国每百万人口的研发人员数量分别 3122、4947 和 2211 人。中国的研发人员比例和巴西（420 人/百万人）大体相当，高于印度（153 人/百万人），低于俄罗斯（3796 人/百万人）。截至 2014 年，中国的研发人员比例上升至每百万人口 1113 人。① 由于中国的研发资金增长快于研发人员数量的增长，意味着每个研发人员平均可支配的研发资金也在增长。

---

① 更多跨国比较可见附图 4。

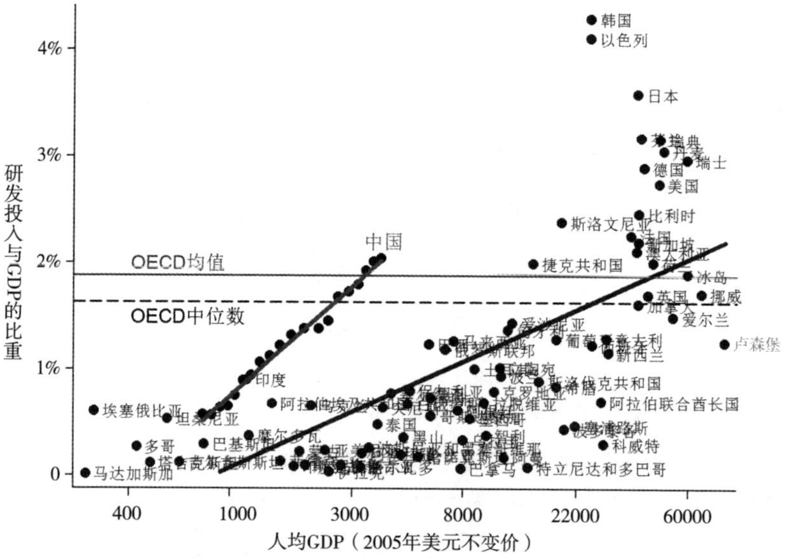

图 3　研发投入占 GDP 的比重：国际比较

注：中国的数据范围是 1995—2014 年，其他国家是 2014 年或能获取的最新年份。

资料来源：世界银行，OECD 数据库（https：//data. oecd. org/rd/gross-domestic-spending-on-r-d. htm）

五、从专利增长角度衡量创新

不是所有的创新都能很好地被度量。创新的产出可能有多种形式，如专利、商业秘密、商业流程或商业模式等，也可能发生在商业领域之外，例如文化。由于专利数据较为系统，本文主要关注企业的专利增长，隐含的假设是各个维度的创新是正相关的。①

中国的专利数量从 1995 年起呈现爆炸式增长。表 2 是一些描述性指标。中国国家知识产权局的专利申请从 1995 年的 83045 件火箭般地上升到了 2014 年的 230 多万件，年均复合增长率 19%（表 2 第 1 列）。根据世界知识产权组织的数据，中国于 2011 年超过美国成为全世界最大的专利申请接收国。

① 基于规模以上工业企业数据，利用 OP（Olley－Pakes）方法估计企业层面的全要素生产率，我们发现它与累计专利数量成正比。Fang、He and Li（2016）也发现了类似结果，他们认为这说明专利创新提高了生产率。但这种解读需要工具变量支撑它。

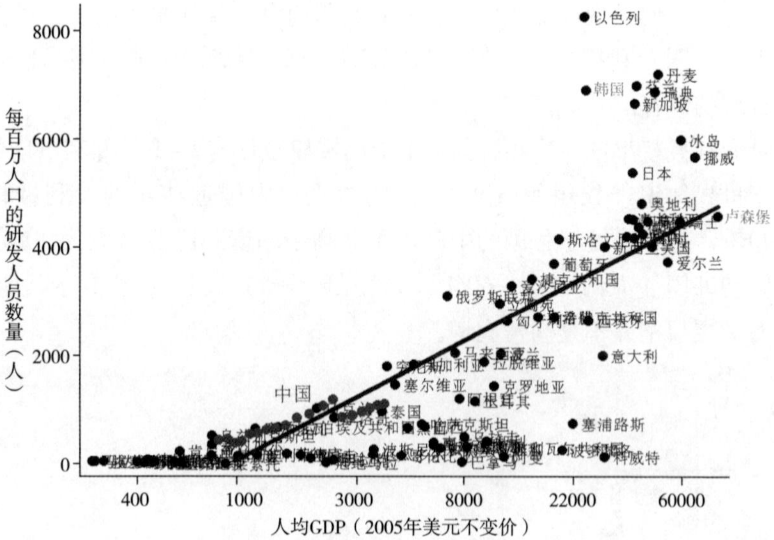

图4　研发人员强度的跨国比较

注：中国的数据范围是1996—2014年，其他国家是2014年或者最新可获得年份（但不早于2010）的数据。中国的统计口径在2009年后出现变化，可以看出有一个突然的下降。

资料来源：世界银行

表2　专利申请量和授权量（1995—2014年）

年份	在国家知识产权局的专利申请量（1）	国家知识产权局的专利授权量（2）	授权专利的类型分布（3）			授权专利中申请人来自外国的比例（%）（4）	中国申请人在其他国家获得的专利授权量（5）
			发明（%）	实用新型（%）	外观设计（%）		
1995	83045	45064	8	68	25	8	75
2000	170682	105345	12	52	36	10	88
2005	476264	214003	25	37	38	20	398
2010	1222286	814825	17	42	41	9	2587
2014	2361243	1302687	18	54	28	7	10603
不同时期的年均增长率（%）							
1995—2005	19	17	31	10	22	28	18
2005—2014	19	22	18	27	18	9	44
1995—2014	19	19	25	18	20	18	30

注：作者根据中国国家知识产权局（http://www.sipo.gov.cn/tjxx/）的数据计算得到。

中国专利为何呈现爆炸式增长？是不是像有些媒体所批评的，这种井喷式增长是由于中国专利授权标准低（进而质量低）造成的？通过国际比较发现这不是合理的解释。

衡量专利授权率的一项指标是 t 年专利授权数量与 $t-1$ 年专利申请数量之比。基于世界知识产权组织（WIPO）的数据，中国近些年的专利授权率为 30%—40%，基本上处于各国的中间水平，高于印度和巴西（大约 20%），但低于美国和韩国（大约 50%—60%）（详见附图 5）。因此，相对于其他国家，中国的专利授权率并不是高得离谱。

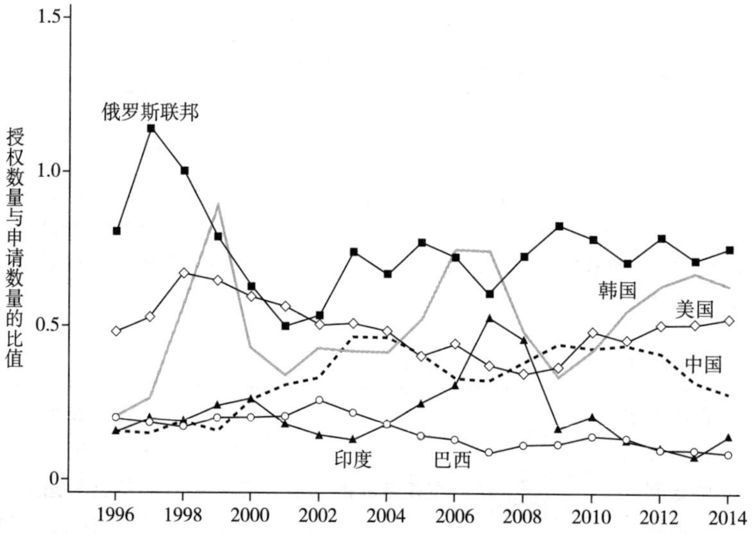

图 5　金砖国家、韩国和美国的发明专利授权率

注：授权率的定义是 t 年的授权量与 $t-1$ 年的申请量的比值。

资料来源：世界知识产权组织

中国的专利分为发明、实用新型和外观设计这三类。其中技术含量最高的是发明专利，其授权数量在所有专利中的占比从 1995 年的 8% 上升到了 2014 年的 18%（表 2 的第 3 列）。2005 年，授权给外国申请人的专利占比超过 20%，而 2014 年这一比例下降至 7%。这说明 2005 年以来，自主创新在中国经济增长中扮演着越来越重要的角色。表 2 显示，中国的专利申请量和授权量均增长迅速。①

统计中国企业在其他国家申请和获得授权的专利数量是评估中国专利质量的一个方法。正如前文所述，从1995年至2014年，中国国家知识产权局授权的专利数量年均增长19%。同期，中国申请人在发达国家获得授权的专利数量年均增长甚至高于30%（表2最后一列）。

比较中国和其他国家在美国专利商标局获得的专利授权数量能够说明在严格的审查制度下，中国的专利增长同样很快。如表3所示，中国企业申请人在美国专利商标局（USPTO）获得的专利授权数量从1995年的62件增长到2014年的7236件。前一阶段（1995—2005年）的年均增长率是21%，后一阶段（2005—2014年）的年均增长率上升至38%。在相比较的国家（巴西、俄罗斯、印度、南非、德国、日本和韩国）中，只有印度达到了类似的增长速度。

专利数量与人口规模和收入水平高度相关。为了控制人口规模这一因素，我们进行了如下跨国回归比较：用美国专利商标局授权给各个国家的专利数量的对数作为被解释变量，将人口数量的对数、人口数量对数的平方以及国家和年份的固定效应作为解释变量，我们还特别加入了几个重点关注的国家（金砖五国、德国、日本和韩国）与年份的交乘项。图6画出了重点关注国家的交乘项回归系数。这些系数可被解读为该国相对于平均国际经验的偏离水平。经过这些调整后，中国的专利数量随GDP增长而高速增长。在相比较的国家中，印度也呈现类似的增长趋势，但专利和GDP的这种正相关关系在日本、德国、韩国、巴西、俄罗斯和南非等国家中并没有得到体现。整体来看，在专利数量上，中国企业的表现比其他国家在类似的收入水平阶段要好。②

评估专利质量还可以看中国国家知识产权局授权的专利被外国专利引用的次数。发明专利被外国专利的引用次数在1995—2004年期间年均增长34%，而在2004—2014年期间加速至49%（表3）。实用新型专利被外国专利的引用次数，在1995—2014年期间年均增长36%。经过人口数量和收入水平的调整，

---

① 本文的附录有更多详细的专利数据，可在http：//e-jep. org获得。比如，附录A2和附录A3提供了更多中国专利申请和授权的数据，图5提供了更多专利授权率的跨国比较。

② 回归的详细结果见网上的附录，http：//e-jep. org，见附表A5第一列。

中国企业相对于其他国家的企业表现依然突出。①

表 3　中国申请人在中国国家知识产权局获得的专利被外国专利引用的次数（1995—2014）

年份	发明专利	实用新型
1995	100	65
1996	114	62
1997	174	100
1998	201	98
1999	244	125
2000	303	198
2001	522	357
2002	667	440
2003	1019	681
2004	1358	851
2005	1765	1089
2006	2984	1830
2007	5087	2721
2008	9183	4084
2009	13347	5097
2010	20781	7752
2011	30706	11241
2012	45364	16132
2013	55649	21072
2014	71383	23544
不同时期的年均增长率（%）		
1995—2004	34	33
2004—2014	49	39
1995—2014	41	36

注：作者基于 Google 专利系统得到的引用数据计算得到。

① 中国企业专利被美国专利申请人的前向引用次数作为被解释变量，跨国回归的结果与图 6 是类似的。附表 A5 第二列提供了更多细节。图 7 描绘了国家与年份交乘项随收入（对数）的变化趋势。总体来说，相对于人口数量和收入水平，中国企业的专利的前向引用表现很好。另可参考 Xie and Zhang（2015）对中国专利增长的描述。

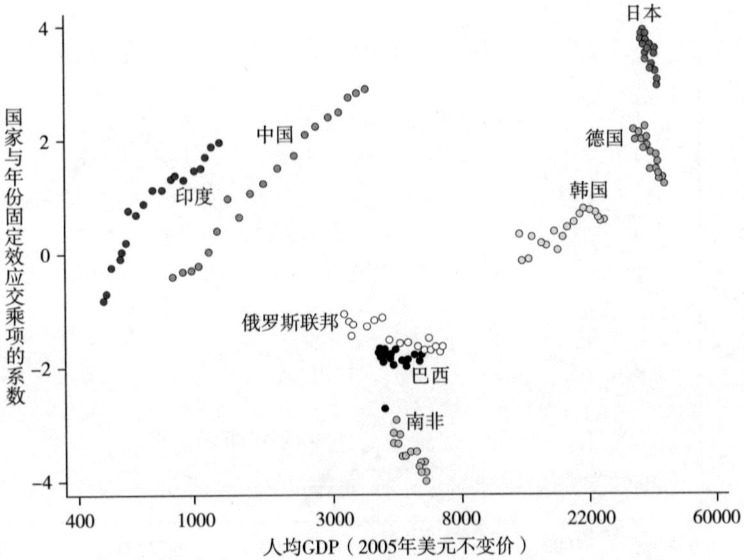

图 6　美国专利商标局（USPTO）授权给各国的专利数量

注：控制人口数量、人口数量的平方以及其他国家的固定效应和年份固定效应。

资料来源：国家知识产权局（WIPO）

总体上讲，不仅是中国专利数量出现了爆炸式增长，而且一系列国际比较显示中国专利的质量随时间推移也呈现实质性的稳步上升趋势。我们没有理由对中国企业的内生创新能力感到悲观。

六、创新增长的驱动因素

通过比较不同行业、不同企业专利数量的变化规律，我们可以找出是哪些因素在驱动中国的创新，比如市场规模、行业竞争和相对价格变化（如工资上涨）。我们将中国专利数据库与规模以上工业企业数据库相匹配：规模以上工业企业数据库涵盖了1998—2009年所有国有企业和销售额超过500万元的民营企业；专利数据库包括中国国家知识产权局1985—2012年授权的专利。我们发现，从生产专利的角度看，国企的表现比民企差。在1998—2009年期间，私企获得的授权专利数量年均增长35%，超过国企和外企。国企的专利数量占比下降很多，部分原因是国企数量的减少。1998年，国企在规模以上工业企业数据库中占比30%，但到2009年这一比例下降至2%。由此看出，民企已经成为中国创新的引擎。

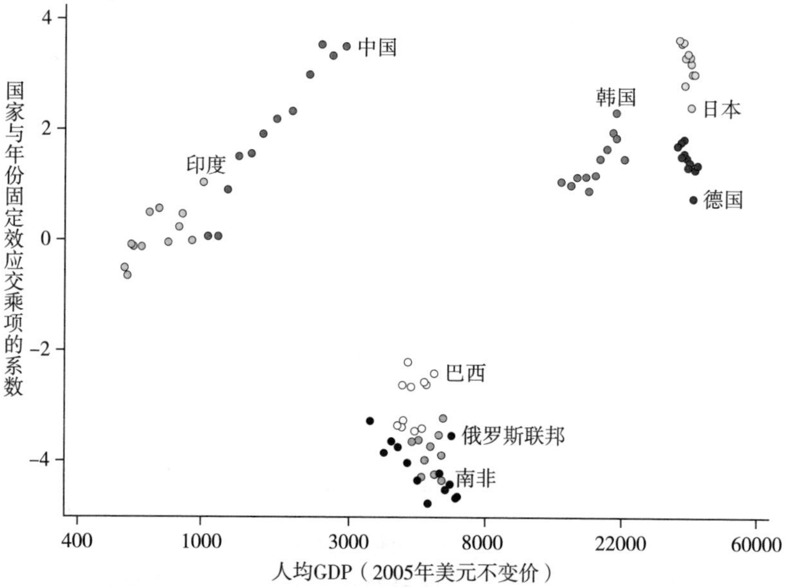

图 7　不同国家在美国专利商标局（USPTO）获得的专利的前向引用：国际比较

注：控制人口数量、人口数量的平方、其他国家的固定效应和年份固定效应。

资料来源：美国专利数据（1998—2010）

文献认为，市场规模是创新的一个关键驱动因素（Acemoglu and Linn，2004）。面临更大规模的市场，企业更容易收回研发成本，因此更有动力增加研发。在过去几十年间，中国与世界经济的联系越来越紧密，尤其是在 2001 年中国加入 WTO 之后。数据表明，出口企业确实比非出口企业更加创新。另外，其他国家关税的降低（意味着更大的市场）也对企业创新有正向作用。

2003 年以后，中国的实际工资年均增长超过 10%。一些学者认为中国已经过了所谓的“刘易斯拐点”，这意味着依靠廉价工人的时代结束了（如 Zhang et al.，2011）。虽然资本密集型和劳动密集型企业的专利都增加了，但劳动密集型企业的专利占比从 1998 年的 55% 上升至 66%。持续上升的劳动力成本可能诱导了劳动密集型产业进行更多创新以替代愈发昂贵的劳动力。①

我们还探讨了全要素生产率与创新之间的关系。我们将 1998—2007 年规

① 以上判断是基于变量之间的相关分析，这些发现也只是建议性的。为了更好地控制其他变量，我们也参照 Allison（2005）做了多变量混合负二项回归分析方法。详细资料请见 http：//e-jep. org（附表 A7—A11）。总体来说，结果是一致的。

模以上工业企业划分成无专利、累计有1—4个专利以及累计有超过4个专利的三个子样本，并计算了每个企业的全要素生产率。我们发现专利数量较多的企业，企业生产率增加更快。这说明我们可以通过改善条件，鼓励更多企业参与研发、增加研发强度，来扭转中国全要素生产率的下降趋势。

七、创新资源的错配

中国和其他发达经济体，如美国、日本，甚至韩国相比，在创新方面差距仍然很大。在2015年汤森路透（Thomson Reuters）发布的《全球创新企业百强》名单中，日本和美国企业占据主导地位，中国没有一家企业上榜。更加系统的数据同样显示中国与其他发达国家在创新领域面临很大差距（Shen、Wang and Whalley，2015）。虽然人口有很大差距，日本、德国和韩国的企业在美国获得的专利数量仍然比中国企业多2倍以上（见表4）。当然其中的一部分差距反映了发展阶段的不同：正如前文所指出的，研发投入和专利数量度量的创新均与人均GDP呈正相关。但是，另一部分差距可能是由创新资源的错配导致的，这是我们接下来讨论的话题。

表4　若干国家的企业在美国专利商标局（USPTO）获得的专利授权量

年份	中国	巴西	印度	俄罗斯	南非	德国	日本	韩国
1995	62	63	37	98	123	6600	21764	1161
2000	119	98	131	183	111	10234	31296	3314
2005	402	77	384	148	87	9011	30341	4352
2010	2657	175	1098	272	116	12363	44814	11671
2014	7236	334	2987	445	152	16550	53849	16469
不同时期的年均增长率（%）								
1995—2005	21	2	26	4	-3	3	3	14
2005—2014	38	18	26	13	6	7	7	16
1995—2014	28	9	26	8	1	5	5	15

注：作者根据美国专利商标局（USPTO）的数据计算得到。

正如前文讨论的，在90年代国企改革之后，国企数量占比从1995年的24%下降到了2014年的3%。但是，多数留下的国企规模都变大了，而且这些企业多位于上游产业或战略性产业（Hsieh and Song，2015），面临的竞争压力比民企低。因此，国企一方面能获取更多政府资源，比如财政补贴；另一方面在政治上有很大的话语权。中国成为创新型经济体的一个努力方向便是改善国企和民企之间资源配置的效率。国企持续获得政府更多的金融支持，包括低成本贷款和研发补贴。在1997年亚洲金融危机和2008年全球金融危机之后，中国政府启动了大规模的刺激计划。伴随着信贷大规模扩张，国企获得了更高比例的信贷。2008年之后，大规模刺激降低了国企的资本回报率（白重恩和张琼，2014），导致国企全要素生产率下降（Wu，2013），延长了低效率僵尸企业的生命（Tan et al.，2016）。国企的资本回报率远低于同等的民营企业（Hsieh and Song，2015），全要素生产率也落后于民企（Brandt，2015），说明政府的支持在国有企业和民营企业之间存在错配。政府的研发补贴能够促进中国企业的创新（Boeing，2016），我们在企业层面的回归也证实这一点。许多发达国家政府也会对研发企业进行补贴，所以问题的关键并不在于研发补贴这项政策是否合理，而是在于中国的此类补贴与企业经济效率之间是否匹配。

基于简单平均法，似乎国企比民企更加创新（因为它们拥有更多专利），甚至一些国企每年获得的专利数量相当大。但是简单平均可能具有误导性，因为平均而言国企体量更大，而且企业越大往往研发投入也越多；此外，国企获得了更多的各级政府补贴，尤其是来自地方政府的补贴。

我们利用企业层面数据来衡量研发投入对创新生产效率的影响。基于规模以上企业数据库2005—2007年的数据，整体而言，企业每投入千万研发资金，民企和三资企业分别产生6.5个和7.6个专利，而国企则只产生2.2个专利。通过按照企业规模和所有制类型来分析，它们的差别更加明显。在图8中，横轴表示所有企业按照销售额划分为10等分区间，依次排列，规模最小的用1表示，规模最大的用10表示。在每个规模区间中，企业按照企业所有者类型进行分类：国有企业是指国有股权超过50%的企业，外资企业是指国有股权低于50%但外资股权（包括港澳台）超过10%的企业，其他企业为民营企业。

表5报告了2005—2007年间按照企业所有者类型和规模划分的关于专利授权的描述性统计。在大部分规模的类别中，民营企业和外资企业相对国有企业而言投入更多资金进行研发，并且获得了更多的专利。

通过观察图8和表5，我们发现如下几个规律：第一，研发回报（每百万研发投入所产生的专利数量）随规模上升而下降。大企业倾向于投入更多研发资金，但效率伴随规模上升而下降。这个规律与创新投资边际报酬递减是相吻合的。第二，在大部分的规模区间，我们看到外企和民企的研发投资回报比国企更高。第三，企业的补贴与研发效率不相称。相比于外企和民企，国企获得了更高的补贴（相对于销售额）。更有意思的是，因为中小型国企多为地方政府所控制，它们从地方政府获得了更多的补贴，甚至多于大型国企。

表5　不同类型和大小的企业的专利数量、研发支出和获得补贴量

		企业类型	根据销售额划分的企业规模分位数			
		0—20%	20%—40%	40%—60%	60%—80%	80%—100%
专利授权量	民营	1107	2630	4003	7585	64586
	外资	226	579	876	3031	44178
	国有	46	87	177	351	9116
研发支出（百万元）	民营	769	1763	3335	7933	143848
	外资	122	312	760	2333	86946
	国有	41	112	210	595	51172
政府补贴与销售额比值（%）	民营	0.22	0.25	0.25	0.24	0.31
	外资	0.13	0.11	0.11	0.11	0.11
	国有	0.84	0.86	0.71	0.74	0.27

注：样本是2005—2007年规模以上工业数据。根据销售额划分为五个规模区间；删除研发投入小于100元但有专利的企业。国有企业是指国有股权占比超过50%的企业，外资企业是指国有股权小于50%、外商和港澳台股权大于10%的企业；其他企业定义为民营企业。

从理论上讲，生产效率最高的企业应该追求创新，而生产效率较低的企业应该模仿。用这个理论框架与台湾地区的数据相比较，学者们发现中国一些低生产率企业在研发投资上投入过多，一些高生产率企业研发投资反而不足（Konig et al.，2016）。基于他们的校准，如果能够减少研发投入错配（使得生产率和研发投入像台湾地区一样相匹配），中国工业企业在2001—2007年间的生产率可以增加1/3—1/2。

总而言之，初步证据表明，中国企业间的研发投入存在资源错配问题。如果不同类型的企业获得的补贴更加公平，中国在国家层面上的创新产出会更高。① 当创新活动的社会收益大于私人收益时，政府应提供补贴，但不应该因企业所有者类型不同而区别对待。

① 附表A12提供了更多的回归结果证实了本文的直觉。我们用专利数量对研发回归，同时控制销售额、企业和时间固定效应。国企与研发投入的交乘项显著为负。这意味着，民企在研发方面的效率高于国企。也就是说，国企在研发方面的支出效率还有待提高。

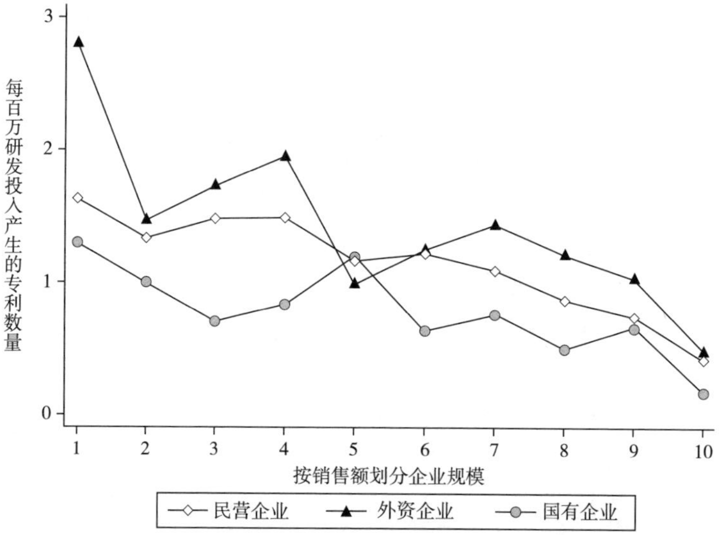

图 8　不同类型和大小的企业每百万研发投入产生的专利数量

注：样本是 2005—2007 年规模以上工业企业数据。先将企业根据销售额规模分为十个区间，在每个区间企业再按照所有权类型分类，删除研发投入小于 100 元但有专利的企业。国有企业是指国有股权占比超过 50% 的企业，外资企业是指国有股权小于 50%、外商和港澳台股权大于 10% 的企业；其他企业定义为民营企业。

八、结论

过去几十年间，中国经济取得了巨大的成就，制造业从业者的工资从 1980 年到 2015 年增长了大约 14 倍。中国在 2012 年之后劳动人口开始减少，更增加了工资上涨的压力。中国企业必须通过创新和提高生产率来应对不断上涨的工资压力。

中国能否良好地应对挑战？人们经常提到“中等收入陷阱”，意思是只有少数经济体能从中等收入变成创新型高收入经济体。政府和部分学者确实表达了中国面临的中等收入陷阱的挑战（比如，OECD，2013；Ma，2016）。韩雪辉和魏尚进（2015）运用转移矩阵分析和非参分析（回归树）发现，数据不支持绝对的中等收入陷阱假说。但是，在特定条件下，中等收入国家的经济确实可能出现增长停滞甚至倒退的现象。

我们发现，在参与全球贸易和工资上涨的压力下，中国企业的创新能力已经呈现快速增长。无论从专利数量或质量来看，中国经济已经在向创新驱动型转变。因此不必对中国经济过度悲观。

如果中国能继续找到有效的办法向创新型经济体转型，有很大机会能够进入高收入国家行列。减少对国企的补贴就是其中之一。即使国企在创新方面的效率低于民企，却仍能获得更多政府补贴。如果政府能消除歧视性的研发补贴，让不同类型的企业在同一起点赛跑，那就可以减少资源错配、提升效率。其他配套措施包括加强对知识产权的保护，推进教育改革，尤其是在教育体系中增加批判性和创造性思维的训练。

参考文献

白重恩和张琼，“中国的资本回报率及其影响因素分析”，《世界经济》2014 年第 10 期。

冯仕亮，“中国的要素配置与经济增长：1978—2012 的分产业分区域研究”，2014 年北京大学博士论文。

国家统计局，《中国统计年鉴》，北京：中国统计出版社，2012 年。

李宾，“我国资本存量估算的比较分析”，《数量经济技术经济研究》2011 年第 12 期。

Acemoglu, Daron, and Joshua Linn, 2004. “Market Size in Innovation: Theory and Evidence from the Pharmaceutical Industry,” *Quarterly Journal of Economics*, 119 (3): 1049-1090.

Allison, Paul D., 2005. *Fixed Effects Regression Methods for Longitudinal Data Using SAS.* Cary, North Carolina: SAS Institute.

Autor, David H., Frank Levy, and Richard J. Murnane, 2003. “The Skill Content of Recent Technological Change: An Empirical Exploration,” *Quarterly Journal of Economics*, 118 (4): 1279-1333.

Boeing, Philipp, 2016. “The Allocation and Effectiveness of China's R&D Subsidies: Evidence from Listed Firms.” *Research Policy* 45 (9): 1774-1789.

Brandt, Loren, 2015. “Policy Perspectives from the Bottom Up: What Do Firm Level Data Tell Us China Needs to Do?,” Paper presented at the Asia Economic Policy Conference on Policy Challenges in a Diverging Global Economy, Federal Reserve Bank of San Francisco, 19-20 November.

Brandt, Loren, Trevor Tombe, and Xiaodong Zhu. 2013. “Factor Market Distortions across Time, Space and Sectors in China,” *Review of Economic Dynamics*, 16 (1): 39-58.

Cai, Fang, and Yang Du, 2011. “Wage Increases, Wage Convergence, and the Lewis Turning Point in China,” *China Economic Review*, 22 (4): 601-610.

Cai, Fang, and Meiyan Wang, 2008. “A Counterfactual Analysis on Unlimited Surplus Labor in Rural China,” *China & World Economy*, 16 (1): 51-65.

Chang, Simon, and Xiaobo Zhang, 2015. “Mating Competition and Entrepreneurship,”

Journal of Economic Behavior & Organization, 116 (C): 292-309.

Dang, Jianwei, and Kazuyuki Motohashi, 2015. "Patent Statistics: A Good Indicator for Innovation in China? Patent Subsidy Program Impacts on Patent Quality," *China Economic Review*, 35 (C): 137-155.

Jing Fang, Hui He, and Nan Li, 2016, "China's Rising IQ (Innovation Quotient) and Growth: Firm-level Evidence," unpublished IMF working paper.

Fang, Lily, Josh Lerner, and Chaopeng Wu, 2016, "Intellectual Property Rights Protection, Ownership, and Innovation: Evidence from China," unpublished working paper, INSEAD, Harvard University, and Xiamen University.

Fan, Shenggen, Xiaobo Zhang, and Sherman Robinson, 2003. "Structural Change and Economic Growth in China," *Review of Development Economics*, 7 (3): 360-377.

Fan, Shenggen, Ravi Kanbur, Shang-Jin Wei, and Xiaobo Zhang, 2014. *The Oxford Companion to the Economics of China*. Oxford: Oxford University Press.

Feenstra, Robert, and Shang-Jin Wei, 2010, *China's Growing Role in World Trade*. Chicago: University of Chicago Press.

Golley, Jane, and Xin Meng, 2011. "Has China Run Out of Surplus Labour?" *China Economic Review*, 22 (4): 555-572.

Han, Xuehui, and Shang-Jin Wei, 2015, "Re-examining the Middle Income Trap Hypothesis (MITH): What to Reject and What to Revive?" CEPR Discussion Paper 10989.

Hausman, J., Hall, B. H., & Griliches, Z, 1984, "Econometric Models for Count Data with an Application to the Patents-R&D Relationship", Econometrica, 52 (4), 909-938.

Hsieh, Chang-Tai, and Peter J. Klenow, 2009. "Misallocation and Manufacturing TFP in China and India," *Quarterly Journal of Economics*, 124 (4): 1403-1448.

Hsieh, Chang-Tai, and Zheng (Michael) Song, 2015 "Grasp the Large, Let Go of the Small: The Transformation of the State Sector in China," *Brookings Papers on Economic Activity*, 50 (1): 295-366.

Knight John, Quheng Deng, and Shi Li, 2011. "The Puzzle of Migrant Labour Shortage and Rural Labour Surplus in China," *China Economic Review*, 22 (4): 585-600.

König, Michael, Zheng M. Song, Kjetil Storesletten, Fabrizio Zilibotti, 2016, "From imitation to innovation: Where is all that Chinese R&D going?" (paper not yet completed; the authors provide an abstract).

Lin, Justin, 1992. "Rural Reforms and Agricultural Growth in China," *American Economic Review*, 82 (1): 34-51.

Ma, Damien, 2016, "Can China Avoid the Middle Income Trap?" *Foreign Policy*, March.

OECD, 2013, "The People's Republic of China —Avoiding the Middle-Income Trap: Policies for Sustained and Inclusive Growth," September. Paris: OECD.

Qian, Yingyi, and Barry Weingast, 1997, "Federalism as a Commitment to Preserving Market Incentives," *Journal of Economic Perspectives*, 11 (4): 83-92.

Qu, Yue, Fang Cai, and Xiaobo Zhang, 2013. "Has the Flying Geese Paradigm Occurred in China?" *China Economist*, 8 (6): 18-31.

Shen, Keting, Jing Wang, and John Whalley, 2015. "Measuring Changes in the Bilateral Technology Gaps between China, India and the U. S. 1979-2008. " National Bureau of Economic Research Working Paper No. 21657.

Tan, Yuyan, Yiping Huang, and Wing Thye Woo, 2016. "Zombie Firms and the Crowding-Out of Private Investment in China," *Asian Economic Papers*, 15 (3).

Wang, Xiaobing, Jikun Huang, Linxiu Zhang, and Scott Rozelle, 2011. "The Rise of Migration and the Fall of Self-employment in Rural China's Labor Market," *China Economic Review*, 22 (4): 573-584.

Wei, Shang-Jin, 2015, "Freer Choice, Lower Growth, and Higher Welfare: Recent Changes in China's Population Control Policy and the Impact on Its Economy. " Keynote (Dinner) Address at the Asia Economic Policy Conference, *Policy Challenges in a Diverging Global Economy*, organized by the Federal Reserve Bank of San Francisco on November 19-20.

Wei, Shang-Jin, and Xiaobo Zhang, 2011a. "The Competitive Saving Motive: Evidence from Rising Sex Ratios and Savings in China," *Journal of Political Economy*, 119 (3): 511-564.

Wei, Shang-Jin, and Xiaobo Zhang, 2011b. "Sex Ratios, Entrepreneurship and Economic Growth in the People's Republic of China," NBER Working Paper No. 16800, National Bureau of Economic Research, Cambridge, Massachusetts.

Wei, Shang-Jin, Xiaobo Zhang, and Yin Liu, 2016. Home Ownership as Status Competition: Some Theory and Evidence," *Journal of Development Economics*, forthcoming.

World Intellectual Property Organization (WIPO), 2012. *World Intellectual Property Indicators*. Geneva: WIPO.

Wu, Harry X., 2013. "Measuring and Interpreting Total Factor Productivity in Chinese Industry," *Comparative Studies*, 69. Available: http://magazine. caixin. com/2013/cs_69/.

Wu, Harry X., 2014. "China's Growth and Productivity Performance Debate Revisited: Accounting for China's Sources of Growth with a New Data Set. " Economics Program Working Paper Series No. #04-01, Conference Board. Available from https://www. conference-board. org/pdf_ free/workingpapers/EPWP1401. pdf.

Xie, Zhuan, and Xiaobo Zhang, 2015. "The Patterns of Patents in China," *China Economic*

Journal, 8 (2): 122-142.

Xu, Chenggang, 2011, "The Fundamental Institutions of China's Reforms and Development," *Journal of Economic Literature*, 49 (4): 1076-1151.

Xu, Chenggang, and Xiaobo Zhang, 2009. "The Evolution of Chinese Entrepreneurial Firms: Township-Village Enterprises Revisited," International Food Policy Research Institute Discussion Paper # 0854, Washington, DC.

Zhang, Xiaobo, Jin Yang, and Shenglin Wang, 2011. "China Has Reached the Lewis Turning Point," *China Economic Review*, 22 (4): 542-554.

Zhu, Xiaodong, 2012. "Understanding China's Growth: Past, Present, and Future," *Journal of Economic Perspectives*, 26 (4): 103-124.

社保增值税

重构中国养老金筹资模式

汪德华　孟　红

一、引言

近些年来，我国养老保障体系建设已经取得较快的进展，但依然存在群体差异大、职工养老保险缴费率过高、历史欠账未弥补等问题。特别是人口快速老龄化导致老年抚养比加速上升，现有养老保障体系的财务可持续性尤其令人担忧。高培勇、汪德华（2012）曾对中国2010—2050年养老保险体系的资金缺口进行合理展望。结果发现，现有养老保障体系年度资金缺口占当年GDP的比重将不断攀升。即使考虑现有资金积累以及现有力度的财政补贴，到2050年累计资金缺口一次性偿还将达到当年GDP的95%。可以说，财务可持续性将成为制约中国养老保障体系长远发展的最重要问题。

正因为如此，十八届三中全会提出，要建立更加公平更可持续的社会保障制度。针对养老保障体系的可持续发展，国家"十三五"规划提出"制定出台渐进式延迟退休年龄方案""建立基本养老保险待遇合理调整机制""适当

* 汪德华，中国社会科学院财经战略研究院；孟红，对外经济贸易大学国际经贸学院。本文系中国社科院基础研究学者资助计划"财税制度对经济发展的影响及相关问题"的阶段性成果；感谢国家审计署"共建财经院"项目，清华大学财税研究所以及对外经贸大学科研基金的支持，感谢毛捷对本文的帮助。

降低社会保险费率”等系列改革措施。[①] 这些改革措施，侧重于对现有养老保障体系的若干重要参数进行调整。其中退休年龄、待遇调整机制等待遇支付参数的调整，将有助于增强中国养老保障体系的财务可持续性。然而，从各国经验来看，这些参数化改革措施，可能面临实施阻力大、效果不明显、对就业影响消极等问题。如金刚（2010）分析了推迟退休年龄对不同人群的影响，指出其对年轻人就业具有挤出效应。因此，在待遇支付参数化改革之外，探索增强中国养老保障体系财务可持续性的改革新思路，依然值得努力。

本文提出，以“社保增值税”替代部分养老保险缴费建立“国民养老计划”，重构中国养老保障体系筹资模式的政策设想。“社保增值税”在国际上并非新鲜事物。最近几十年来，一些发达国家为应对人口老龄化冲击，已启动以增值税等间接税取代部分社会保险缴税（费），并将这部分收入专项用于养老等社保支出的改革，可通俗地称之为“社保增值税”改革。从中国现实情况看，一方面，日益加剧的人口老龄化给养老保险基金的可持续性带来极大的挑战；另一方面，过高的社会保险缴费率，对企业负担和就业均有很强的负面影响，降低社会保障费率的呼声较高。中国是否可以借鉴国际经验启动“社保增值税”替换部分社保缴费的改革？是值得研究的重大问题。

一些学者也提出过，以推行“社保增值税”为核心改革中国养老保障体系的设想。费尔德斯坦和利伯曼（2006）认为养老保险缴费率高，导致企业逃避规定的养老缴费支出，并建议中国降低养老金缴费比例，由诸如增值税之类的有着广税基的税收来支付未来的社会统筹费用。汪德华（2012，2013，2017）多次提出，随着老龄化程度的加深，我国养老保险的支付危机将更明显，因此中国应当参考国际经验，寻找类似于“社保增值税”等广税基的养老保险新筹资模式。本文是在这些方向性建议的基础上，具体设计了以“社保增值税”筹资建立中国“国民养老计划”的具体方案，并以此为基础进行了模拟测算。测算结果显示：这一改革设想能够大幅缓解中国养老保障体系未来的资金缺口，从而显著增强其财务可持续性。进一步的分析表明，以“社保增值税”建立“国民养老计划”的改革设想，能够避免现有养老保险改革思路面临的困境，同时改善中国的经济结构，增强产业国际竞争力。

本文第二节系统分析了“社保增值税”筹资改革的具体方案；第三节通

---

① http：//www. gov. cn/xinwen/2016-03/17/content_5054992. htm.

过模拟测算的方式，比较分析了现有体系和新筹资体系下的筹资能力及资金缺口；第四节分析了以社保增值税重构中国养老保障体系筹资方式改革方案的优势；最后是小结。

二、社保增值税改革筹资模式的基本方案

（一）社保增值税改革的一般内容

社保增值税（Social VAT）的基本原理是用部分增值税等间接税取代原有的部分社会保障缴税（费），并将增加的税收专门用于社会保障体系。已有很多国家推行了社保增值税改革。如 1987 年丹麦取消雇主的所有社会保障缴费，并将增值税税率提高 2%。匈牙利于 2009 年将雇主的社会保障缴费率降低 5%，同时将增值税税率提高 5%。日本近些年提高消费税（实质上就是增值税）税率，由此筹集的收入专门用于社会保障。比较各国的社保增值税改革可以发现，各国在提高增值税等间接税税率时，大都会同时降低社会保障税费率。因为只有两项措施相互配合，才可以在减轻企业和雇员社会保障负担的同时，保证社会保障收入平稳充足。总结各国改革经验，以社保增值税改革养老保障体系筹资模式均包含以下三个环节。

一是降低社会保障税费率。一方面，社会保障税费率的降低有利于刺激劳动需求。在高工资和高社会保障缴费的情况下，劳动要素相对于资本要素的价格提高了，雇主会增加资本投入，而裁减一些竞争力较低的劳动者；相反，若降低雇主的社会保障税率，会产生劳动替代资本效应，雇主增加对劳动的需求，有利于企业扩大再投资。另一方面，社会保障税费率的降低减轻了企业的劳动成本，有助于提高本国企业的竞争力。

二是提高增值税税率。增值税的税基广阔，具有征收的普遍性和连续性。通过增值税为社会保障融资，可以保证社会保障资金的充分性。因存在出口退税机制，增值税税率的提高不会影响本国产品的国际竞争力。

三是专税专用。社保增值税具有专税性。政府依据相关法律规定，对社会保障资金统一安排，对被保障者进行支付。如德国在推行社保增值税时，规定将增加的增值税收入的 1/3 用于资助社会保障，其余收入用于减少预算赤字。日本拟将消费税税率从 5% 提高到 8%，并承诺将所有额外收入纳入养老金预算。

（二）以社保增值税筹资建立国民养老计划的基本设想

重构中国养老保障体系筹资模式的核心思想，是“以社保增值税替代部分社保缴费，建立‘国民养老计划’”。改革可以从根本上解决覆盖率低、制度碎片化、缴费率偏高以及隐含债务偿付机制不明确等核心问题，一步到位实现保险广覆盖与制度趋同。推行这套改革方案，可以为建立一个统一的、可持续发展的养老保险制度铺平道路。

具体思路是：按相同比例提高增值税和消费税两类间接税的税率，并指定一定比例的间接税税收，专项用于覆盖所有城乡居民的国民养老金支出，建立“国民养老计划”，一步到位实现维持有尊严的基本生存水平的全民“老有所养”。同时大幅降低职工养老保险的缴费率。由于增值税等间接税实质上是对消费征税的广税基的税，因此“国民养老计划”应覆盖全民。而保留下来的养老保险缴费，可以逐步改造成个人账户性质的强制性社会养老金，最终形成“国民养老计划”加上个人账户式强制性社会养老金的双层架构。

系统性改革的核心内容是筹资方式的变化，由此也将导致制度模式、覆盖人群和待遇水平等一系列的变化。假定改革自 2018 年开始实施，改革建议的总体概况，可参见图 1。

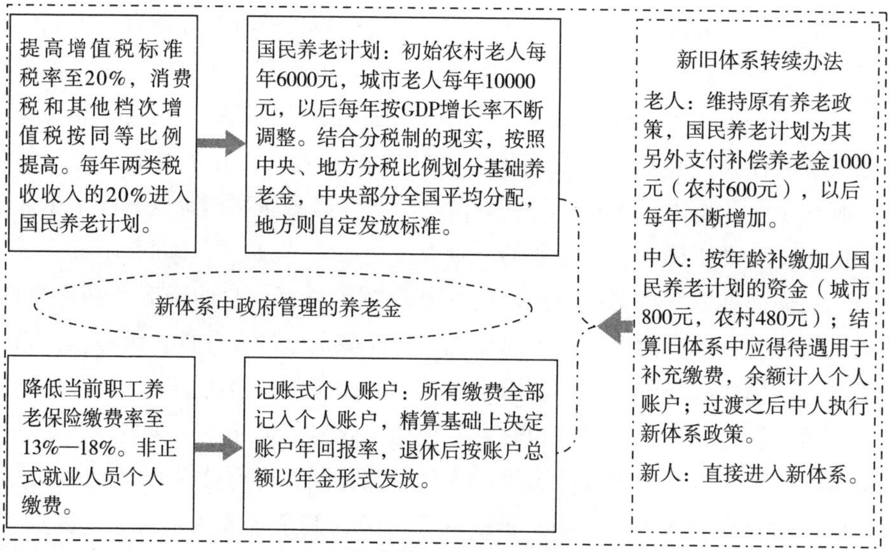

图 1　系统性改革方案框架

（三）改革的具体措施

1. 通过增值税等间接税筹资，建立覆盖全民的国民养老计划

将现有增值税基准税率从17%提高到20%，并按同等比例提高消费税的税率。同时，我国增值税多档税率并存，为避免市场扭曲，假定各档税率均按相同比例提高。税率调整遵循了中性原则，不改变现有各类间接税税率的相对水平。在当前“营改增”已全面推行的情况下，可结合简并增值税税率的改革要求，按上述原则灵活实施其他档增值税税率的调整。

“国民养老计划”将实现全国统筹，用于支付城乡所有60岁以上居民的国民养老金。调整税率后的间接税税收总额的20%进入国民养老计划，专门用于国民养老金支出。国民养老金在2018年按平均城镇每人10000元（农村6000元）的标准，发放给城乡所有60岁以上的老年人，其后每年按照GDP增长率提高标准。一个具体的建议是结合我国分税制的现实，按现有中央地方分税比例将纳入国民养老计划的间接税收入，划分为中央支配和地方支配部分。中央支配国民养老金全国一样，地方支配部分由地方自定发放标准，以适应各地区的基本生活水平以及物价的差异。同时，为避免代际不平等，国民养老计划也可学习美国经验，实施75年（或者50年）内的修正现收现付制，即在精算的基础上，让“国民养老计划”在该期限内自求平衡。

2. 降低现有职工养老保险缴费比例，缴费全部用于建立个人账户

与以上增值税改革相配套，应适当降低养老保险缴费率，以保证总体上降低企业雇员及雇主的社会保障负担，增加就业。个人账户性质的强制性社会养老金，对于当前参保职工来自将现有缴费率降低之后的企业和个人缴费；对于非正式从业人员来自个人缴费。因此，可以将现有职工养老保险总体缴费率降低到13%—18%之间（职工个人维持8%，其他为企业缴费），设置多档供企业、职工选择；非正式就业人群自己缴费，同样可设置多档。所有缴费全部记入个人账户，实行记账式账户制，即经办机构为每位参保人记账，并在精算基础上决定年回报率，在参保人退休时按账户总额以年金形式向其发放。由此，新体系形成国民养老计划加记账式个人账户的双层架构，两者分别记账，但资金可以相互调配使用。

3. 设计合理的制度转移接续方法，实现制度平稳过渡

系统性改革要兼顾公平与效率，针对不同社会群体，设计不同的制度转移接续方法。总体而言，采取“老人”老办法、“中人”和“新人”新办法的原则。

“老人”是指在实施“国民养老计划”之前，已达到法定退休年龄的社会成员，包括现有养老保险体制（城镇企业职工基本养老保险和城乡居民基本养老保险）的参保和未参保人员；“中人”是指在实施“国民养老计划”之前，参加现有养老保险体制但未达到法定退休年龄的人员（包括参加城镇企业职工基本养老保险和城乡居民基本养老保险的企业职工、个体工商户、灵活就业人员、农民工、机关和事业单位职工以及其他城乡居民），以及未参保的各类社会群体；“新人”是指在实施“国民养老计划”之后才出生的，并直接进入“国民养老计划”的各类城乡居民。从人口的年龄结构看，假定“国民养老计划”于2018年全面实施，“老人”包括2017年底已达到或超过法定退休年龄（60岁及以上）的社会成员，“中人”包括2017年底尚未达到法定退休年龄（60岁以下）的社会成员，而“新人”是指2017年底尚未出生的社会成员。

“老人”的处理原则是延续原来的养老保障体系，但由于新体系实施后增值税等间接税率提高需要对其进行补偿。主要原因是，增值税和消费税等间接税最终是由消费者承担，为保证“老人”在退休后的消费水平不下降，需要对这种通过间接税进行的“隐性缴税”予以补偿。笔者建议可按城镇初始年份人均1000元，农村600元（以后每年均按GDP增长率调整）的标准进行补偿，补偿金从国民养老计划里支取。根据第四次中国城乡老年人生活状况抽样调查数据，2014年城乡老年人人均消费支出为14764元，增值税率提高3个百分点，对应隐性缴税443元。① 应当讲，现在设定的补偿标准相对较高。

“中人”按照“结算老体系的待遇，补缴新体系的欠账”这一基本思路过渡到新体系。其处理原则是全部转入新的养老保障体系。由于“国民养老计划”的养老金发放额是按照终生缴纳社保增值税来核算的，因此“中人”需

① http：//www. cmw-gov. cn/news. view-794-1. html.

要按其在新体系实施时的年龄补充缴费。具体设计中，“中人”补缴“国民养老计划”的费用标准，设定为“老人”补偿标准的80%，即按人均每年800元或480元（以后每年均按GDP增长率调整）的标准偿付欠费，偿付金直接记入国民养老金。在补充“国民养老计划”的缴费后，余额将全部记入新的个人账户；实施“国民养老计划”之后，按新的缴费方式缴纳养老保险费用（按工薪收入的13%—18%进行缴费）也全部记入新的个人账户。参保人员达到法定退休年龄后，如果达到规定的缴费年限（“国民养老计划”实施前后的缴费年数之和），每月可领取国民养老金和由个人账户计发的养老金。例如，方案实施时年龄为40岁的城市人，原来已参加职工基本养老保险且应得待遇结算为10万元，则3.2万元（40年×800元）作为补缴资金记入国民养老计划，6.8万元记入新的个人账户；如果其目前未参保，则需自己补缴费3.2万元到国民养老计划。其退休后则可按新人同样标准领取养老金。对于新体系实施时年龄接近退休年龄的（55岁及以上），应当允许其选择按老体系退休或者参加新体系。

对于“新人”而言，按新的缴费方式缴纳养老保险费用，并全部记入新的个人账户。参保人员达到法定退休年龄后，每月可领取国民养老金和由个人账户计发的养老金。与“老人”和“中人”的情况都不同，“新人”从一出生就因为消费而缴纳了“社保增值税”，因而既无需对其退休后因为消费而缴纳养老保险费用进行补偿，也无需要求其偿付任何欠费。

以上新旧体系过渡的基本原则是尽可能保证人群以及代际公平。由于增值税等间接税表面上是由企业缴纳，但实质上是由消费者（至少大部分）承担。为遵循代际公平原则，以“新人”为基准，“中人”也应支付与终生消费缴纳社保增值税对应的资金，才能享受国民养老计划养老待遇。“中人”退休待遇与“新人”同一政策，但其自出生到2017年的消费没有向国民养老计划纳税，因此存在欠账需补缴。“老人”按现有政策领取的养老金，是由过去缴费历史决定，但新体系实施后其因税率增加也在向国民养老计划纳税，因此需要进行补偿。不同人群的具体处理方式详见表1。其中，对于城乡国民养老金或者补偿标准设定参数有差异，主要是考虑到城乡的消费水平有差异，因此实质上缴纳的增值税和消费税有差异。

表 1　国民养老计划中不同人群的处理方式

人群分类	处理原则	制度设定
城镇和农村“老人”	按原有政策领取养老金，但因间接税税率提高，需对其进行额外补偿。	初始补偿养老金 1000 元（城镇）或 600 元（农村），以后每年按照 GDP 增长率不断调整。
城镇和农村“中人”	补缴新体系欠账，转入新体系	补缴：按每年“老人”补偿标准的 80% 与所需补缴年数计算。 达到规定缴费年限后，每月可领取国民养老金和由个人账户计发的养老金。国民养老金：初始按 10000 元（城镇）或 6000 元（农村）每年的标准领取基本养老金，以后每年按照 GDP 增长率不断调整。
城镇和农村“新人”	直接进入新体系	达到规定缴费年限后，每月可领取国民养老金和由个人账户计发的养老金。国民养老金：初始按 10000 元（城镇）或 6000 元（农村）每年的标准领取基本养老金，以后每年按照 GDP 增长率不断调整。

需要说明的是，以上设定的 2018 年城乡“国民养老计划”养老金标准，以及缴费率降到 13%—18%，都是外生设定的。设定的基本原则，是改革不降低初始养老金待遇水平，即新体系中国民养老金（对应降低的 10% 缴费率）加个人账户养老金（对应依然保留的 18% 缴费水平），基本维持在现有体系养老金待遇水平上。根据 2015 年度人力资源和社会保障事业发展统计公报，职工养老保险退休人员人均养老金 2.82 万元。① 职工养老保险新退休人员养老金水平应当低于 2.82 万元，因此设置 2018 年城

① http://www.mohrss.gov.cn/SYrlzyhshbzb/dongtaixinwen/buneiyaowen/201605/t20160530_240967.html.

镇1万元的初始国民养老金待遇水平，应当说基本能够与现有职工养老保险体系下10%缴费率对应的待遇水平一致，且远高于现有各类居民养老保险的待遇水平。设置缴费水平13%—18%供企业和个人选择，是考虑给企业和个人一定的灵活性，允许其根据自身情况选择最合适的水平。由于个人账户是完全缴费挂钩的，因此这种可自由选择的多档缴费率，不会影响政府承担的养老保险补贴责任。总体而言，以上设置的各类新筹资体系的外生参数，基本标准是保证改革平稳过渡，且代际、不同群体之间合理公平。这些参数可以根据需要进行调整，当然调整会对养老保障体系的财务可持续性产生影响。

三、维持旧体系与社保增值税系统改革的资金缺口比较分析

初步估算，按以上方案操作，不会降低职工养老保险参保人的养老金待遇，能够大幅提升居民养老保险的养老金待遇，且具有快速覆盖全民、统一制度体系的优势。但这种改革优势是否有足够的资金支持？是否具有可持续性？本节主要以上述方案设计为基础，基于一定的参数假设，测算维持现有养老保障体系与启动“社保增值税”改革之后的资金缺口，并进行比较分析。

（一）基本假设

1. 现有体系下的参数假设

不同于其他国家，我国的养老保障体系覆盖面虽然逐年扩大，但仍未实现全面覆盖。因此在展望现有养老保障体系未来资金缺口时，必须对制度的未来发展做合理的展望，而不能简单地按常规方式，仅限于对现有体系的资金缺口做分析。本文采用的人口数据来自联合国对中国至2100年的人口预测，同时假定随着城市化水平的不断上升，职工养老保险就业年龄人口覆盖率逐步提升至92%。具体内容见表2。需要注意，本文在测算现有体系下的资金缺口时，对我国养老保险参保人数及养老金领取人数都进行保守估计，同时也尽量采用实际数据作为初始参数，以降低模型的内生性。

表 2　现有体系下的数据内容及数据来源

指标	数据内容	数据来源
人口数据	原始数据为 5 年间隔，测算中采取平滑方式获得每年数值。	联合国网站人口预测数据 2015 年版本。
城市化水平	根据城市化水平预测的增速，假定到 2100 年城市化水平达到 90%。	2016—2100 年数据来自联合国城市化水平预测 2009 年版本。
GDP 增速	假定 2016—2020 年增速为 6.5%，2021—2100 年每十年下降 0.5%，到 2100 年为 2.5%，与现在的美国等部分发达国家的 GDP 增速基本持平。	以当前实际数据为基础，对未来数据进行设定。
参保缴费人数与实际缴费率	2015 年为实际数值；设定参保率达到 92% 之前每年提升 0.5 个百分点，与前几年实际增速接近。 法定缴费率为 28%，但 2015 年实际缴费率维持在 14.15% 左右。设定未来一直维持这一实际缴费率水平。	初始数据为实际数据，以后年份根据设定得到。
养老金领取人数	2028 年之前为 2015 年实际数据平滑递增，之后按联合国数据（60 岁以上人口占 25—59 岁人口的比重）计算得到。	采取以实际数据和人口数据计算、设定等方式设定初始和未来参数。
养老金平均支付额与养老保险平均缴费额	以 2015 年的实际数据为基数，设定其增速与 GDP 增速相等，可计算出每年的支付额与缴费额。	2015 年数据来自《2015 年人力资源和社会保障事业发展统计公报》。

2. 新筹资体系下的参数假设

新体系形成国民养老计划加记账式个人账户的双层架构，两者分别记账，但资金可以相互调配使用。因此，在筹资方式发生变化时，要对养老保险体制进行相应的变革。相应地，指标设定也会发生变化，除表2的人口数据内容外，新筹资体制下数据设定如表3。

表3　新体系下的数据内容与数据来源

指标	数据内容	数据来源
增税收入	将增值税税率由17%提高到20%，消费税按相同比例提高，并将增税收入后的20%专门用于养老保险支出。	2016年的增值税与消费税收入根据《2016年财政收支情况》得到。设定以后年度收入增速与GDP增速相同。
“老人”补偿养老金	初始补偿养老金1000元（农村600元），以后每年按照GDP增长率不断调整。	老人存量设定：设定“老人”数量每年减少555万，按照这一减少速度，至2052年全部去世。其中，参保退休人员设定：2016年的数值是根据历年（2001—2015年）参保离退休人员数量的实际增长趋势计算得到，之后采取与“老人”相似的处理方法，每年减少295万。其他数据均以此和GDP增速计算求得。
“中人”补缴	按每年“老人”补偿标准的80%与所需补缴年数计算。	根据设定数据计算得到。
新体系下国民养老金	初始年按10000元（农村6000元）每年的标准领取基本养老金，以后每年按照GDP增长率不断调整。	根据设定数据计算得到。

（二）两种筹资方式下资金缺口的比较

本节设定，在“社保增值税”筹资模式下，新体系按照上述方案和参数运转，“国民养老计划”完全承担老体系的所有支付责任，以及新体系下的国民养老金。也就是说，新体系中“个人账户”对应的缴费资金，在测算资金缺口时相当于实账积累，并不安排用于弥补资金缺口。而按照上节所述的制度设计，新体系的“个人账户”将实行记账式账户制。因此，本节测试新体系的资金缺口，在实际运转中可以用“个人账户”里的实账积累资金来弥补，在新体系运转初期并不一定真正构成财政压力。从这个角度看，本节对新体系资金缺口的测算是非常谨慎的，并非当期就需要政府掏出资金进行填补。

图2展示了两种体系之下，养老保险基金的当期资金缺口及其占GDP的比重。在完全承担现有体系历史债务并实行过渡方案的情况下，新筹资体系下的初始资金缺口较高，但增长较慢。如图2所示，新筹资体系下的资金缺口，在2018年、2020年、2050年、2080年、2100年分别达到1.08万亿元、1.11万亿元、14.21万亿元、51.67万亿元、77.59万亿元。而在维持老体系的情况下，2018年、2020年、2050年、2080年、2100年的资金缺口分别为0.60万亿元、0.89万亿元、39.11万亿元、157.33万亿元、248.96万亿元。按照测算结果，预计老体系的资金缺口在2023年超过新体系下的资金缺口；之后，老体系资金缺口将快速持续增长，并在2045年及以后均为新筹资体系下当期资金缺口的3倍左右。

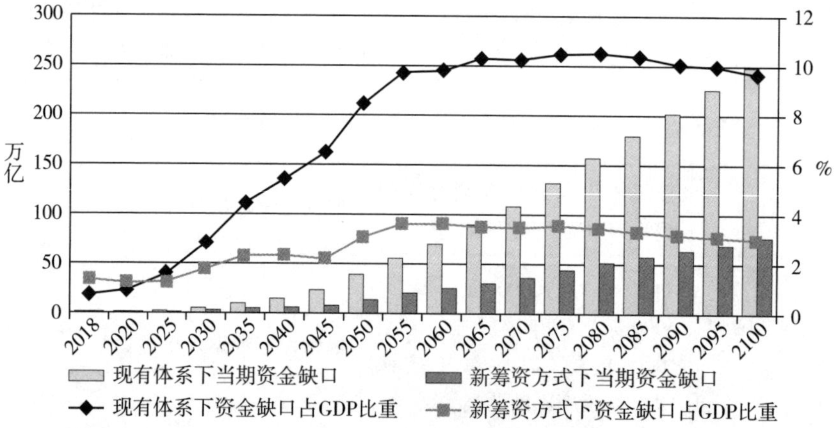

图2　两种筹资方式下资金缺口的比较

资料来源：作者测算所得

从当期资金缺口占当年GDP的比重来看，如维持现有体系，则其将在2028年超过2%，其后快速攀升，到2065年前后将达到10%左右，且长期维持在这一水平。这意味着，到2065年之后，政府必须准备占当年GDP 10%左右的资金，用于填补当年养老保障体系的资金缺口。与之相比，新筹资体系资金缺口占当年GDP比重，在2023年之前均高于老体系，达到1.35%，但其后将低于老体系，且一直控制在4%以内。2050年，新筹资体系下资金缺口占当年 GDP 比重将超过 3%，2055 年达到最高峰 3.62%，其后缓慢下降，到 2100 年重新回到 3%。也就是说，推行“社保增值税”筹资模式改革之后，养老保障体系的资金缺口虽不可避免，但完全在国家经济实力可控范围内。以上测算的老体系资金缺口，均需要安排其他来源资金予以弥补；而新体系的资金缺口，可以短期内从记账式个人账户中调配资金予以弥补，中长期内再安排其他来源资金予以补充。显然，相对于老体系，新筹资模式之下养老保障体系在中长期财务可持续性方面有明显优势，在短期内虽数字更大但实质压力更小。

当然，本节关于老体系资金缺口的测算，是假设其维持现有制度设计，并未考虑到其将要实施“十三五”规划所提出的各项改革措施。如前文所分析的，“十三五”规划所提出的各项改革措施，能够缓解养老保障体系的未来资金缺口，但其成效有多大难以判定。而本节所测算的“社保增值税”改革思路，其未来的资金缺口虽也存在，但完全在可控范围内。也就是说，启动“社保增值税”建立“国民养老计划”的改革，是促进养老保障体系可持续发展的可靠选择方案。

四、以社保增值税重构养老保障体系筹资模式的优势

以社保增值税替代部分养老保险缴费，涉及税收归宿的变化、激励机制的变化，因此以上重构中国养老保障体系筹资模式的改革思路，其着眼点不仅仅在于增强财务可持续性，还在于能有效解决中国养老保障体系发展乃至经济发展中存在的种种问题。推进社保增值税重构养老保障体系筹资模式的改革，特别适合中国的国情，其主要优势有以下几点。

（一）回避了现有改革思路遇到的重重阻力

“十三五”规划所勾画的养老保障体系改革思路，在实际推行时将可能面临重重阻力。而推进以“社保增值税”重构养老保障体系筹资模式的改革，将可以避免或缓解这些问题。

首先，避免了与参保人的直接冲突，社会接受度相对高。如“十三五”规划提出的渐进延迟退休年龄的要求，无论如何具体设计，都属于直接降低参保人待遇的改革思路。从国际经验以及国内若干调查结果来看，参保人反对的意见都非常激烈。而在国民养老计划加个人账户的新体系下，因以工薪为税基的缴费收入全部计入个人账户，因此退休年龄的选择完全是个人的事情。个人

选择提前退休，缴费少，则个人账户年金少；选择推迟退休则缴费多，个人账户年金高。由于国民养老计划的资金全部来自社保增值税，不受个人退休年龄选择的影响，因此退休年龄的选择不影响政府承担的财政责任，无须政府强制实施延迟退休年龄。为适应老龄化加速发展的现实，未来制订国民养老计划养老金增长机制时，可逐步提升受益对象年龄至65岁乃至更高。这样即可以在不动存量、只动增量的思路下，逐步缓解国民养老计划的资金压力。从养老待遇支付看，上文的具体设计是按照不降低参保人当期养老金的原则进行的。从税收负担看，提升增值税率3个百分点，对应的是减少社保缴费10—15个百分点，因此对于绝大多数企业是降低企业税负。综合各方面情况看，采取社保增值税重构养老保障体系筹资模式的改革思路，回避了与参保人的直接利益冲突，社会接受度相对更高。

其次，如何尽快实现基本养老保险的全国统筹，是中国养老保障体系改革的一大挑战。按照现有改革思路，只能依靠行政命令来推进。然而，基本养老保险的具体管理，如参保人资格认定、养老保险费收缴等，还高度依赖地方政府。因全国统筹后资金缺口直接由中央政府承担，依赖行政命令推动全国统筹就必然面临一个难题，如何有效地激励和约束地方政府？如何让地方政府站在全局利益的角度管理好基本养老保险？这一问题在现有框架下难以找到出路。而以社保增值税重构养老保障体系筹资模式的改革思路，则清晰划分了中央地方的责权。例如，增值税的征收是国税局负责，且因其环环相扣的特点，具有自动实施的特点，地方政府无法干预。国民养老计划是普惠式的，参保人受益资格认定仅是年龄；国民养老计划的养老金按增值税分成比例在中央和地方间清晰划分了支出责任；个人账户养老金则是由个人缴费决定。由此，在养老保险收支两个领域，社保增值税的改革思路都清晰划分了中央地方责权，对地方政府的激励和约束已由制度自动施加。显然，新改革思路很好地避免了中央地方在基本养老保险管理方面的矛盾冲突。

（二）以最快速度、较低管理和实施成本实现公平合理的全民“老有所养”

首先，将增值税等间接税作为新筹资体系的部分资金来源，并专项用于覆盖所有城乡居民的国民养老金支出，回避了现有体系扩大覆盖面、进行整合时的许多困难，可以一步到位实现维持有尊严的基本生存水平的全民“老有所养”。得益于社保增值税的宽税基，新体系也可以完全承担旧体系的债务。

其次，由于增值税等是强制性征税，且在我国征管制度完备、征收效率颇高，因此方案的执行阻力不大，可以很快实施。从征管成本角度讲，新体系中来自间接税的筹资，无须额外征管成本；个人账户的缴费属于强制储蓄且有合理回报，征管成本较低，因此新体系的管理和实施成本总体上会更低。从遵从成本角度讲，由于增加的增值税用于全民养老，且对企业来说是替代了其原来的社保缴费，并不一定增加其负担，因此相信能取得居民和企业的广泛支持。同时，由于改革降低了社保缴费的比例且其养老部分全部纳入记账式个人账户，因此也有利于个人账户性质的社会养老保险的发展，促使更多的企业和个人加入强制性社会保险。

因此，社保增值税可以以最快速度、较低管理成本，实现城乡居民较低水平但能维持基本生存水平的全民“老有所养”，实现历史性跨越。

（三）有利于提升国际竞争力和刺激就业

在世贸组织框架下，国际贸易中增值税可适用出口退税政策，而社保缴费或缴税必须计入生产成本。因此，这一改革实质上增加了我国出口退税政策的操作空间，增强了我国产品的国际竞争力。有学者（Bernard and Vielle, 2006）也认为，除了削减高财政赤字、减少公共债务外，社保增值税也可以通过降低企业的劳动力成本，来提高经济竞争力。而且，纵观各国增值税税率，即使我国将增值税税率提高到20%，在国际上也不算很高。

对企业来说，与社保缴费相比，增值税是针对企业的所有增加值（由劳动和资本创造）征税，相对于劳动和资本的技术选择是中性的，因此更有利于就业。通俗地说，在社保缴费的时候，企业只要雇人就必须要支付这部分费用；而在以增值税等来替代时，企业是在获取销售收入之后才需要支付这部分税收。因此，改革有利于增加就业。

对于劳动者来说，减少劳动者的社保缴费使得劳动者名义工资增加。但是，增值税税率的提高使得劳动者消费价格上升，工资的实际购买力下降。然而，增值税的税基会大于社会保障缴费的税基，因此，工资价值减少的幅度小于工资上升的幅度，税基的转移使得劳动相对于闲暇的价值提高了，劳动者会倾向于增加劳动供给。

国外有很多学者针对社保增值税改革对就业的影响进行了实证分析，在特定理论与参数假设的情况下，大部分实证结果都是积极的。如托马斯等人（Thomas and Picos-Sánchez，2012）模拟分析了德国、西班牙、芬兰、法国等13个国家，研究推行社保增值税改革对低收入群体的影响。结果显示，不管是就业参与率还是工作时间，改革对低收入群体的就业均有积极作用。巴赫等人（Bach、Hoffmeister and Steiner，2006）曾模拟了改革对就业的影响，结果发现，“从增加的劳动参与时间看，新增的劳动参与时间的2/3是由改革前未参加劳动的人提供的。由此可见，社保增值税的推行可以改善劳动力供给、降低失业率，对那些面临失业风险的低技能劳动者极其有利。”库佩特（Coupet，2007）在研究中表示“将社会保障税费率下调0.5%，并配合以增值税融资，可以在10年内提供15万—20万个额外的职位”。

（四）调节国民收入分配格局，促进经济结构调整

社保增值税改革有利于调节我国的国民收入分配格局和居民收入分配，从而最终有利于我国经济结构的调整。一方面，从企业角度看增值税是同时向劳动和资本征税，因此以“社保增值税”替换部分养老保险缴费改革，实质上是向资本征税，补贴劳动者，因此可以调节我国国民收入中劳动收入份额不断下降的格局；另一方面，增值税等间接税的最终归宿是个人消费，与仅以工薪收入（还是一定限额之内）为税基的养老缴费相比，改变筹资方式更有利于中低收入群体，因此有利于缓解我国居民收入分配不均不断扩大的趋势。

（五）提升了养老保障体系的财务可持续性

上述测算表明，实施“国民养老计划”的系统性改革，其所产生的当期资金缺口控制在国家经济实力可承受的范围之内，较现有体制更能保证财务可持续性。从理论上看，现有体系下的养老保险缴费以雇员的工薪收入为税基，而社保增值税对所有的消费行为课税。社保增值税的宽税基主要体现在两个方面：一是社保增值税不仅对劳动者课税，也对非劳动者课税；二是社保增值税不仅对劳动收入课税，也对非劳动收入（财产性收入、经营性收入、转移性收入、其他收入等）征税。得益于宽税基的特征，在组织财政收入时，社保增值税可以保证社会保障资金的充分与稳定，这也是大多数国家推行社保增值税的主要目的。正如相关学者（Orsini et al.，2014）所说，“改革主要是为了减少财政赤字，改善本国的财政状况，同时减少税收楔子”。正是因为这一

点，在老龄化社会中新体系较老体系更能保证养老体系的财务可持续性。

五、小结

受人口老龄化日益加剧、历史债务未能清偿等因素的影响，我国养老保障体系的财务可持续性面临巨大挑战。本文结合国际经验，提出降低养老保险缴费率，同步增加增值税税率等筹集“社保增值税”专项用于“国民养老计划”，重构中国养老保障体系筹资模式的改革思路和具体方案。基于若干参数假设，本文的测算表明，相对于维持现有体系，以社保增值税筹资的新体系资金来源更充分稳定，资金缺口明显降低，财务可持续性明显增强。以当年资金缺口占 GDP 的比重来衡量，采用“社保增值税”的改革思路则可实现最高不超过 3.62%，多数时间维持在 3% 左右的水平上；而维持老体系则在 2023 年之前相对较低，但其后将快速攀升，2038 年超过 5%，2063 年超过 10%，其后一直维持在 10% 左右的高位，导致政府无法承受。除此之外，本文提出的改革思路还具有避免现有改革思路面临的重重阻力、快速实现养老保障全覆盖、刺激就业、提升企业国际竞争力、调节国民收入分配格局等优势。因此，中国应及时启动以“社保增值税”重构养老保障体系筹资模式的改革。

参考文献

马丁·费尔德斯坦、杰弗里·利伯曼，“实现中国养老保险体制的潜力”，《中国发展观察》2006 年第 4 期。

高培勇、汪德华，“中国养老保障体系资金缺口分析及对策建议”，《比较》2011 年第 2 期。

金刚，“中国退休年龄的现状、问题及实施延迟退休的必要性分析”，《社会保障研究》2010 年第 2 期。

汪德华、孟红，“社保增值税适用于中国吗？——基于国际经验的分析”，《国际税务》即将发表。

汪德华，“论中国税制体系中增值税的定位”，《南京大学学报》2012 年第 5 期。

汪德华，“中国养老保险的三角悖论及应对之策”，《经济参考报》2013 年 4 月 11 日第 8 版。

汪德华，“继续推进现代增值税制度建设”，《紫光阁》2017 年第 1 期。

Bach S.，Haan P.，Hoffmeister O. & Steiner V.，“Increasing the Value-Added Tax to Re-Finance a Reduction of Social Security Contributions? —A Behavioral Microsimulation Analysis for Germany”. Working Papers (2006).

Bernard A. L. & Vielle M. , "A New Framework for Assessing Macroeconomic and Sectoral Policies Within the European Monetary Union Application to German and Italian Fiscal Policies," Computational Management Science (2006).

Carré M. , Carton B. & Gauthier S. , "Financing Social Welfare: The Attraction of Broad Bases," La Letter Du, No. 269 (2007).

Konishi H. , "Financing Social Security by Consumption Tax: A Political-Economy Perspective," Springer Japan (2014), 35-68.

Orsini K. , Burgert M. , Grevesmühl O. & Suardi M. , "Assessing the Impact of a Revenue-Neutral Tax Shift away from Labour Income in Spain," Ecfin Country Focus, Vol. 11 (2014).

Rebière T. , "Incidence of a 'Social VAT' Reform: A French Scenario," Discussion Paper Series, No. 7127 (2013).

Thomas. A. & Picos-Sánchez F. , "Shifting from Social Security Contributions to Consumption Taxes: the Impact on Low-Income Earner Work Incentives," OECD Taxation Working Papers, No. 11 (2012).

前沿

Guide

Comparative

信念经济学

信念的生产、消费和价值

罗兰·贝纳布　让·梯若尔

在过去的经济模型中，当事人通过简单的推断或试错法形成后向的预期。后来发生了宏观经济学中的理性预期革命，以及现代博弈理论在微观经济学中的普及和进步。此时经济理论中的行为人已成为非常老练的信息处理者，不可能被长时期蒙蔽。该理论方法盛行了数十年，直到钟摆再次逆转，行为经济学及其强调的“试探和偏见”（heuristics and biases）观点兴起（参见 Tversky and Kahneman，1974）。过分自信、证实型偏见（confirmation bias）、对概率权重的扭曲以及其他各种本能的认知错误如今已成为许多经济学研究领域中的常见假设。但过去十年左右钟摆重新开始调整，注重人类认知的某种形式的适应性，或者至少是隐含的目的性。

本文将提供一个视角来考察有关动机信念和动机推理（motivated beliefs and reasoning）的越来越多的研究成果的主要观点与发现。这一视角强调，信念往往满足了个人的重要心理需求和实际需求。与经济有关的案例包括对个人能力的信心、道德上的自尊感、保持希望和缓解焦虑、社会身份的认同、政治意识形态与宗教信仰等。人们抱有某些信念，部分原因是他们给信念赋予了价

---

*　Roland Bénabou，美国普林斯顿大学经济学与公共事务学教授、加拿大高等研究院高级会员。Jean Tirole，法国图卢兹经济学院院长，图卢兹高等研究院执委会主席。本文原载于 *Journal of Economic Perspectives*，第 30 卷第 3 号，2016 年夏季刊。附录、数据库与作者声明等补充材料，可参见网页：http：//dx. doi. org/10. 1257/jep. 30. 3. 141 doi = 10. 1257/jep. 30. 3. 141。

值，这个价值是在准确认识现实与自己的愿望之间进行（往往是隐性的）利弊权衡后的结果。因此某些信念对于各种现实证据会缺乏反应，人们会表现出自我封闭、一厢情愿、否认现实等非贝叶斯推断的行为（non-Bayesian behaviors）。但与此同时，动机信念会对维持各种自我观和世界观所涉及的成本、收益与利害关系做出反应。利弊权衡既会受到实验设计者的影响，从而可以开展实证检验；也会受到人们所处的社会和经济环境的影响，由此可能导致自我维持的“社会认知”（social cognitions）。①

在个人层面，动机信念的最常见表现或许是过于自信。有大量证据表明，消费者、投资者和公司高层管理者都存在过度乐观的倾向。《经济学展望》2015 年秋季刊发表的《过度自信研讨会》（Symposium on Overconfidence）对此做过介绍。虽然极端的过分自信是非常危险的，但适度夸大的信心可能有好处：希望和信心比焦虑和不安给人的感觉更好，往往还能增强人们为自身利益而采取行动以及同他人开展建设性合作的能力。有学者利用消费者金融调查（Survey of Consumer Finances）的数据发现，更为乐观的人做的工作更多，储蓄更多，期望的退休时间更晚，在离婚以后再婚的可能性也更大（Puri and Robinson，2007）。还有的研究发现，大多数心理比较健康的人表现出某种程度的过分乐观和带偏见的信念更新倾向，而表现得较为客观的人大多是抑郁症患者（Alloy and Abrahamson，1979；Korn et al.，2014）。人们会发现自己有着（经常是不自觉的）追求“积极”信念的动机，这往往是通过一个完全不对称的信息处理过程来实现，即自己原有的信念如何在新的证据面前进行修订：人们在听到好消息时能够安心地更新信息，而在听到坏消息时则不能恰当地接受（Eil and Rao，2011；Möbius、Niederle、Niehaus and Rosenblat，2011；Sharot and Garrett et al.，2016）。

自我欺骗虽然有其目标导向，最终却可能给人们造成伤害，因为这是人们同自己玩的一个信息游戏，其结果可能是作茧自缚，严重损害效率。当动机思维成为一种社会现象时，其后果可能更为严重。集体性质的信念扭曲可能导致相互放大（后文将展开讨论），使整个企业、机构和政体最终陷入否认不喜欢看到的现实以及对重大风险的视而不见，造成不可持续的财政失衡或劳动力市

---

① 本文部分内容来自 Bénabou（2015）。该研究成果更为详细地阐述了我们的正式理论架构。

场政策、气候变化、住房或金融市场的崩溃等严重后果。有学者分析了1988年和2003年房地产泡沫期间房主的预期变化（Case and Shiller，2003），发现在这两次泡沫中，90%的受访者认为自己所在城市的住房价格会“在未来数年持续上涨”，对自己的房产在未来十年的平均预期年收益率为9%—15%。在政治领域也有大量案例，如阻碍改革的顽固的意识形态盲点、阴谋论等。

下面将转入对动机认知（motivated cognition）的根源、方法、成本与收益的讨论。在某种意义上，我们建议把信念视为通常的经济产品和资产，人们利用自己获得或者可以获得的信息投入来消费、生产及投资于信念，并获得回报。我们将首先阐述该理论的基本原则，然后介绍若干实证检验和具体应用。

1. 动机信念：为何与如何？

1.1 为什么会有动机信念？

对标准的经济行为人来说，信息总是有价值的，不论是好消息还是坏消息：更多的信息有助于做出更好的决策，即使帮不上忙，也完全可以忽略掉。信息的价值正好等于它对决策的帮助程度，不可能为负值。然而谢林却睿智地把头脑描述为一个“消费器官”（Schelling，1988）。我们也的确都知道，某些信念能产生直接而强烈的情感作用，包括对我们自身的感知，如自尊或自卑（Smith，1759；Bénabou and Tirole，2002；Köszegi，2006）；对自己面临的更广泛环境及其前景的感知，从中可能导致恐惧、忧虑、希望、兴奋等强烈情绪（Akerlof and Dickens，1982；Loewenstein，1987；Caplin and Leahy，2001；Brunnermeier and Parker，2005；Eliaz and Spiegler，2006；Bénabou and Tirole，2011）。此类“可消费的”信念可以作为自变量直接进入行为人的偏好函数。

主观信念往往还具有促进“自身效力”的重要实用价值。首先，对自身能力和成功概率的信心是开展和坚持长期项目的强大动力。对于积极思维的需求，往往被归因于自我控制问题，为了坚持努力或克制消费诱惑（Carrillo and Mariotti，2000；Brocas and Carrillo，2001；Bénabou and Tirole，2002，2004）。在决策前后的偏好有差异的情形下，比如行为人担心自己在急需做有风险的决策时会临阵退缩（Epstein，2008；Eisenbach and Schmalz，2015），或者在面临天灾人祸时容易表现出“过度”同情和慷慨，信念扭曲可以发挥类似承诺工具的作用（Dillenberger and Sadowski，2012）。其次，对自身的力量、意志、才干、诚恳以及善意的信念还能对其他人带来鼓舞。有研究认为，对信念赋予价值或许是人类演化出自我欺骗能力的原因，这项能力后来又发展出了其他用途（Trivers，2011；Von Hippel and Trivers，2011）。

下一节概述的理论架构包含两类不同于客观认知的动机认知：情感类动机（使自身或自己的未来更理想化）与实用类动机（有助于实现某些内在或外在的目标）。宗教作为头号形式的价值信念往往同时服务于这两个目的，既提供情感的慰藉和保障，又实现自我控制。

1.2 动机信念如何运转?

抱有某种自我观和世界观的消费价值或实用价值，并不能确保此类信念在现实的约束和反馈中会出现和维持。但由于我们首先需要关注、加工、解读和预演有关的信息，之后才会检索和最终利用此类信念，这就给策略性地操控我们自己的信息提供了机会，无论是有意识或者无意识，渐进式还是突发式的。通过自我欺骗和冲突调和来保护有价值信念的策略多种多样，可以大致归纳为三个主要类别：策略忽视（strategic ignorance）、拒绝现实（reality denial）以及自我信号（self-signaling）。

策略忽视是指回避可能带有坏消息的信号来源，因为担心这类消息会影响我们的积极性，造成沮丧情绪等。例如，许多有致病风险的人拒绝进行亨廷顿氏舞蹈症或艾滋病检测，哪怕这些检测免费提供、准确度很高，并可以保证匿名参与（Oster、Shoulson and Dorsey，2013；Ganguly and Tasoff，forthcoming）。

拒绝现实是指在面临坏消息时拒绝恰当地调整信念。在接到可靠的警告，但担心出现的场景还没有真实发生时，人们可能以扭曲或压制的方式来分析和解读这些信号。因此，虽然警报反复显示患病概率在持续增加，或者房地产市场即将崩溃，但行为人依然有办法忽视这些数据、为风险找借口，这表现为不会改变自己的生活方式，不撤出高风险投资等。

自我信号是指行为人制造理想类型的“诊断”信号，并且把自己的决策在日后解释为根据其偏好、能力和知识状况所做的客观选择（Quattrone and Tversky，1984；Bodner and Prelec，2003；Bénabou and Tirole，2004，2011）。例如在健康问题上，人们迫使自己压抑疾病的症状，从事某些困难甚至危险的活动，不止是为现实需要，而且是想由此证明自己一切安好。

1.3 三个指示标志

与有限理性或有限注意力导致的“机械失败”类型的思维推断相比，动机思维和动机认知有三个主要的不同特征。

内生方向性（Endogenous directionality）。与通常所说的“第一系统偏见”（“System I” biases）相反，动机信念从定义来讲有某个目的指向，尽管很多时候并不是有意识的。例如，对自己的技能、吸引力和健康状况一开始并不确定的人，是带有“证实型偏见”（confirmation bias）还是抱有“自我提升”（self-enhancement）信念，在面对反馈信号时会做出方向相反的响应。本能式的证实型偏见可能导致他把所有含糊的信号视作证实信号，强化其负面自我观。此类反应相当少见，主要出现在抑郁症患者身上。大多数人则会对相同的信号做出积极解读，甚至把明确的坏消息视为不算太糟、无关紧要或者有偏差，这符合维护自尊的动机（Alloy and Abrahamson，1979；Korn et al.，2014）。当证实型偏见通常发生在涉及外部事件的时候，有时也可以被视为动机认知的一种类型：“这些事情或数据与我的看法相符，从而证明了我的正确”。的确，从布局就能正确分析形势是人的一项重要天赋，这导致了一种在判断和选择上保持一致性的强烈需要（参见 Falk and Zimmermann，2011），因为这方面的积极自我评价会增强人们对投资回报的信心，从而产生预期效用并鼓励人们从事这些投资项目。

内生方向性的另一个例子是，与本能的过度自信相反，行为人会根据何种扭曲对他们即将面临的形势有利来高估或低估自己的能力。例如当努力和天赋是替代关系而非互补关系时，为提高参与训练的动力，就要求把过去的成功更多归结为幸运，而非天赋。由此，优秀的学生或运动员可以设想，未来的考试或竞赛会比以前经历的更为艰难，因此需要付出更多努力，这是一种“防御式的悲观主义”（defensive pessimism）思维①。

并非因为天真或缺乏注意力。有限理性的概念基本上必然意味着，更善于分析问题、接受过更好教育的人会较少犯错误和持有偏见。这的确适用于禀赋效应、厌恶损失、双曲贴现以及视觉幻象等情形（Frederick，

---

① 有关自我激励的情形，参见 Bénabou and Tirole（2002）；有关策略互动的情形，参见 Charness、Rustichini and van de Ven（2013），知道自己将面临竞争任务的实验对象只有在能够带来策略优势时才会出现过分自信。

2005）。然而对于为不利证据找借口、知识隔离以及自我欺骗的情形，受过更多教育、更专注和更善于分析问题的人往往表现出更强烈的这类行为倾向。根据某些研究，在认知反应测试（Cognitive Reflection Test，对有意识的深度思维与直觉式经验思维进行对比测量）和计算测试中得分最高的人在面对意识形态中立的问题时，不容易出现自利的观念更新失败与文饰作用，但在人为的气候变化或控枪等意识形态敏感问题上则比其他人更容易受影响（Kahan，2013；Kahan、Peters、Dawson and Slovic，2014）。在美国的更大规模调查同样表明，教育水平虽然与政治阴谋论的信念呈负相关，但政治知识和政治兴趣同阴谋论的关系却并非如此（Oliver and Wood，2014）。还有的研究发现，对于当前和未来的通货膨胀与失业状况的过度自信同教育或收入水平并无相关关系，但同媒体接触度、年龄和党派属性则呈现系统性的正相关关系（Ortoleva and Snowberg，2015a）。

热对光。最后，动机之中包含着情感。直接挑战人们所珍视的信念——如宗教、身份认同、道德和政治观等——会激起强烈的情绪甚至身体反应，包括不快、愤慨和厌恶等。这种反击是受到保护的信念留下的明确记号，相比之下，贝叶斯式思维应该总是欢迎更多的信息，任何天真的有限理性思考者也同样。① 我们强调情感与信息处理过程的相互作用，其实也对应着心理学与神经科学中的类似发展趋势，有时被称为“情感革命”（affective revolution）或者“第二次认知革命”（second cognitive revolution）。

2. 一个简易的理论范式

我们用以分析个人与社会的动机认知的理论架构主要基于之前的两个研究成果（Bénabou and Tirole，2002；Bénabou，2013）。但也综合了把信念作为直接或辅助效用来源的大量文献中常见的一些观点（其中包括：Akerlof and Dickens，1982；Loewenstein，1987；Carrillo and Mariotti，2000；Caplin and Leahy，2001；Brocas and Carrillo，2001；Brunnermeier and Parker，2005；Köszegi，2006，2010 等）。对这类研究方法的详细介绍，可参见贝纳布（Bénabou，2015）。

在模型中，风险中性的行为人将时间规划分为三个时期：时期 0，搜索

① 预见到自己会受“认知过载”影响的较老练的人可能拒绝接受信息，但并不带有恶意。

（或规避）并接受信息，最终加工成信念并将其带到下一个时期；时期 1，行为人的行动和福利水平将反映后验概率造成的影响；时期 2，所有的不确定性消除，实现最终收益。最终结果取决于：外部世界的状况、行为人在时期 1 采取的行动，还可能包括财富、人力资本和社会资本、基因等初始禀赋或其他因素的影响。为简化起见，假设时期 0 只存在两种反映外部世界状况的信号：L（低水平）和 H（高水平），分别对应努力可获得回报的坏消息和好消息。

如果某个人（在时期 0）希望扭曲自己（在时期 1）的信念，使其不同于客观信息，第一类可能的动机是提高自身效率。如果在时期 1 所做的决策会受诱惑和自我控制问题的困扰，他在时期 0 时或许希望改变自己在时期 1 时有关努力可获得回报的信念，类似于父母告诫子女：犯罪不会有好下场，认真做作业才有出息。以这种“持续乐观主义”作为内在承诺工具的成本是，时期 1 所做的决策有时即使从事前来看也会是代价高昂的错误，例如承担某个不可能完成或者有危险的任务等。但是如果实现自我控制是个极为重要的问题，某种程度的“积极思维”就可以带来好处。

自我欺骗的第二类可能的动机是情感。基本理论架构与上述情形相同，只是在时期 1，行为人不受自我控制问题的困扰，而是会从这个时期持有的信念中直接获得效用（或负效用）。这种能带来快乐的信念可能源于自身的特质，例如自认为聪明、有魅力和善良，比持有相反的看法更让人满足。或者信念可以通过预期效用发挥影响，即对未来境遇（健康还是患病，成功的婚姻还是麻烦的离异，富有还是破产，永生还是虚无）的展望会让人们体验到愉悦或者沮丧的情绪。希望、恐惧、焦虑以及其他情绪是幸福水平的重要决定因素，既是纯粹的“精神消费”，又会通过身心失调、药物滥用和其他引致问题而起作用。在这一广义的偏好假设下，在时期 0 行为人显然会面临一个利弊取舍问题：比较客观地接受坏消息，从而更好地做决策，但在一段时间里（或许会很长）对未来的展望必然较为阴暗；也可以采取更为“防御性”的认知反应，较为轻松地生活下去，直到审判日到来再为错误决策付出代价。

除上述两个对积极信念的需求来源之外，动机思维理论模型在供给侧的最常见基石是选择性或差异式更新（selective or differential updating），也就是在关注、解读、记忆或觉察等方面不对称地处理好消息和坏消息。尽管这些机制在心理学和神经学上有显著差别（下节将介绍），但它们对观念更新和行为的影响基本是等同的。为避免重复，我们通常采用选择性回忆来解释，但不可做字面上的理解。相比之下，现实主义认知则意味着把 L 在记忆中正确地编码为 L，并拒绝将其错编为 H、在回忆时将其作为 L 和 H 的含糊不清的混合或者完全将其遗忘（最后这点与标准的信息经济学理论最接近）。

自我信号显示（self-signaling）则是一个更为曲折的信念产生过程，同样基于对过去状态的不完美利用：利用自己的行为作为对自己身份的诊断，反过来又根据自己的长期身份意识来进行选择。由于实际行动比引发行动的动机组合（对艰难的利弊权衡的评估、临时应急、负罪感或自豪感等）更容易整理、回忆和记录，我们过去的行为可能反映了自己的深层偏好，并能帮助预测未来的行为。但同时，我们对这些自我信号的选择会使未来的信念具有可塑性。

当然，操纵自己的关注、记忆或者觉察过程一定不能过于透明。对于自己没有顺利更新哪些具体观念、采取或未采取某种行动的具体原因——例如在看到一个乞丐时穿过街道去施舍他，发起或回避一场争斗，给某人提供帮助，喝醉酒等等——必须有某种程度的模棱两可。很多时候，只需要浅浅的一层掩饰就足够，例如在若干“道德回转空间”（moral wiggle room）实验中，实验对象会借助甚至寻找很牵强的理由来遮掩自己的不诚实，忽略或推脱自己对他人的伤害等（Konow，2000；Dana、Weber and Kuang，2007；Gneezy、Saccardo、Serra-Garcia and van Veldhuizen，2014；Hamman、Loewenstein and Weber，2010；Di Tella、Perez-Truglia、Babino and Sigman，2015；Grossman and van der Weele，forthcoming）。

对于该理论的主要结论而言，行为人的天真并不是必要条件，但有这个条件会强化结论。比较老练的人知道自己也倾向于有选择的自利的关注、记忆和找借口，这种“元认知”使他会对时期 1 中缺乏坏消息的情况打折扣，但只要他不能彻底重构受到审查或扭曲的原始信息，他采用的后验概率依然会被夸大。老练起作用的地方在于，它使人可以采用不同的“认知模式”（cognitive styles）作为另外的个人均衡解。知道自己的观念更新具有选择性的行为人，会对“消息不错”的状态打很大折扣，从而减轻审查和误读坏消息带来的后果。相反当行为人倾向于过分自信时，会对好消息深信不疑，这种较为强烈的行为反应会使拒绝坏消息的行为变得十分危险。

3. 第一批推论及其证明

根据上述理论架构可以得出若干推论，并以数据进行检验。

3.1 信息回避与不对称更新

对类似于资产的信念，人们往往会忽略、贬低、辩解或遗忘与这些信念存在冲突的消息，而欢迎或支持这些信念的消息。有两个研究表明，实验参与者会捍卫涉及自己智商和吸引力的信念（Möbius et al.，2010；Eil and Rao，2011）。实验者首先以激励相容的方式就参与者对自己在实验对象群组中所处位置的信念得出前置分布，然后通过两轮客观反馈，让参与者得知自己与随机的其他实验对象的相对位置，以更新其信念。与我们的理论推论一致，这两个研究都发现了统计上显著的对好消息和坏消息的不对称更新：参与者对负面反馈呈现系统性的更新不足，而对正面反馈的更新大为接近于贝叶斯模式①。

对信息的需求或回避也显示出不对称性。在上述两个研究中，实验对象在实验结束时通过付钱来了解自己的真实智商和吸引力排名的意愿，对后验概率较好的人为正，对后验概率较差的人为负。这类似于个人经历和症状表明有较高风险罹患某些重大疾病的人往往会拒绝参加检测。还有的研究发现，股票市场整体上涨时投资者上网查询其资产组合价值的次数会大幅增加（Karlsson、Loewenstein and Seppi，2009）。另外有学者分析了如何从一般的选择性记忆模型中得出这种有条件的信息偏好（Gottlieb，2014）。

有一项研究收集了大学生们对其未来收入水平以及不同专业的平均收入水平的信念（Wiswall and Zafar，2015），然后给学生们提供各个专业的实际收入水平的数据，再收集学生们对自己预期收入的更新信念。研究发现之前对预期收入低估了 1000 美元的群体会把预期上调 347 美元（在 1% 的统计水平上显著）。而之前把预期收入高估 1000 美元的群体只把预期下调了 159 美元（只在 10% 的统计水平上显著）。

对于好消息和坏消息的不对称反应还可能导致所谓“乌比冈湖效应”（Lake Wobegon effect），即很大部分人认为自己超过平均水平的后验概率分布。

---

① 有研究表明，我们的模型可以导致对坏消息的严格的更新不足，对好消息的较少程度的（或许为零）更新不足（Bénabou，2013）。另有研究显示，即使在无限时间情形下，每个时期都得到信号或反馈，行为人依然有动机拒绝接受坏消息，而且这种拒绝是内生的（Gottlieb，2010）。

这对较老练的行为人也是成立的，他们的后验信念必然回归到样本的平均值，因为贝叶斯规则并不限制偏斜（Carrillo and Mariotti，2000；Bénabou and Tirole，2002）。

3.2 记忆和其他神经处理过程的作用

几种互补并在事实上等同的认知机制都可以导致动机式信念更新，其中最简单的是对过去信号的选择性记忆或利用，这也相对比较容易检测。经济学领域最早开展的这类实验显示（Thompson and Loewenstein，1992）：（1）在模拟劳工谈判中代表不同利益方但得到相同信息（来自实际案例）的实验对象，在后来能记住更多的对己方有利的内容；（2）这种自我中心式的记忆偏差程度与谈判过程中更长的时间拖延（即更高的成本付出）有关。

更近期的一项研究让实验对象回答四个智商测试问题（Chew、Huang and Xiaojian，2013），两个月后再让他们看到同样的四个问题，外加两个他们不曾见过的新问题和全部问题的答案，并激励他们回忆两个月前对每个问题的回答，以及是否曾经看到过各个问题。结果实验对象把答错的问题回忆成答对的概率，是相反情形的 6 倍。把答错的问题回忆成不记得答案或者没看到过该问题的概率，是相反情形的 2 倍。对于不曾见过的新增问题，56% 的实验对象回忆称曾答对过问题，9% 回忆称曾答错过。此外，上述三种积极的回忆偏差在实验对象中呈现高度的相关性。

神经科学的研究正着手分析差异式记忆和信念更新的深层机制。有研究表明，人们可以通过阻断联系或者分心于其他问题的方式来降低对词组的记忆率，而且这两种“自愿式遗忘”过程涉及不同的大脑运行网络（Benoit and Anderson，2012）。另一项研究也证实了对好消息和坏消息的不对称更新现象，并显示实验对象虽然能很好地记忆原始数据，但大脑前额皮质却有不同的区域对正面或负面估计误差进行追踪和编码，另外，高度乐观的人对更新坏消息所需要的负面估计误差显示出持续的追踪不足（Sharot、Korn and Dlan，2012）。

3.3 成本与突显性

出错后个人成本较低的信念，更容易因为情感、愿望和目标而扭曲。经常提及的一个例子是选举，通常认为，持有错误政治观点的成本与成为关键选票的概率成正比，因此非常小（Caplan，2007）。但在现实中，由于政治信念的社会信号和自我信号的作用，却未必如此。但更为复杂的问题不在此。选民的认知扭曲要发挥政治影响，必须是大多数人的扭曲朝同一个方向。这样的意识形态联合如何形成并成为主流，我们将在下一节把基本理论架构拓展到社会认知之后加以详述。

3.4 取决于利害关系的信念

假设有预期效用的行为人在时期 0 拥有一定数量的非流动资产——如住房、场外交易的证券、特殊的人力资本或社会资本、文化或宗教等——到时期 2 时，这些资产在 H 状态下的价值高于在 L 状态下。因此，该行为人在初期拥有的这些沉没资本的数量越大，他自欺欺人地处理坏消息的激励就越强。我们把动机认知理论的这一关键推论称为“取决于利害关系的信念”（stakes-dependent beliefs），它最早是在心理学里得到证实的（Kunda，1987）。

后来的研究利用经济激励实验提供了更多佐证（Babcock、Loewenstein、Issachroff and Camerer，1995）。实验对象按两人一组配对，拿到相同的交通事故的法律诉讼文件，并随机将两人指派为控方和辩方律师。实验对象接下来会就经济解决方案展开谈判，拖延会带来成本。他们还分别受到激励，根据双方得到的相同文件，预测外人可能认为的公平结果和法官的判决结果。在实验对象看到文件之前分配控辩角色时，他们对公平结果和判决结果的预测差异很大，在谈判中的要求也彼此悬殊，会导致严重的拖延和破裂。而在信息处理过程完成后再分配控辩角色时，他们的不对称性和拖延状况要小得多。

在另一项研究中（Mijovic-Prelec and Prelec，2010），实验对象受到激励对一系列二元事件做出预测，包括在随机给予他们与结果挂钩的利益之前和之后分别进行预测。当利益关系显示他们原先的预测会对应较低回报时，他们有显著的倾向改变原先的预测。这不但不符合理性预期，而且完全同证实型偏向相反。还有的研究让实验对象随机扮演“农民”或“银行家”，然后预测后来的交易价格（Mayraz，2011），结果再次显示出系统性地倾向于自身立场的特征，并且与有利的交易条件所对应的货币回报大小挂钩。另有研究表明，随机获得地产权利的非法占地者相对于运气较差的邻居们来说，接受了更多“亲市场”的信念，如相信可以靠自己的努力取得成功、金钱对幸福的重要性等（Di Tella、Galiant and Schargrodsky，2007）。

3.5 沉没成本谬论、强化承诺与快乐水车等现象

在初期拥有足够多非流动资产或沉没资产的人，有强烈的激励让自己相信其未来价值会受禀赋效应的影响。一旦让自己信服，他会愿意对这些资本进行更多投资，陷入心理学家们所说的“强化承诺”（escalating commitment）式的沉没成本谬论。此外，尽管行为人在每个时点都会根据当时的偏好和信念追求最大化，累积的棘轮效应和专业化投资对福利的事前影响却可能是负值（Bénabou and Tirole，2011）。要理解这一“快乐水车”（Hedonic Treadmill）式的结果，最简单的办法是设想如下情形：行为人试图通过个人行动的自我信号来操控自己的信念，但发出这种信号通常带有自身的损失。更一般地说，对坏消息进行审查或者通过身份强化行为来抵消其影响，可以阻止信念（例如道德上的自尊感）在糟糕的情形下涣散，但这种审查同样会削弱对乐观情形的自信心，导致自我怀疑。在行为人比较老练、信念是以线性方式进入偏好时，这两种效应抵消，只留下产生并践行不正确信念的成本。①

4. 社会和组织的集体信念

对公共机构事故和公司事故的调查报告往往描述说，组织内部如何出现了任性盲目和拒绝事实的风气，导致系统性的失败。组织心理学的大量研究同样强调了自我欺骗与傲慢狂妄在不当行为与金融欺诈中起到的关键作用（Tenbrunsel and Messick，2004；Anand、Ashforth and Mahendra，2004；Bazerman and Tenbrunsel，2011；Schrand and Zechman，2012）。出现疏忽与欺诈行为的人们找到各种办法来说服自己没有做错任何事，导致最初的轻微违规在一系列辩解借口中逐步升级，然后通过回音壁式的集体作用进一步与事实脱离。例如，美国航天局对挑战者号与哥伦比亚号航天飞机失事的调查发现（NASA，2003，Vol. 1，第196—199页）：

> 航天局看起来沉浸在一种无往不胜的文化氛围中，这与事故后的现实形成了鲜明对比。罗杰斯委员会（Rogers Commission）发现，航天局被其

---

① 线性的信念效用是个有用的参照标准。显然，如果效用函数对信念是凹性（或凸性）的，后验概率越密集（或越分散），对行为人越有利。当然自尊感或预期偏好的实际分布形状是个实证问题。

> “无所不能”的态度所蒙蔽，导致管理者形成了对可实现的发射频率的信念，这种信念使航天局自认为已掌握了操作系统，而不愿意听取外部专家的意见……航天飞机计划的架构和流程的每个关键点及其负责人员都拒绝新的信息……有关设计运行不如预期的证据，被解读为可以接受、没有偏离，从而使整个机构的风险意识下降……工程师和管理者们把恶化的异常数据收录到工程经验数据库中，导致与原始设计出现更大的偏离。

令人惊讶的类似模式反复发生在安然和通用汽车这些公司案例中，2008年金融危机之前的主要投资银行、AIG保险公司、美联储以及美国证监会也不例外（Bénabou，2013，Appendix D）。

这种动机思维和拒绝现实的态度如何具有“传染性”，并扩散到整个组织或者其中的某些部门？可以设想如下场景：个人从属于某个公司、网络或其他集体行动，为突出人们对事件的思考和感知所内生的相互依赖关系，我们假设一个简单（但不失一般性）的线性相互作用：每个行为人的最终收益是自己的行动与群体的平均行动的加权平均值再乘以集体的总收益。在状态良好的时候，私人净收益和组织范围的社会净收益都是正值。而在状态糟糕的时候，私人净收益总是负值，但根据溢出效应的性质，组织的共同收益可能为负值也可能为正值。对于集体会如何对坏消息做出反应，以及集体的观念更新失败是有利于维护士气还是会造成有害的错觉，组织的共同收益至关重要。

在没有什么消极社会影响的项目中，例如，为做善事而集体努力或者动员时，对坏消息视而不见从个人角度看虽然不是最优，但会由此形成一种公共产品。其他人的过度自信会使坏消息更容易被容忍，从而使每个人都更愿意接受现实。此时认知态度成为策略性替代品，相互抑制，拒绝现实的态度存在自我约束。①

更有趣的案例是具有重大负面风险的项目，此时的盲目固执可能导致其他人的更大损失，例如资本和信誉的损失、企业破产、解雇、灾难事故以及遭到起诉等。拒绝接受坏消息、继续照常营业的人越多，局势会变得越糟糕，应对

① 在不对称相互作用足够明显的结构中，甚至某些行为人可以卖空项目的收益，因为他们可以从其他人拒绝L状态中受益，他甚至更偏好L状态而非H状态。在此情形下，他会出现相信H状态的倾向。这种强烈的替代特征会导致两类行为人对于未来的状态在两个对立面上押注（Brunnermeier and Parker，2005）。

临近的灾难将越困难。对现实的感知此时成为策略性互补品，错觉将因之蔓延。

这种互保错觉机制（Mutually Assured Delusion，MAD）非常糟糕，当拒绝和回避现实具有社会危害性时，它们会带有传染性，而当它们对社会有好处时，反而不带有传染性。背后的直觉很清楚：我们在前文提到，个人对信念的态度往往和他们在不同状况下的固定利害关系挂钩，而在集体或网络中，这些利害关系取决于其他人的行动（是产生正面还是负面的溢出效应）以及在不同状况下秉持的信念。所以，每个行为人判断的最优结果取决于其他人的判断，反之亦然。另外，这些认知关联的性质和对福利的影响完全取决于网络结构中的外部性的性质（正负方向），而非回报中的内在非线性特征。

这种"心理乘数"导致了多种社会认知的可能性：相似的集体或组织既可以按照比较现实的方式运转，每个人都能面对现实；也可以按照错觉的方式运转，每个人都拒绝接受坏消息，并使其他人的处境继续恶化。有研究表明，这种集体思维在下列情形下更容易出现（Bénabou，2013）：（1）集体成员的相互依赖度较高，使其面临共同的命运，面对他人错误造成的附带危害没有太多退出选择；（2）不利的状态相对较少出现，可一旦出现就非常糟糕（所谓的黑天鹅事件）。

这些观点和结论很容易推广到不对称的组织和网络中：行为人倾向于接受还是拒绝现实，主要取决于对他的命运影响最大的决策者们自己如何对坏消息做出反应。于是在等级体系中，最高管理者对于市场前景、法律责任、成功概率的判断或误判，往往会向下渗透到中间管理层，再传递给员工或队伍。

本节强调了"不良信念"机制对组织失败的重要影响，相对于标准的"不良激励"机制而言，经济学家们对此关注甚少。在现实中，大多数失败案例都兼有这两种机制的影响，它们的相互作用或许是未来的一个有前景的研究领域。

5. 政治意识形态

政治经济学研究同样在经历分析视角的钟摆式调整。理论依然强调理性选民和追求物质利益的压力集团的策略选择，但也越来越多加入了"行为"因素的考虑，例如身份认同和情感表达、公平感和损失规避等涉及参照点的问题、带偏见的归因（如寻找替罪羊），以及意识形态式或者一厢情愿式的拒绝事实等。美国和若干欧洲国家目前的政治事件和竞选，应该会彻底打消对此类心理因素之政治影响的残存疑虑。

每个选民或许会选择坚持自己出于情感或实用原因所看重的信念，但要发挥政治影响，这些观念必须在全国范围内联合起来，甚至可能渗透到国外。下面将介绍一些案例，有关政治信念可以很自然地产生互补效应，造成主流意识形态的产生和持续。

5.1 公正世界观

所谓“公正的世界”，是“人们得其所应得，并应得其所得”（Lerner，1980）。现实是这样吗？世界价值观调查（World Values Survey）发现，人们对努力和幸运在人生中的作用所持有的信念差异很大。在美国，60%的人相信努力是成功的关键，而西欧国家的平均水平仅为30%，且各国差异悬殊。另外，各国的这一主流信念与实际的社会流动性水平、穷人的工作时间长短无关，却与GDP中的社会支出份额强烈相关（Alesina、Glaeser and Sacerdote，2001）。类似的是在个人层次上，选民对于人们在多大程度上掌控自己命运、最终得到公平回报的感受，是他们对不平等和再分配所持态度的最主要决定因素，压倒其收入和教育水平的影响（Fong，2001）。

在之前的研究中（Bénabou and Tirole，2006），我们描述过这种政治意识形态的多重均衡如何能因为自我激励和边际税率之间的天然互补性质而产生。当社会安全网与再分配很薄弱时，行为人有强烈动力为自己和子女维持“努力比幸运更为重要”的信念，因为这会鼓励积极工作，并在逆境中坚持。但在高税收与大量转移支付的情况下，上述信念就远不适用了，坚持它的人数会减少。于是多重均衡可能同时存在：（1）美国梦式的均衡，以促进社会流动性、减少再分配为公正观；（2）欧洲式悲观主义均衡，更强调人性自私的信念，采用较大的福利国家制度。后一种均衡与前一种相比，更少把贫困归咎于懒惰，工作时长和收入水平更低。更一般地说，从各种稳态均衡来看，公正世界观与福利国家规模之间存在负相关关系，这与各国的实际表现相一致。

除上述的国别证据外，另有研究证实了公正观在决定收入分配偏好时的作用和可塑性（Frank、Wertenbroch and Maddux，2015）。利用来自30个国家的MBA学生，他们发现：（1）在执行任务和实验中，实验对象关于“努力还是幸运”的实验认知预示了他们对执行任务所带来的收入进行分配的偏好；（2）

把学生的信念按照国别汇总，可以预测各国调查中反映的对绩效收入还是再分配收入的偏好；（3）宣扬某些公正观，使其在实验开始时更占主流，对于个人在实验中选择采用何种收入体系具有因果作用。

5.2 国家主义与自由放任意识形态

对于“自由企业制度和自由市场经济”的信念也呈现类似的国别差异，在2005年的世界公共意见调查（World Public Opinion Survey）中，赞同这是“建设未来世界的最佳制度基础”的平均比例为61%。其中较高的包括：中国74%，美国71%，德国65%；较低的包括：阿根廷42%，俄罗斯43%，法国36%。同样，世界观的差异与某些客观事实并不相称，例如德国和法国有类似的经济结构，但对调查问题的赞同度却相差了近1倍。但这些信念很好地对应着各国的政府规模，不管是以税收占GDP的比重还是对劳动力和产品市场的监管指数来测算。

有研究分析了这些国际差异，并解释意识形态差异如何能长期持续（Bénabou，2008）。当人们预见到会面临规模较大的公共部门并为此付费时，他们的心理激励是将其视为未来收益（预期效用）的重要来源，这反过来又会促使人们更愿意投票支持该制度。相反，当人们预见到必须在市场上购买类似服务时（例如美国的医疗服务），其激励则变成重视自由放任模式的效率，而减少对公共服务和公共筹资的需要。因此，个人选民的信念可以相互放大，形成对历史路径的依赖，出现多重稳态均衡：国家主义以大政府为特征，人们高度信赖其仁政的效果；自由放任以小政府为特征，对无形之手的好处坚信不疑；在比较现实主义的意识形态下，选民们认识到政府和市场各有其缺陷。

5.3 投机取巧的政治家

如果选民们需要虚幻的信念，例如：解决经济和社会问题的无痛苦方案，从外面找到的替罪羊，让人陶醉的力量炫耀，那么贪恋权位的政治家和追逐利益的媒体会很乐意效劳。有学者指出，这种反馈会导致一种“抚慰政治”（Soothing Politics）式的均衡（Levy，2014），无法推进急需开展的改革，造成未来的更大痛苦。这一预期将使选民们有更强激励遗忘坏消息或为之找借口，然后，他们的漠不关心和奢望会让与自己利益并不一致的政治家们继续沉浸在不思进取的轻松状态。与之相反，如果选民们能够对负面信号保持警惕，则会出现所谓“现实政治”（Realpolitik）式的均衡，政治家们会追随改革，防备因为怠惰、无能或被利益集团俘获等糟糕表现而被选举淘汰。

5.4 过度自信、两极分化与极端主义

在每个政体中都存在某些高度对立的信念，它们往往呈现分化而非融合的趋势。选民们会扭曲自己的思维过程和世界观，使之适应自己的需要和愿望，这同样可以对此提供有效的理论解释。行为人的物质资本、社会资本、人力资本和文化禀赋，使他们在不同的现实状态下（例如不同的努力程度、不同效率的政府、对其他人的不同信任程度等）拥有不同的利害关系，从而对同样的信号做出完全不同的加工和解读。在全球媒体和互联网带来的信息越来越多的时代，信念的差异反而扩大，也就不再难以理解了。

这类模型还意味着，人们喜欢与自己思维方式类似的人互动，而回避那些语言和行动似乎会威胁自己看重的“构建型现实”（constructed reality）的人（Bénabou and Tirole，2011）。此时非常需要卡珊德拉（Cassandra）式的人站出来讲不讨人喜欢的真相，以防止整个集体成为危险的错觉的受害者，同时也有助于确保好消息或者没有坏消息的真实性。然而一旦糟糕的情形已经出现，尤其是在某些投资已经沉没的时候，这些讲真话的人则可能被抛弃，甚至遭遇更坏的命运（Bénabou，2013）。特立独行者的态度在时间上的不连贯特征，为言论自由、新闻独立等宪法权利型的社会承诺机制提供了新的解释。不同意见能够公开存在，非但有助于确保对信息处理的现实主义态度和信心，而且可以打击一厢情愿式的信念，从一开始就降低动机思维的回报。

5.5 过分自信与意识形态

有学者分析过过分自信的信念在政治活动中的重要性及其对信息的抵制，尤其是极端主义者（Ortoleva and Snowberg，2015a，b）。该研究对有全国代表性的3000多名美国成年人的样本提出标准的政治调查问题，并要求他们提供对当前和下一年的通货膨胀率和失业率的估计及自信程度。结果发现：（1）实验对象越是过分自信，政治观点就越极端，选举参与率越高（表明认知扭曲具有实际影响）；（2）过分自信并不随教育水平的提高而下降，但随着年龄和媒体接触度的提高而上升；（3）这一现象在左右两个政治谱系里都存在，但自1980年以来更突出地表现在右翼。为解释这些现象，有学者提出，选民

们会受到不同程度的“相关忽略”（correlational neglect）的影响，其含义是，他们没有注意到自己从本地环境、社交网络以及有选择的信息来源中获得的观察很大程度上是多余的（Ortoleva and Snowberg，2015a）。

这类贝叶斯推断失败和有偏见的信息搜索及加工现象，可以相当自然地从动机信念、身份维护的理论中推导出来。有研究把偏好异质性加入上述有意识的选择理论中（Le Yaouanq，2015），表明多重主流意识形态的典型结论将依然成立，而且更有趣的是：（1）政治谱系中更为极端的行为人最容易出现拒绝现实的现象；（2）当行为人可以内生地组成网络来交流或评论政治观点时，意识形态的同质性将占主导，从而更容易出现集体偏见和两极分化（Della Vigna and Kaplan，2007；Gentzkow and Shapiro，2011）。

6. 金融泡沫和崩溃

动机思维理论还为金融狂热和崩溃现象提供了心理学基础。我们设想，在初期得到好消息后，投资者会积累起一定数量的流动性较差的金融资产。接下来可能得到有关基本面的好消息或坏消息，投资者可以继续投资或者停止投资。时期2的流动性价格将反映当时积累的资产总供给与资产的现实需求。需求下滑会使投资决策成为策略性替代品，使之不容易有传染性。然而，投资者对坏消息的认知反应可以是策略性互补品（会彼此强化），导致非理性狂热的积累，并进一步放大未来的崩溃。其实当初期的非流动性资产规模足够大时，现实主义态度要求尽早接受重大的资本损失，其他人的盲目过度投资只会使情况更趋恶化。这种资本损失的外部性又因为互保错觉（MAD）乘数的作用，当它压倒了需求的替代性时，市场可能被短期的传染性的盲目乐观、过热和暴跌浪潮所淹没（Shiller，2005；Akerlof and Shiller，2009）。

另一项研究在2003—2005年基于房地产的金融泡沫中找到了有关上述机制的证据（Cheng、Raina and Xiong，2014）。研究者分析了华尔街的“内部人”——抵押资产证券化行业的400名中层经理，他们对有毒次级贷款有近距离观察——的个人住房交易状况。相比于同样较为老练的“外部人”，即没有专门从事房地产业的律师和金融分析师，样本中的内部人在泡沫顶峰时期购买第一套、第二套和更大面积住房的概率更高，在住房价格开始下跌后卖出房产的速度更慢。他们在自己的房地产投资中得到的总收益因此也更低。内部人在高价位买入、出手速度较慢的事实，并不符合理性道德风险理论对危机的标准解释，却非常符合强化承诺和集体思维机制：他们对未来住房价格的信念由于个人和整个行业的利害关系被严重扭曲。

7. 身份与道德

心理学家、社会学家以及近来的经济学家（始自 Akerlof and Kranton，2000）很关注身份在决定社会行为中的核心作用。身份在本质上是一系列信念：个人身份涉及人们的特征、偏好、道德或宗教观、能力及前景等，集体身份涉及人们的归属，如家庭、企业、网络、文化及国家等。身份关系到人们所重视并捍卫的信念。例如，对来世的信念显然会影响预期效用，公正观会带来行动的激励以及人生可以实现梦想的感觉，对他人的信任让我们对自己生活的社会更感到积极乐观。

7.1 个人身份

人们愿意给别人留下诚实与道德的印象，原因显而易见。但把自己视为有德之人的愿望——以及随之而来的对自身行为的监督和评判——则更难解释。

维持这种自尊的第一个好处是帮助克服短期投机（欺骗、叛变）或冲动（性冲动、愤怒、暴力）的诱惑，这些短期行为可能对人们的社会关系造成长期损害。另一个适应性好处是，欺骗他人并不十分容易，我们会本能地脸红或者以其他方式出卖自己。因此，相信自己的正直有助于我们在公开场合更可信地留下好印象。在一个激励相容的信念引发实验中，研究者发现，在完成一个认知挑战任务后，如果事先告知实验对象，通过面对面说服其他人相信自己得了高分，将因此得到金钱奖励，那么他们对其相对表现的过分自信程度会提高50%，并且更不愿意接受客观的反馈。另外，这种信念管理策略会产生实际效果，因为这一情形下的实验对象确实从（同样有激励的）评分者那里得到了更高的评价（Schwardman and van der Weele，2016）。

另一方面，任何形式的现实扭曲或浪费信号也都是有成本的。例如，迫使自己比真实意愿表现得更为慷慨，哪怕是在匿名的场合。这可以解释为什么人们经常会如一系列道德回转空间实验所证明的那样，找借口或者视情况而定选择含糊其辞的说法，来避免自己的道德身份经受明确且必定有成本的考验（参见 Gino、Norton and Weber）。还有研究利用变形的“委托博弈”来引发人们的信念

（Di Tella et al.，2015）。[1] 委托人得到机会在不清楚受托人实际表现的情况下，无条件没收受托人的全部收入，此时委托人明显更容易推测（有激励因素）：受托人从事过"腐败"行动，因此应该拿走全部收入，以示惩罚。

7.3 社会身份

许多核心身份与"归属"有关，如归属某个城市、族群或文化集体、职业、宗教、政党及公共事业等。第一种可能的解释是，我们会因为从属于某个社群而获得物质利益。有研究指出（Berman and Iannaccone，2006），若干宗教群体会提供"俱乐部产品"，如可以应付经济冲击或健康冲击的保险、帮忙寻找配偶或工作、帮助哺育子女等。然而，这种俱乐部为什么必须依赖超自然的信念（在该理论模型中没有体现出来），而不是采取金钱或实物形式的会员费、名声机制或其他信号机制，则并不清楚。[2]同样不清楚的是，类似的公共品在大多数场合都是非常地方性的，但为什么宗教信仰和身份需要在全球范围内共享，有时甚至要以激烈的形式予以捍卫？

对于普遍存在的归属需要的第二种解释是进化使然：人类是社会性的物种，通过与类似自己的他人交往会获得内在的满足感，孤独则导致焦虑，这种情感激励有助于提高社群的生存适应性。即使在今天也存在这种准自动性质的圈层归属现象，例如，毫无意义地对人群进行随机分组，会让他们马上找到共同的身份和信念。这表达了我们不愿意被社会所遗忘的本能需求。

7.4 作为身份资本的信念

虽然在经济属性上通常把身份描述为一系列信念，但实践中则往往将其作为效用函数中的偏好或者元偏好（Akerlof and Kranton，2000；Rabin，1994；Shayo，2010）。我们的方法是从认知角度，明确把身份作为对深层价值观的信念，强调信念作用中的自我参照过程以及身份所服务的基本需求。

个人在初期拥有一定数量的与身份有关的资本，这将影响未来的福利。该资本可以是固定的（如性别、种族），也可以是累积式的（友谊、职业成就、财富、宗教信仰）。关键在于，行为人并不确定这些资本在长期中会对自己的

---

① 在权威的委托博弈中，由一方博弈者选择把多少初始资产委托给另一方，在这笔投资增值后（如达到原先的3倍），由受托人决定把多少收益返还给委托人。

② 有关选择代价昂贵的信念还是仪式作为信号的研究，参见 Levy and Razin（2014）。

福利有多大作用。例如，某位移民有些时候并不确定与自己的母文化保持联系相比于融入新文化环境究竟利弊如何；某位职业人士并不清楚取得更多成就和财富相对于分配更多时间陪伴家人，怎样做更让人幸福；某位信教者并不确定自己的信仰有何真实力量等。根据前文对普遍的“取决于利害关系的”信念所做的解释，对这类资产的未来回报保持积极看法会直接提高其预期效用，还可能强化自我监督。

对待身份的这种自重声誉的办法有助于解释其他许多行为，尤其是在道德领域。首先，当有关深层偏好（如真实的慷慨程度、忠诚度、信仰）的客观信息很少，且容易被暗示、提醒、含糊的借口等突出事件所操纵时，就更容易出现身份强化行为。其次，对较弱的身份挑战可能得到默许，但对较强的身份挑战可能激起强烈反击。“快乐水车”效应是另一类型的历史依赖：如果行为人被赋予足够数量的身份资本，他们即使在净收益为负的情形下也往往会继续投资。在某些时候，某个人相互矛盾的身份可能导致自毁行为：拒绝接受教育和加入主流劳动力市场，不愿意顺应社会和经济的变革，自愿到远方去打仗，从事自杀式爆炸等。有研究发现，在一个较为温和的案例中，研究者要求实验对象匿名填写一个选项，以示对美国政府的资金支持表示感谢，结果有25%的巴基斯坦男性参与者会甘愿放弃相当于自己日工资1/5的实验参与报酬（Burzstyn et al.，2014）。

基于信念的理论模型还能够很自然地推导出神圣价值观和精神禁忌现象，其特征是强烈规避（哪怕设想）犯规的情形：仅仅在某种崇高原则与个人利益之间权衡取舍，就足以给人们的身份认同造成持续的阴影（Fiske and Tetlock，1997；Bénabou and Tirole，2011）。在身份认同极为重要时，这可能造成强烈的现实扭曲，还可能导致人们希望禁止“堕落市场”，即不愿意见到其他人公开从事某些违反禁忌的交易：性交易、器官买卖、付费收养儿童、代孕等。

驱逐也是一种很自然的推论。由于类似人群的偏好和愿景往往有相关性，某些同行的出格行为——违反习俗和禁忌，与外人结交等——可能给现有社会资产的价值（预期效用动机）及其未来投资（不完美个人控制动机）带来不利影响。另一方面，如果是自己在从事有道德疑问的行动，则别人的良好行为会造成威胁，因为这将消除自己可能寻找的借口。在以上两种情形下，把犯规者驱逐出去都可以压制他们造成的不受欢迎的暗示。因此，根据谁的行为更符合（或更不符合）道德，同样的人或集体既可能采取亲社会的行动，回避搭便车现象，也可能采取自私的行动，不做道德楷模。有关的实证研究可参见莫宁（Monin，2007）和赫尔曼等人（Herrmann、Thöni and Gächter，2008）的研究。有关信念统一的需求与“微小差异的暴政”的研究，可参见戈尔曼等人（Golman et al.）的研究。

身份投资还有助于解释谈判、契约与组织运转中的无效率现象。经济学家们通常以交易收益和外部选择的信息不对称来解释无法达成有效的科斯式交易的现象，即司法审判、离婚、罢工、在困难时期把少数族群当替罪羊、战争等糟糕结果。但积累下来的更多证据表明，信念扭曲对此类现象同样发挥着重要作用，这方面的实地调查包括比利（Bewley，1999）以及克鲁格等人（Krueger and Mas，2004）；以及前文提到的实验（Babcock et al.，1995）。骄傲、尊严与一厢情愿式思维往往会让个人或集体拒绝合理的邀约，把失败归咎于他人，毁坏剩余价值，寄希望于政治乌托邦，由此导致代价惨痛的僵局和冲突。有关动机信念的谈判理论，可参见贝纳布和梯若尔（Bénabou and Tirole，2009）。

8. 结论

基于消费和舒适（甚至社会收益）的基本效用函数被普遍认为是一种简化的理论，在许多情形下适用，在其他情形下存在疑问。动机认知理论则在若干维度上拓展了人类行为的目的性。某些信念和情感比其他一些更令人愉快，如希望和自信相对于恐惧和忧虑。积极的自我形象、对某些集体的归属感可以给人们带来效用。乐观的信念还是解决自我控制问题、促进策略互动的有效动力。

在以上情形下，人们往往会操纵自己对信息的收集和处理，使其不符合贝叶斯推断的模式，人们会在信念扭曲带来的情感和实用价值同它们造成的错误成本之间权衡取舍。从表面上看，他们似乎是因为行为经济学和有限理性理论所关注的某种偏见而表现出认知能力的缺陷。但动机信念理论则强调，我们看到的许多不同于标准理性的现象并非本能的或机械式的，而是可以用扩展后的目标导向型（但未必是有效率）的个人行为予以解释。由此还可以对风险承担、亲社会行为、身份、组织、金融危机和政治等社会现象提出新的见解。

（余江　译）

参考文献

Akerlof, George, and William T. Dickens. 1982. "The Economic Consequences of Cognitive Dissonance." *American Economic Review* 72 (3): 307-319.

Akerlof, George A., and Rachel E. Kranton. 2000. "Economics and Identity." *Quarterly Journal of Economics* 115 (3): 716-753.

Akerlof, George A., and Robert J. Shiller. 2009. Animal Spirits: How Human Psychology Drives the Economy, and Why It Matters for Global Capitalism. Princeton University Press.

Alesina, Alesina, Edward Glaeser, and Bruce Sacerdote. 2001. "Why Doesn't the United States Have a European-Type Welfare State?" Brookings Papers on Economic Activity, no. 2, pp. 187-277.

Alloy, L. B., and L. Y. Abrahamson. 1979. "Judgment of Contingency in Depressed and Nondepressed Students: Sadder but Wiser?" *Journal of Experimental Psychology: General* 108 (4): 441-485.

Anand, Vikas, Blake E. Ashforth, and Joshi Mahendra. 2004. "Business as Usual: The Acceptance and Perpetuation of Corruption in Organizations." *Academy of Management Perpectives* 18 (2): 39-53.

Babcock, Linda, George Loewenstein, Samuel Issacharoff, and Colin Camerer. 1995. "Biased Judgments of Fairness in Bargaining." *American Economic Review* 85 (5): 1337-1343.

Bazerman, Max H., and Ann E. Tenbrunsel. 2011. *Blind Spots: Why We Fail to Do What's Right and What to Do About It.* Princeton University Press.

Bénabou, Roland. 2008. "Ideology." *Journal of the European Economic Association* 6 (2-3): 321-352.

Bénabou, Roland. 2013. "Groupthink: Collective Delusions in Organizations and Markets." *Review of Economic Studies* 80 (2): 429-462.

Bénabou, Roland. 2015. "The Economics of Motivated Beliefs." Jean-Jacques Laffont Lecture, *Revue d'economie politique* 125 (5): 665-685.

Bénabou, Roland, and Jean Tirole. 2002. "Self-Confidence and Personal Motivation." *Quarterly Journal of Economics* 117 (3): 871-915.

Bénabou, Roland, and Jean Tirole. 2004. "Willpower and Personal Rules." *Journal of Political Economy* 112 (4): 848-887.

Bénabou, Roland, and Jean Tirole. 2006. "Belief in a Just World and Redistributive Politics." *Quarterly Journal of Economics* 121 (2): 699-746.

Bénabou, Roland, and Jean Tirole. 2009. "Over My Dead Body: Bargaining and the Price of Dignity." *American Economic Review* 99 (2): 459-465.

Bénabou, Roland, and Jean Tirole. 2011. "Identity, Morals and Taboos: Beliefs as Assets." *Quarterly Journal of Economics* 126 (2): 805-855.

Benoit, Roland G., and Michael C. Anderson. 2012. "Opposing Mechanisms Support the Voluntary Forgetting of Unwanted Memories." *Neuron* 76 (2): 450-460.

Berman, Eli, and Laurence Iannaccone. 2006. "Religious Extremism: The Good, the Bad, and the Deadly." *Public Choice* 128 (1): 109-129.

Bewley, Truman F. 1999. *Why Wages Don't Fall During a Recession.* Cambridge, MA: Harvard University Press.

Bodner, Ronit, and Drazen Prelec. 2003. "Self-Signaling and Diagnostic Utility in Everyday Decision Making." In *The Psychology of Economic Decisions*, Vol. 1, edited by Isabelle Brocas and Juan D. Carrillo. Oxford University Press.

Brocas, Isabelle, and Juan D. Carrillo. 2001. "Rush and Procrastination under Hyperbolic Discounting and Interdependent Activities." *Journal of Risk and Uncertainty* 22 (2): 141-164.

Brunnermeier, Markus K., and Jonathan A. Parker. 2005. "Optimal Expectations." *American Economic Review* 95 (4): 1092-1118.

Bursztyn, Leonardo, Michael Callen, Bruno Fermanx, Saad Gulzar, Syed Ali Hasanain, and Noam Yuchtman. 2014. "Identifying Ideology: Experimental Evidence on Anti-Americanism in Pakistan." NBER Working Paper 20153.

Caplan, Bryan. 2007. *The Myth of the Rational Voter: Why Democracies Choose Bad Policies.* Princeton University Press.

Caplin, Andrew, and John Leahy. 2001. "Psycho-logical Expected Utility Theory and Anticipatory Feelings." *Quarterly Journal of Economics* 116 (1): 55-80.

Carrillo, Juan D., and Thomas Mariotti. 2000. "Strategic Ignorance as a Self-Disciplining Device." *Review of Economic Studies* 67 (3): 529-544.

Case, Karl E., and Robert J. Shiller. 2003 "Is There a Bubble in the Housing Market?" Brookings Papers on Economic Activity No. 2, pp. 299-342.

Charness, Gary, Aldo Rustichini, and Jeroen van de Ven. 2013. "Self Confidence and Strategic Behavior." CESifo Working Paper 4517, December.

Cheng, Ing-Haw, Sahil Raina, and Wei Xiong. 2014. "Wall Street and the Housing Bubble." *American Economic Review* 104 (9): 2797-2829.

Chew, Soo Hong, Wei Huang, and ZiaojianXiaojian. 2013. "Selective Memory and Motivated Delusion: Theory and Experiment." Unpublished paper, National University of Singapore, February.

Dana, Jason, Roberto A. Weber, and Jason Xi Kuang. 2007. "Exploiting Moral Wriggle

Room: Experiments Demonstrating an Illusory Preference for Fairness." *Economic Theory* 33 (1): 67-80.

Dillenberger, David, and Philipp Sadowski. 2012. "Ashamed to Be Selfish." *Theoretical Economics* 7 (1): 99-124.

DellaVigna, Stefano, and Ethan Kaplan. 2007. "The Fox News Effect: Media Bias and Voting." *Quarterly Journal of Economics* 122 (3): 1187-1234.

Di Tella, Rafael, Sebastian Galiant, and Ernesto Schargrodsky. 2007. "The Formation of Beliefs: Evidence from the Allocation of Land Titles to Squatters." *Quarterly Journal of Economics* 122 (1): 209-241.

Di Tella, Rafael, Ricardo Perez-Truglia, Andres Babino, and Mariano Sigman. 2015. "Conveniently Upset: Avoiding Altruism by Distorting Beliefs about Others' Altruism." *American Economic Review* 105 (11): 3416-3442.

Eliaz, Kfir, and Ran Spiegler. 2006. "Can Antici - patory Feelings Explain Anomalous Choices of Information Sources?" *Games and Economic Behavior* 56 (1): 87-104.

Eil, David, and Justin M. Rao. 2011. "The Good News—Bad News Effect: Asymmetric Processing of Objective Information about Yourself." *American Economic Journal: Microeconomics* 3 (2): 114-138.

Eisenback, Thomas M., and Martin C. Schmalz. 2015. "Anxiety, Overconfidence, and Excessive Risk-Taking." Staff Report 811, Federal Reserve Bank of New York.

Epstein, Larry G. 2008. "Living with Risk." *Review of Economic Studies* 75 (4): 1121-1141.

Falk, Armin, and Florian Zimmermann. 2011. "Preferences for Consistency." IZA Discussion Paper 5840, Institute for the Study of Labor.

Festinger, Leon. 1957. *A Theory of Cognitive Dissonance*. Stanford University Press.

Fiske, Alan Page, and Philip E. Tetlock. 1997. "Taboo Trade-offs: Reaction to Transactions that Transgress the Spheres of Justice." *Political Psychology* 18 (2): 255-297.

Fong, Christina M. 2001. "Social Preferences, Self-Interest, and the Demand for Redistribution." Journal of Public Economics 82 (2): 225-246.

Frank, Douglas H., Klaus Wertenbroch, and William W. Maddux. 2015. "Performance Pay or Redistribution? Cultural Differences in Just—World Beliefs and Preferences for Wage Inequality." Organizational Behavior and Human Decision Processes 130: 160-170.

Frederick, Shane. 2005. "Cognitive Reflection and Decision Making." *Journal of Economic Perspectives* 19 (4): 25-42.

Ganguly, Ananda, and Joshua Tasoff. Forthcoming. "Fantasy and Dread: The Demand for

Information and the Consumption Utility of the Future." Management Science.

Gentzkow, Matthew, and Jesse M. Shapiro. 2011. "Ideological Segregation Online and Offline." *Quarterly Journal of Economics* 126 (4): 1799-1839.

Gneezy, Uri, Silvia Saccardo, Marta Serra-Garcia, and Roel van Veldhuizen. 2014. "Motivated Self-Deception and Unethical Behavior." Unpublished paper.

Gottlieb, Daniel. 2010. "Will You Never Learn? Self-Deception and Biases in Information Processing." Unpublished paper, Wharton School, University of Pennsylvania.

Gottlieb, Daniel. 2014. "Imperfect Memory and Choice under Risk." *Games and Economic Behavior* 85: 127-158.

Grossman, Zachary, and Joël van der Weele. Forthcoming. "Self-Image and Willful Ignorance in Social Decisions." *Journal of the European Economic Association.*

Hamman, John R., George Loewenstein, and Roberto A. Weber. 2010. "Self-Interest through Delegation: An Additional Rationale for the Principal-Agent Relationship." *American Economic Review* 100 (4): 1826-1846.

Herrmann, Benedikt, Christian Thöni, and Simon Gächter. 2008. "Antisocial Punishment across Societies." *Science*, March 7, 319 (5868): 1362-1367.

Kahan, Dan M. 2013. "Ideology, Motivated Reasoning, and Cognitive Reflection." *Judgment and Decision Making* 8 (4): 407-424.

Kahan, Dan M., Ellen Peters, Erica Cantrell Dawson, and Paul Slovic. 2014. "Motivated Numeracy and Enlightened Self-Government." Cultural Cognition Project Working Paper 116, Yale Law School.

Karlsson, Niklas, George Loewenstein, and Duane Seppi. 2009. "The Ostrich Effect: Selective Avoidance of Information." *Journal of Risk and Uncertainty* 38 (2): 95-115.

Konow James. 2000. "Fair Shares: Accountability and Cognitive Dissonance in Allocation Decisions." *American Economic Review* 90 (2): 1072-1091.

Korn, C. W., T. Sharot, H. Walter, H. R. Heekeren, and R. J. Dolan. 2014. "Depression Is Related to an Absence of Optimistically Biased Belief Updating about Future Life Events." *Psychological Medicine* 44: 579-592.

Köszegi, Botond. 2006. "Ego Utility, Overconfidence, and Task Choice." *Journal of the European Economic Association* 4 (4): 673-707.

Köszegi, Botond. 2010. "Utility from Anticipation and Personal Equilibrium." *Economic Theory* 44 (3): 415-444.

Krueger, Alan B., and Alexandre Mas. 2004. "Strikes, Scabs, and Tread Separations: Labor Strife and the Production of Defective Bridgestone/ Firestone Tires." *Journal of Political E-*

conomy 112 (2): 253-289.

Kunda, Ziva. 1987. "Motivated Inference: Self-Serving Generation and Evaluation of Causal Theories." *Journal of Personality and Social Psychology* 53 (4): 636-647.

Lerner, Melvin J. 1980. The Belief in a Just World: A Fundamental Delusion. New York, NY: Plenum Press.

Levy, Raphaël. 2014. "Soothing Politics." *Journal of Public Economics* 120: 126-133.

Levy, Gilat, and Ronny Razin. 2014. "Rituals or Good Works: Social Signaling in Religious Organizations." *Journal of the European Economic Association* 12 (5): 1317-1360.

Le Yaouanq, Yves. 2015. "Political Values and the Polarization of Beliefs." Unpublished paper, Toulouse School of Economics, October.

Loewenstein, George. 1987. "Anticipation and the Valuation of Delayed Consumption." *Economic Journal* 97 (387): 666-684.

Mayraz, Guy. 2011. "Wishful Thinking." Available at SSRN: http://papers.ssrn.com/sol3/papers.cfm?abstract_id=1955644.

Merkle, C., and M. Weber. 2011. "True Overconfidence: The Inability of Rational Information Processing to Account for Apparent Overconfi-dence." *Organizational Behavior and Human Decision Processes* 116 (2): 262-271.

Mijovi'c-Prelec, Danica, and Dražen Prelec. 2010. "Self-Deception as Self-Signaling: A Model and Experimental Evidence." Philosophical Transactions of the Royal Society, B, 365: 227-240.

Möbius, Markus M., Muriel Niederle, Paul Niehaus, and Tanya Rosenblat. 2011. "Managing Self-Confidence: Theory and Experimental Evidence." NBER Working Paper 17014.

Monin, Benoît. 2007. "Holier Than Me? Threat-ening Social Comparison in the Moral Domain." *International Review of Social Psychology* 20 (1): 53-68.

NASA. 2003. Report of Columbia Accident Investigation Board. http://www.nasa.gov/columbia/home/CAIB_Vol1.html.

Oliver, J. Eric, and Thomas J. Wood. 2014. "Conspiracy Theories and the Paranoid Style (s) of Mass Opinion." *American Journal of Political Science* 58 (4): 952-966.

Ortoleva, Pietro, and Erik Snowberg. 2015a. "Overconfidence in Political Behavior." *American Economic Review* 105 (2): 504-535.

Ortoleva, Pietro, And Erik Snowbert. 2015b. "Are Conservatives Overconfident?" *European Journal of Political Economy* 40 (Part B): 333-344.

Oster, Emily, Ira Shoulson, and E. Ray Dorsey. 2013. "Optimal Expectations and Limited Medical Testing: Evidence from Huntington Disease." *American Economic Review* 103 (2): 804-

830.

Puri, Manju, and David T. Robinson. 2007. "Optimism and Economic Choice." *Journal of Financial Economics* 86 (1): 71-99.

Quattrone, George A., and Amos Tversky. 1984. "Causal versus Diagnostic Contingencies: On Self-Deception and on the Voter's Illusion." *Journal of Personality and Social Psychology* 46 (2): 237-248.

Rabin, Matthew. 1994. "Cognitive Dissonance and Social Change." *Journal of Economic Behavior and Organization* 23 (2): 177-194.

Schelling, T. C. 1988. "The Mind as a Consuming Organ." Chap. 15 in *Decision Making: Descriptive, Normative, and Prescriptive Interactions*, edited by David E. Bell, Howard Raiffa, and Amos Tversky. Cambridge University Press.

Schrand, Catherine M., and Sarah L. C. Zechman. 2012. "Executive Overconfidence and the Slippery Slope to Financial Misreporting." *Journal of Accounting and Economics* 53 (1-2): 311-329.

Schwardman, Peter, and Joël van der Weele. 2016. "Deception and Self-Deception." Tinbergen Institute Discussion Papers 16-012/I.

Sharot, Tali, Christoph W. Korn, and Raymond Dolan. 2012. "How Unrealistic Optimism is Maintained in the Face of Reality." *Nature Neuroscience* 14 (11): 1475-1479.

Sharot, Tali, and Neil Garrett. 2016. "Forming Beliefs: Why Valence Matters." *Trends in Cognitive Science* 20 (1): 25-33.

Shayo, Moses. 2009. "A Model of Social Identity with an Application to Political Economy: Nation, Class and Redistribution." *American Political Science Review* 103 (2): 147-174.

Shiller, Robert J. 2005. *Irrational Exuberance*, 2nd Edition. Princeton University Press.

Smith, Adam. 1759. *The Theory of Moral Sentiments.*

Tenbrunsel, Ann E., and David M. Messick. 2004. "Ethical Fading: The Role of Self – Deception in Unethical Behavior." *Social Justice Research* 17 (2): 223-262.

Thompson, Leigh, and George Loewenstein. 1992. "Egocentric Interpretations of Fairness and Interpersonal Conflict." *Organizational Behavior and Human Decision Processes* 51 (2): 176-197.

Trivers, Robert. 2011. *The Folly of Fools: The Logic of Deceit and Self-Deception in Human Life.* Basic Books.

Tversky, Amos, and Daniel Kahneman. 1974. "Judgment under Uncertainty: Heuristics and Biases." Science, New *Series*, 185 (4157): 1124-1131.

Wiswall, Matthew, and Basit Zafar. 2015. "How Do College Students Respond to Public Information about Earnings?" *Journal of Human Capital* 9 (2): 117-169.

Van den Steen, Eric. 2004. "Rational Overoptimism (and Other Biases)." *American Economic Review* 94 (4): 1141-1151.

Van den Steen, Eric. 2010. "On the Origins of Shared Beliefs (and Corporate Culture)." RAND *Journal of Economics* 41 (4): 617-648.

Von Hippel, William, and Robert Trivers. 2011. "The Evolution and Psychology of Self-Deception." *Behavioral and Brain Sciences* 34 (1): 1-56.

宏观经济学的困境

保罗·罗默

李·施莫林在《物理学的困境》开篇中提到，他的职业生涯经历了物理学历史中唯一在核心研究问题上没有取得任何进展的四分之一个世纪（Smolin, 2007）。宏观经济学遇到的麻烦则更大。我看到的是三十多年在学识上的倒退。

在20世纪60年代和70年代早期，很多宏观经济学家对于识别问题（identification problem）不屑一顾。他们当时并未意识到从联立方程组的各变量的观察值中找到可靠因果关系有多难。直到70年代后期，宏观经济学家们才明白了问题的严重性，然而正如卡诺瓦等人（Canova and Sala, 2009）近期一篇论文的题目，我们又重新“回到了起点”。当前的宏观模型使用令人难以置信的识别假设（identifying assumptions）推导出令人甚是困惑的结论。看看一位顶尖宏观经济学家在2010年发表的论文，可以欣赏到结论的荒谬程度：

> 尽管为了信息披露，我还是必须承认，货币除了能导致严重通胀之外还有什么重要意义，我自己都不能肯定。

---

* Paul Romer，现任世界银行首席经济学家，新经济增长理论的首要代表人物。本文原载于 *The American Economist*，感谢作者授权我们发表。——编者注

1. 事实

若想对货币政策无用论有清晰的判断，就必须考虑沃尔克通货紧缩时期。回想一下，美联储可以通过买卖证券来吞吐基础货币，这直接控制了基础货币（现金加银行准备金）。

图1描绘了沃尔克通货紧缩前后20年的基础货币和CPI（消费者价格指数）的年度数据，上半图中的实线是基础货币，虚线是CPI。两个序列都自1960年开始，初始值设定为1，按比例型刻度来刻画：每向上1格网格线意味着数值翻倍。CPI曲线斜率即为通货膨胀率。

下半图中的长虚线更详细地描绘年度通货膨胀率，短虚线显示沃尔克通缩前后通胀率的线性趋势。两幅图都使用阴影区域表示美国国民经济研究局（NBER）认定的商业紧缩周期，用深色阴影来突出沃尔克通货紧缩的两次衰退。从上下两图都能明显地看到通货膨胀的水平和变化趋势在两次衰退时期都有骤变。

当一家银行从另一家借入准备金，它支付的利率为美国联邦基金名义利率。如果美联储使准备金稀缺，那么该利率上升。货币政策最好的指标是美国联邦基金实际利率（名义利率－通货膨胀率）。在沃尔克执掌美联储的时期，实际利率高于战后任何其他时期。

沃尔克在上任后两个月内，非常规地召开了新闻发布会，宣布美联储将改变运行程序。我们（Romer and Romer，1989）总结了决定这次改变的美联储内部讨论，美联储官员期望这些改变会引起“联邦基金利率迅速上升”，并将“抑制经济中的通胀压力”。

图2以沃尔克的上任时间到1979年8月为基准，实线显示紧随其后联邦基金实际利率从大约0上升到5%，它是名义利率减去通货膨胀率（图2中的短虚线）。图2短虚线绘制了月度通货膨胀率，由上任前12个月的CPI百分比变动计算得来。长虚线描绘的是相对于GDP的相对失业率（月度）。第一次衰退期间，产出下降2.2%，失业率从6.3%上升到7.8%；第二次衰退期间，产出下降2.9%，失业率从7.2%上升到10.8%。

图2显示，事件发展同美联储内部人士预测的一致，简单的因果解释是：

（1）美联储以联邦基金名义利率高出通胀率大约500个基点为目标。仅第一次衰退期间偏离了这一目标。

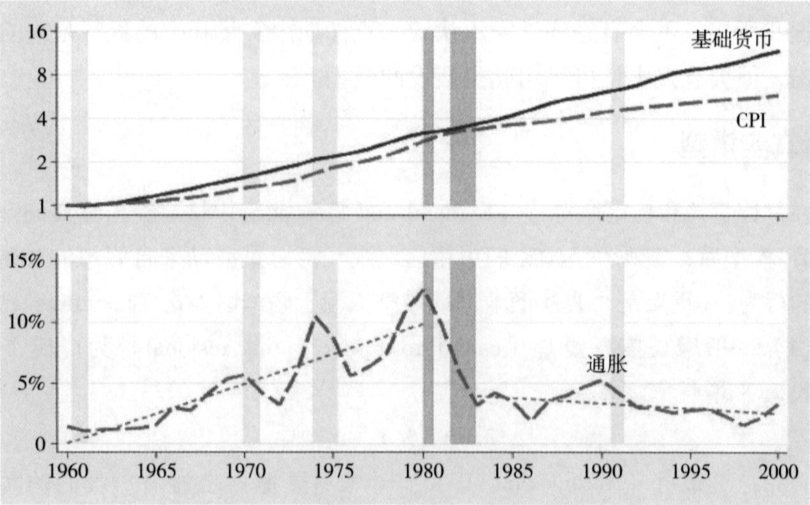

图 1　1960—2000 年的货币及价格

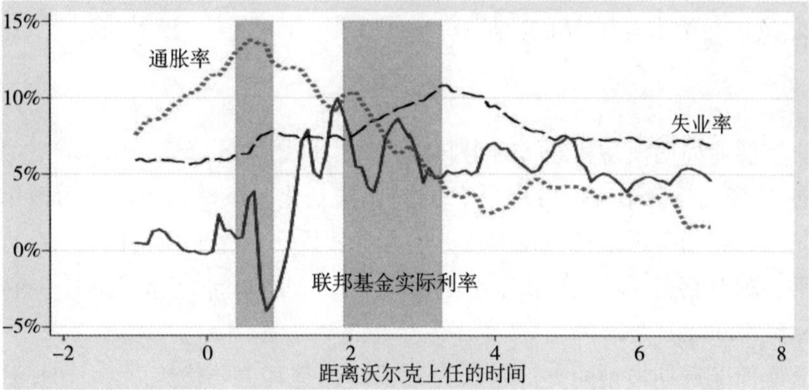

图 2　沃尔克通缩

（2）高实际利率导致产出降低，失业率提高。

（3）通胀率下降，要么是因为更高失业率和更大产出缺口，要么是因为美联储的行为改变了预期。

如果美联储可以左右利率 500 基点，那么怀疑货币政策的重要性就显得十分荒谬。面对图 2，仍想忠于货币政策无效论的唯一方法，是论证尽管美联储人士想要改变联邦基金利率，但利率改变并不是由于他们的行动；利率在恰当的时间以恰当的量级上升，只不过是源于假想的冲击（imaginary shock），而这导致美联储人士误以为是他们的政策让利率掉头向上。

据我所知，不会有经济学家承认沃尔克任期内实际利率的提升是来自假想的冲击，但会有人去认可采用此类假设的模型。

2. 后真实模型

在基德兰德和普雷斯科特（Kydland and Prescott，1982）提出真实商业周期（RBC）模型后，宏观经济学家们更相信宏观经济总量波动来自假想的冲击而非人们的行为。（重点是）真实商业周期模型依赖于两个恒等式（identities）：

（1）一般增长核算残差（usual growth-accounting residual）为产出 Y 增长率与投入 X 增长率之差。

$$\Delta\% A = \Delta\% Y - \Delta\% X$$

阿布拉莫维奇（Abromovitz，1956）非常有名地称之为“对我们的无知的度量”。为了纪念他提醒了我们的无知，我称变量 A 为燃素（phlogiston）。

（2）根据货币数量论，货币流通速度为名义产出（实际产出 Y 与物价水平 P 之积）与货币总量 M 的比值：

$$v = \frac{YP}{M}$$

真实商业周期模型将经济衰退归因为外生性燃素的降低。给定产出 Y，货币总量 M 变化只会影响价格水平 P 的同比例变化。该模型中，货币政策如此微不足道，正如普雷斯科特在明尼苏达大学教授研究生时所讲的，“在理解经济方面，邮政经济学比货币经济学更管用” （Chong、La Porta、Lopez-de-Silanes and Shliefer，2014）。

真实商业周期模型的支持者认为微观基础是其主要优势之一。但问题是，没有微观经济学证据表明模型所援引的负燃素冲击并不存在，对这种负面冲击的含义也缺乏任何合理的理论解释。

在一次私下交流中，明尼苏达大学与普雷斯科特有交集的朋友给了我一个解释，使我想起，在我们大家越来越麻木之前，遇到“负技术冲击”（negative technology shocks）是什么样子：

> 我应埃德·普雷斯科特之邀担任他学生初级面试的第二考官……我当时既没看过也没想到过这名学生研究的类似校准法的东西。虽然有许多理由让我感到它并没有太多科研价值，但在面试中我还是尽力去发掘，直至

轮到我提问，我说："这些技术冲击是什么？"（无法想象，即使在这种专题研究中，这一概念也并不明确）

埃德突然挺直身子，就像刚中了一弹。在极其尴尬的四五秒后，他咆哮道："就像外面的堵车。"我们当时所处的房间能看到下午桥上拥挤的景象（这座桥二十年后坍塌）。显然，但凡他对这个概念的合理性有什么诚恳的思考和有效的辩解，我当时肯定会认真听……

以上引用得出一个显而易见的启示：假如有人能认真地对待（宏观经济研究的）微观基础，那这些怠惰的理论建构就无法继续。如果经济学家用交通拥堵来隐喻宏观经济波动或者宏观经济波动的表面原因，那么要想继续建构理论，首先需要意识到，重要的是驾驶员关于什么时候或者如何驾驶的决策，这些决策的交互作用，使交通总流量发生看似随机的波动。这是一个思考波动的恰当方式。这与"假设存在假想的堵塞冲击，而非人为所致"的研究方法完全对立。

为了回应那些"外部冲击是假想出来的"观点，有人从不知名的权威那里引用米尔顿·弗里德曼（1953，第14页）关于方法论的主张："理论越显而易见，其假设越不切实际。"最近，面对所有事实与时下最流行的模型不符的现象，"所有模型都是假的"似乎成了普遍的托词。

方法论上的避重就轻和"并非全然可信"地摒弃事实，揭示出当前宏观经济研究对待真相的模棱两可，远远超出了"后现代"一词的反讽，它值得拥有属于自己的标签。我建议称之为"后真实"模型。

3. 将动态随机一般均衡扩展至真实商业周期的核心

3.1 更多假想的冲击

当经济学家认为引入一种虚构的强制变量是合理的时候，他们就会不断增加变量。由此产生的各种变量及我给它们的命名如下：

给定投入下，能提高消费性产品的通用型燃素；

给定投入下，能提高资本性产品的"专用型"燃素；

可以随意改变所有工人薪酬的怪物（troll）；

随意改变产品价格的小鬼（gremlin）；

提高投资者风险偏好的乙醚（aether）；

使人接受更少闲暇的热量（caloric）。

建模者总是假设无法直接量化上述变量（可能燃素例外）。理论上，燃素至少可以用增长率来量化。实践中，残差的计算对投入的利用率误测十分敏感，即使这样，燃素的直接量化也常被忽略。

3.2 粘性价格

为了支持货币政策有效论，动态随机一般均衡（DSGE）实证模型给真实经济商业模型这只猪抹了“粘性价格”的口红。粘性价格的扩展支持了货币政策有可能影响产出，然而从模型拟合与校准得到的结果看，并未与真实商业周期学说有多大不同。即使货币政策有效，其影响也有限。

我随后会说明，模型中变量的数量越多，识别问题就越发严重。实践中，这意味着计量经济学家在进行模型估计时，拥有更大灵活性来操纵模型结果。

识别问题意味着为了得到结果，计量经济学家必须输入联立方程组变量数据之外的东西。我称之为未知真实值的“事实”（facts with unknown truth value, FWUTV），以此来强调尽管估计过程将未知真实值的“事实”视作已知为真的事实，然而模型估计过程却并未能证明其真实值。当前动态随机一般均衡计量经济学的做法是通过“校准”参数值和严格的贝叶斯先验来输入一些未知真实值的“事实”。正如奥利维尔·布兰查德（Olivier Blanchard, 2016）用其经典的轻描淡写式语气指出：“在许多情形中，对严格的先验条件的证明充其量也是软弱无力的，估计结果更多反映的是研究者的先验值而非似然函数的先验值。”

问题比听起来更严重。预先确定某个参数值可能对其他参数的结果具有决定性影响。这意味着计量经济学家可以为那些看似不重要的参数寻找先验值，从而获得能够产生期望结果的重要参数。

3.3 举例

斯梅茨—伍特斯（Smets - Wouters）模型被誉为动态随机一般均衡计量经济学中的突破性成功。他们（2007）将模型应用于美国的年度数据，包括沃尔克通缩时期的数据，并得出结论：

总体来看，货币政策冲击对产出的预测方差只有一小部分影响。（第599页）

货币政策冲击只能解释通胀波动的一小部分。（第599页）

（在解释产出与通胀的关系时）货币政策并未起任何作用在于两点：第一，它仅能解释通胀和产出走势的一小部分。（第601页）

模型中起作用的并不是货币而是假想的因素（imaginary forces）。以下是作者的有关论述，我大胆插入**粗体和“也被称为”字样**：

> “需求”冲击（**也被称为乙醚**）如风险溢价、外生支出和“投资专有型”AKA技术冲击（**也被称为燃素**）可以解释产出的短期预测方差（forecast variance）的很大一部分，而（**怪物般的**）薪酬上涨（或者劳动供给，**也被称为热量**）和更小程度上影响产出的技术冲击（**也被称为燃素**）可以解释产出中长期波动的绝大部分……第三，短期来看，通胀走势短期基本上受（**小鬼般的**）价格上涨的冲击，总体来看，受（**怪物般的**）薪酬上涨的冲击。（第587页）

后来一篇文章（Linde、Smets and Wouters，2016，脚注16）的评论强调灵活采用假想的驱动因素（imaginary driving forces）为我们带来了后真实宏观经济学：

> 基欧等人（Chari、Kehoe and McGrattan，2009）批判斯梅茨—伍特斯模型难以置信地过分强调（**小鬼般的**）产品价格和（**怪物般的**）工人工资上涨导致通货膨胀和实际工资行为。然而，斯梅茨等人（Galí、Smets and Wouters，2011）指出，考虑家庭偏好冲击（**也被称为热量**），价格和工资上涨冲击可以被大幅度减小。

4. 识别问题

考虑假想冲击建模策略会产生更多的变量，从而使识别问题更严重。这为决定采用何种实证结果提供了更多灵活性。

4.1 最简单的供需模型的识别问题

探讨任何有关识别问题的方法，都是从市场中的供给需求曲线开始。假如我们有像图 3 中工资 w（对数）和劳动 l（对数）的数据，若要预测政策变化的影响，经济学家需要知道劳动需求弹性。这里，识别问题指无法仅从散点图计算出劳动需求弹性。

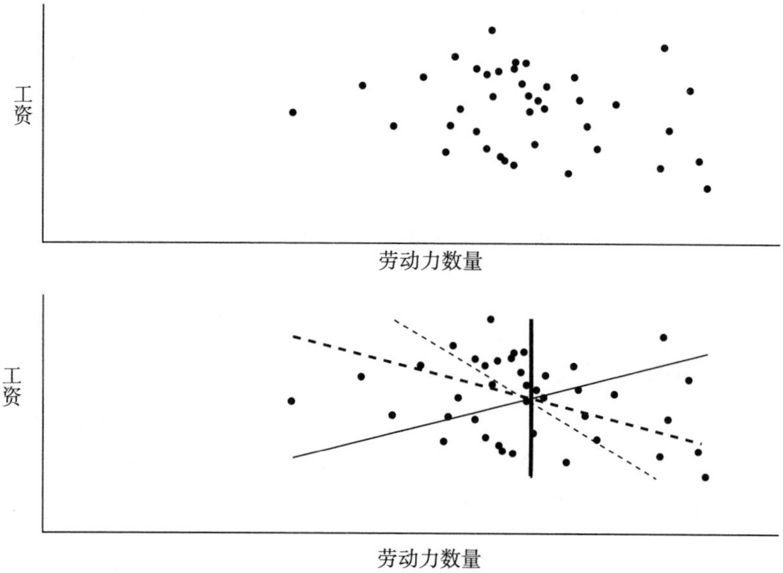

图 3

为了生成图中的数据点，我对线性需求及供给曲线求对数，外加一些随机冲击来进行数据处理。然后，我使用这些数据来估计潜在曲线。我构建的是有线性供给需求曲线和独立误差的模型，然后试图用统计软件计算出两个截距和斜率。软件向我报错（软件工程师面无表情地向我保证，这是出现错误的技术术语）。

接下来，我通过限定“供给曲线是垂直的”来输入一个未知真实值的事实。（确切地说，是对你来说这一限定的真实值是未知的，因为我还未告诉你我所知道的关于这条曲线的真实情况。）有了这个未知真实值的事实，软件反馈出估计结果如图 3 中粗实线所示。如果软件没报错的话，这种被大家接受的做法似乎表示“这个模型是可识别的”。

再接下来，我通过限定“供给曲线通过原点”来输入另一个未知真实值的事实。再一次得到了可识别的模型；软件依然没报错，生成了参数如图 3 细实线所示。

你不知道这些未知真实值的事实中是不是真实的，但你会知道至少有一个一定是假的，并且模型的估计结果不会告诉你是哪个。所以，在没有任何附加信息的情况下，从软件没报错来判断模型是否可识别，进而导出需求弹性是毫无意义的。

4.2 m^2的测度问题

假设 x 是 m 个变量的观测值向量，构建线性联立方程模型如下：

$$x = Sx + c + \epsilon$$

矩阵 S 的对角线都为零，因此方程表示 x 的每个分量等于其他分量的线性组合加上一个常数项和一个误差项。简单起见，假设基于其他数据源，我们知道每期误差 ϵ_t 互为独立。同时，假设 x 的任何一个分量都不是其他分量的滞后值。这个方程有 m^2 个参数需要估计，因为矩阵 S 有 m（$m-1$）个非对角线参数，常数项 C 中有 m 个参数。

误差项可能包含了对观测变量有影响的省略变量，因此无法事先假设向量 x 中的不同分量的误差项都不相关。（我认为假设供求曲线的误差项不相关是另一个未知真实值的事实，我对这个事实的估计过程产生了图 3 中的曲线）。这意味着，在 x 的方差—协方差矩阵的样本估计中，所有信息都必须用于计算生成麻烦的参数（nuisance parametars），这些参数刻画了 ϵ 的方差—协方差矩阵。

所以这个方程组是通过 m 个方程，即 x 的期望值 μ（x）和 x 的平均值$\bar{x}$组成的方程，得出 m^2 个待估参数。

$$\bar{x} = S\mu(x) + c$$

梅斯茨—伍特斯模型有 7 个变量，因此有 $7^2=49$ 个待估参数，但是只有 7 个方程，因此需要输入 42 个未知真实值的事实才能让软件不报错。

4.3 加入预期使识别问题更为严重

卢卡斯和萨金特（Lucas and Sargent，1979）在批评传统的凯恩斯模型时，似乎认为理性预期通过引入一系列“交叉方程限制”（cross-equation restrictions）有助于解决识别问题。

为了考察预期影响决策时将发生什么，假设预期工资影响劳动供给，而劳动供给独立于即期工资，因为人们通过预期工资来决定是否进入当前劳动力市场。考虑这种影响，劳动力供给方程必须包括一个由预期工资决定的项 μ （ω）。

一般来说，我们可以在之前线性模型中加入 m 阶参数矩阵 B 来反映 μ （x） 的影响：

$$x = Sx + B\mu(x) + c + \epsilon \tag{1}$$

同理，用略微不同的 m 个方程来与 $\bar{x}$ 匹配：

$$\bar{x} = S\mu(x) + B\mu(x) + c \tag{2}$$

同样是 m 个方程，现在的挑战在于每个参数需要计算两次，总数为 $2m^2$。在有 7 个变量的模型中，这意味着 $2 \times 7^2 - 7 = 91$ 个参数需要根据 x 的时间序列之外的信息来确定。

除此之外，由于参数或误差分布不变化，x 的期望值将是恒定的。所以，即使 x 的观测值任意多，也有关于 S 斜率系数的所有信息，仍然不可能从表达式 $B\mu$（x） 解开常数项 c。

所以，引入预期因素至少导致识别问题加倍变糟。这也许是西姆斯（Sims，1980）写作时的心中所想，“无论如何，在我看来，理性预期比以往所认识到的更深刻地颠覆了识别问题”。西姆斯的论文在今天仍像 1980 年时意义重大，其中也提到了前文所述，即模型中需要确定的参数数量等于模型中变量数量的平方，这篇论文将不可能区分期望项和常数项归因于索洛（Solow，1974）。

5. 识别问题处理的倒退

后真实经济学家并没有认真对待卢卡斯和萨金特（1979）指出的识别问题。他们仍依赖于未知真实值的事实。他们所做的一切不过是找到新的方法来输入未知真实值的事实。

5.1 自然法

面对需要估计劳动力市场中的劳动需求弹性的挑战，弗里德曼和施瓦茨（Friedman and Schwartz，1963）的方法是寻找条件极为相似的两个相邻时期，不存在一个变化会改变其中一个时期的劳动力供给曲线但不改变另一个时期的情况。为了找到这样两个时期，他们仔细回溯历史证据以将信息加入散点中。

如果只找到一对这样的时期数据，他们就忽略所有其他数据，而只基于这一对数据展开估计。如果卢卡斯和萨金特（1979）认为，识别问题是实证宏观经济学中最重要的问题这一论断是正确的，那么剔除其他数据是有道理的。毕竟更大标准误差的有意义的估计好过小标准误差的无意义估计。

弗里德曼和施瓦茨的方法是输入其他人可评估真实值的事实。这就可以对证据进行累积性的科学分析。当然，累积性的科学分析意味着将你的结果置于批评与修正之下。

当我还在上研究生时，对弗里德曼和施瓦茨关于提高准备金导致了1938年9月经济急剧衰退的阐释印象深刻。我们（Romer and Romer，1989）质疑了对大衰退这段历史和其后几个时期的解读，提出最可靠的识别信息来自战后时期，尤其是沃尔克通缩时期。现在，我更多使用最纯粹的沃尔克通缩时期，来估计货币政策对美国产出的影响。

5.2 假设法

当凯恩斯主义宏观经济建模者增加了模型中的变量个数，他们就需解决从m个方程估测m^2个参数的问题。他们将许多参数值视为未知真实值的事实输入模型，当然主要是将它们设定为0。卢卡斯和萨金特注意到很多情况下并不存在独立的证据能评估出未知真实值的事实的真实值。但值得赞扬的是，凯恩斯主义建模者对他们的所作所为毫无隐瞒。

5.3 演绎法

卢卡斯和萨金特（1979）为解决识别问题提供了解决方案的关键部分，也就是用数学推导来确定方程组中的某些参数。但是解决识别问题意味着给事实变量输入可以评估的真实值，数学并不能构建事实的真实值。从来没有过，将来也不会有。

在实践中，数学让宏观经济学家可以使未知真实值的事实更加远离识别问题的讨论。凯恩斯主义者往往是“假设*P*为真，那么模型可识别。”作者若再加入一些微观基础，就可以说，“假设*A*、假设*B*……巴拉巴拉……所以我们证明*P*为真，那么模型可识别。”

举劳动力市场的例子来说明这个过程，只要足够的“巴拉巴拉”就能演示，想象一个经济主体从消费产出中获得效用$U(Y)=\frac{Y^{\beta}}{\beta}$，$\beta<1$，劳动效用

为负 $-\gamma V(L) = -\gamma \frac{L^{\alpha}}{\alpha}$，$\alpha > 1$。劳动负效用取决于随机变量 γ（乙醚的量）的波动情况。

产出的生产技术为 $Y = \pi A L$，是劳动乘以普遍的燃素水平 π 和常数 A。社会规划者的问题是：

$$\max \quad U(Y) - \gamma \times V(L)$$
$$\text{s. t. } Y = \pi \times A \times L$$

为了得到劳动力供给和需求曲线：将此分解成两个独立的与工资 W 相关的最大化问题：

$$\max_{L_s, L_D} \frac{(\pi A L_D)^{\beta}}{\beta} - W_D \times L_D + W_S \times L_S - \gamma \frac{{L_S}^{a}}{\alpha}$$

然后，假设虚拟随机变量 γ 和 π 的分布。特别地，假设它们服从对数正态分布，$\log(\gamma) \sim N(0, \sigma_{\gamma})$ 和 $log(\pi) \sim N(0, \sigma_{\pi})$。代入后，最大化问题的两个一阶条件还原为方程组：

$$需求\ l_D = a - b \times w + \epsilon_D$$
$$供给\ l_S = d \times w + \epsilon_S$$

l_D、l_S 是 L_D、L_S 及工资的对数。这个模型有标准的且弹性不变的劳动力需求曲线，仿佛通过看不见的手，使劳动供给曲线的截距为 0。

作者只要有足够的数学功底，就能自信地使大多数读者都无法知道未知真实值的事实藏在哪里。如果评论员都不知道假设是什么并且羞于提问的话，他们也就无法指出识别假设是不可信的。

在这个例子中，未知真实值的事实是 $\log(\gamma)$ 的平均值为 0。误差项的分布假设是个隐藏问题的好地方，因为几乎没人会注意到。另外，如果某个批评者确实发现了这个识别假设问题，他如何能赢得这场关于乙醚的真实期望值的争论呢？如果作者能设计出一个虚拟变量，对于这个变量特性的任何问题，“因为就这么认为”似乎是相当有说服力的回答。

5.4 模糊法

我从未理解当前的动态随机一般均衡实证模型是如何识别的。某种程度上，他们依靠上节中的演绎法。他们还依靠校准法，这是假设法的另一个名字。但我不知道是否有其他地方藏着未知真实值的事实。阐述这些实证结果的论文并没有讨论识别问题。比如，斯梅茨和伍特斯（Smets and Wouters,

2007）通篇没有关于“识别”的字眼。

为了重现结果，我阅读了作者使用的软件 Dynare 的用户指南。在列示贝叶斯方法的优点时，用户指南这样说：

> 第三，包含先验条件也有助于识别参数。（第 78 页）

这是个启示。贝叶斯方法意味着你的软件绝不会让你失望。

回过头来看，这点本不容易被发现。为了生成图 3 中的细实线，我使用了限制条件“供给曲线截距为 0”这一未知真实值的事实。这就像在截距上加一个非常严格的先验条件，即穿过原点。如果放松先验条件，计算贝叶斯估计而非最大似然估计，我应该会得到几乎一样的需求弹性值。

如果我这么做，贝叶斯过程将显示后验的供给曲线截距与先验的分布假设接近。所以，用专业术语可以说“数据未提供关于供给曲线截距值的有效信息”。然后，可以说“需求曲线斜率有一个严格的后验值，它不同于先验值”。通过省略，读者可自行推导似然函数所刻画的数据包含了需求曲线弹性的有效信息，而真实的情况是，供给曲线截距的先验值确定了需求曲线的斜率，并生成了更严格的后验值。通过改变我为供给曲线输入的先验假设，我可以改变后验得到的需求弹性，直至得到我想要的。

先验是未知真实值的事实的向量，这对我来说是新闻，但是一旦我明白了这点并开始仔细阅读，我发现这揭开了计量经济学家的一个秘密。在引言中我所提到的文章里，卡诺瓦等人（2009）写道：“不加批判地使用贝叶斯方法，包括使用无法真实反映广泛不确定性的先验分布，这可能掩盖了识别问题。”威廉姆斯等人（Onatski and Williams，2010）指出，如果在斯梅茨—伍特斯模型（2003）的早期版本中输入不同的先验值，会得到不同的结构性估计值。伊斯克雷夫等人（Iskrev，2010；Komunjer and Ng，2011）指出，如果没有任何先验信息，斯梅茨—伍特斯模型是无法识别的。赖歇尔等人（Reicher，2015）附和说西姆斯在其讨论中得出了畠中道雄（Hatanaka，1975）的结论。汉密尔顾等人（Baumeister and Hamilton，2015）指出供需市场的二元向量自回归使用贝叶斯方法，很可能导致“即使有无限的样本数据，任何关于需求弹性的推论最终都来自先验分布”。

6. 经济学家和物理学家的问题

我们有必要区分宏观经济学的标准问题与元问题（meta-questions），前者如美联储是否能够提高联邦基金实际利率，后者是指在回答标准问题时经济学家通常会做些什么。元问题的一个例子是为何宏观经济学家要引入虚拟驱动因素来解释经济波动。另一个例子是为何他们似乎遗忘了已发现的识别问题。

我发现一个更有启发性的元问题，那就是为何粒子物理学中的弦理论物理学家与后真实宏观经济学家如此相似。为了描述这种相似性，我们引用施莫林（2007）在第16章提出的弦理论家的七个显著特征：

无比自信

铁板一块的共同体（monolithic community）

类似于对宗教或政纲的群体认同感

与其他群体和专家之间强烈的界限感

漠视非本群体专家的观点、建议和成果

倾向于乐观地解释实证、相信夸张或不完整的结果陈述、忽视理论出错的可能性

缺乏研究项目应纳入的风险意识

由上述相似性引发的联想是，弦理论和后真实宏观经济学的发展表明，过于依赖数学理论的研究都存在一种普遍失败模式（general failure mode）。当为数不多的天才研究者因为在数学建模前沿做出真正贡献而受到尊重，普遍失败的条件就产生了。尊重演化成了对学科带头人的盲从。盲从会导致其他人沿着这些带头人推荐的特定路线去努力。权威的引导使众多研究者调整努力方向，"遵照事实"不再是协调研究努力的工具。因此，如果事实与官方支持的理论观点相悖，事实只能服从理论观点。最终，证据失去意义。该领域的进步由其数学理论的纯度来评判，而这也是由权威决定的。

令人惊喜的是，施莫林在论述中表示他不接受弦理论家的借口，弦理论家说他们不关心数据，是因为没有可行的方法搜集弦理论研究的能量规模数据。他给出了有说服力的事实来说明，只要理论物理学家愿意，他们完全可以关注到大量无法解释的事实（第13章）。物理学和宏观经济学一样，对事实的漠视不得不理解成是他们的选择。

施莫林的论断与邦奇（Mario Bunge，1984）提出的人类集体努力的分类

学近乎完美一致。该分类学始于区分“研究”领域和“信仰”领域。在数学、科学、技术等“研究”领域，追求真理本身就是一种工作协调机制。而在宗教和政治行为等“信仰”领域，由权威来负责协调群体成员的工作。

由权威协调本身并没有什么不好，有的时候没有其他选择。废奴运动属于信仰领域，要依靠权威来决定它的成员是否应该把监禁的囚犯作为奴隶来对待。实际上，必须有权威来做这个决定，因为群体成员既没有逻辑论证也没有事实依据可用来独立解决此问题。

在邦奇的分类中，伪科学是信仰领域自称为科学的特殊种类。这很危险，因为研究领域持续发展需遵守的准则不同于信仰领域。由于准则通过社会互动传播，与科学家混在一起的伪科学家会削弱科学存续所必需的准则效力。受尊敬的个体往往在塑造某个领域的准则上尤为重要，特别是带领新成员进入这个领域的教师。因此，科学的有效防御是让最受尊敬的人符合有关科学行为的最高标准。

7. 忠诚会破坏科学准则

值得注意的是，我对科研失败模式的描述，并不是说有人受私利驱使就会威胁科学的发展。人总是受私利驱使的。如果科学要求参与者都是无私的圣人，那它绝不会存续。

就像市场一样，科学是通过竞争来使个体利益服从集体利益的一种社会制度。问题在于就像市场竞争一样，科学竞争也容易受共谋的压制。

卢卡斯、普雷斯科特和萨金特主导了后真实宏观经济学的发展。1980 年以前，他们对宏观经济理论发展做出了重要的贡献。当这些贡献遭到讽刺、不屑、固执的抨击时，他们都曾并肩作战。结果是，他们之间发展出了一种忠诚的纽带，在许多社会情形中，这种忠诚纽带都是令人钦佩和富有成效的。

用两个例子可以说明忠诚可能给科学造成的偏见。

7.1 例 1：卢卡斯支持普雷斯科特

2003 年，卢卡斯在美国经济学会做主席演讲时，强烈支持普雷斯科特关于货币经济学微不足道的断言。

卢卡斯此次表态与其 1995 年的诺贝尔演讲不一致，当时他细致入微地讨论了货币政策有效论的原因及其对宏观经济理论构成的挑战。这次表态与他对鲍尔和曼昆（Ball and Mankiw，1994）的评论也不一致（Lucas，1994，第153页），卢卡斯认为科克伦（Cochrane，1994）清晰地指出“对货币不稳定的实际影响这一问题的重要性和本质，难以明确地给出一个准确的观点，至少美国战后时期是如此”。

科克伦特别指出，如果货币具有如它的向量自回归模型（VAR）所显示的系统性影响，那么更重要的是研究最后贷款人这样的货币政策要素和存款保险这样的货币制度，而非“评估制定更可预测的货币政策可在多大程度上稳定产出”。根据科克伦（1994，第331页）的研究，如果评估显示（货币政策）效果甚微，“这可能并不是答案错误，或许只是我们提出了一个错误的问题”。

然而，卢卡斯（2003，第11页）考虑了制定更可预测的货币政策的作用，其结论是潜在的福利收益确实很小，“大约相当于万分之一的消费”。

卢卡斯在2013年出版的文集引言中写道，他2003年的演讲是基于美国战后时期，货币因素在“那个时期不是引起实际波动的主要因素，并不是它无法或从未发挥过重要作用”。“我认可弗里德曼和施瓦茨对大衰退时期货币紧缩阶段（1929—1933年）的观点，这也是我在本次衰退的后雷曼时期（2008—2009年）所看到的。”（Lucas，2013，第xxiv页）事实上，他退而承认了科克伦的观点，即研究美联储作为最后贷款人角色本应该更重要。

尽管科克伦给出的结果显示估计的 t 统计量约为1.2，故而通常两个标准误置信区间包括全部可能值，即［0%，100%］，但卢卡斯（2003）还是支持普雷斯科特（1986）的计算结果，认为84%的产出波动是由于燃素/技术冲击。事实上，科克伦指出，试图用其他方法计算这个分数的经济学家得出的估计结果覆盖了太大区间，从普雷斯科特的80%到0.003%、0.002%和0%。

对比卢卡斯在2003年的演讲以及他在此前和此后的观点，我只能说，唯一的解释是他当时的演讲只是在竭尽所能地支持他的好朋友普雷斯科特而已。

7.2 例2：萨金特支持卢卡斯

另一个超越科学精神的例子是萨金特为卢卡斯1980年关于货币数量论的论文提供辩护。卢卡斯在那篇论文中，估算了名义货币需求并发现它与货币价格相匹配，这与货币数量论预测一致。他发现通过数据过滤得到美国1953—1977年间的特定数据样本可证明货币数量论，并含蓄地给出结论：在数据过滤中置入的识别假设一定是正确的，因为由此得出的结果支持了货币数量论。

怀特曼（Whiteman，1984）给出了如何确定卢卡斯数据过滤中使用的识别假设。

萨金特和苏里科（Sargent and Surico，2011）重温卢卡斯的数据过滤方法，并发现若使用沃尔克通货紧缩之后的数据，会得到截然不同的结果。这表明货币供给中的变化可能会导致其他变化。

为了证明卢卡斯的观点，他们特意在极为有利的条件下论证卢卡斯 1980 年的论文。卢卡斯写道，他的结果应该视为“从纯古典货币角度，衡量战后时期的通货膨胀和利率水平”（1980，第 1005 页）。萨金特和苏里科对这句话的解读令人难以置信：“卢卡斯意在指出，之所以能得到这样的实证结果在于 1953—1977 年的货币供给遵循了恰当的规则。”（第 110 页）

他们还将卢卡斯的评论曲解为在某些条件下货币数量论可能不成立。从上下文看，卢卡斯的意思显然是说货币数量论在他的过滤方法移除掉的高频变化中是不成立的。而不是如萨金特和苏里科所说的，若美联储采用不同的货币供给规则，过滤方法将产生不同的结果。

描述他们的结果最简单的方法就是，进行卢卡斯估计时，只有在严格的货币供给假设下，货币需求对应的物价指数水平才是可识别的（从真实参数产生恒定估计值这个意义上说）。萨金特和苏里科并没有这样描述。事实上，尽管他们用自己的结构化动态随机一般均衡模型能够进行政策实验，并探寻“如果改变货币供给规则会有何影响?”，但始终未提及识别问题。他们使用了贝叶斯估计，而且像通常那样，几个参数有先验值，而且这些先验值能生成十分相似的后验结果。

如果传统凯恩斯主义者写了这篇 1980 年的论文并将估计的货币需求曲线方程加进 1970 年传统的凯恩斯主义联立方程模型，我相信萨金特会做出更加清晰的回应。特别是，在这种情况下，他会在脚注 2 中针对有人（可能是审稿人）提出的识别问题闪烁其词：

> 此外，动态随机一般均衡模型，比如我们正使用的这个，是为了使用卢卡斯（1972）和萨金特（1971）倡导的理性预期模型的交叉方程限制来解释滞胀如何取决于货币政策和财政政策规则而有意设计的。我们自认为是按照设计者的初衷在使用结构化模型。

卢卡斯和萨金特（1979，第 52 页）写道：“从一组经济时间序列数据中识别结构化模型的问题，是那些声称有能力给出高质量经济建议的人必须解决的”，他们的意思是没人可以回避识别问题，也没人能说“我们知道自己在做什么”。

8．回到起点

我同意卢卡斯和萨金特（1979）的尖锐评论：当时大名鼎鼎的凯恩斯主义宏观模型是基于不可靠的识别假设。这种问题已越发恶化。宏观经济模型的假设非但难以置信还越发模糊不清。

我同样赞成卢卡斯和萨金特对通货膨胀率上涨会降低失业率的凯恩斯主义模型预言的尖锐评论。然而，卢卡斯（2003）有关事实的主张却错得更为离谱：

> 我本次演讲的论点是，宏观经济学从其本意上看已取得成功：从各种实践目的看，防止经济陷入衰退这一核心难题已得到解决，事实上几十年前就已解决。（第1页）

若以全球产出损失作为度量标准，2008—2009年金融危机表明卢卡斯的预言比凯恩斯模型的预言错得更离谱。

所以，卢卡斯和萨金特关于凯恩斯主义宏观模型的评判完全适用于对后真实宏观模型及其建模程序的评判：

> 这些预言普遍是不正确的，并且以它们为基础的学说基本上是错误的，这是显而易见的事实……
>
> 面临商业周期课题的当代学生的任务是整理残骸碎片……（Lucas and Sargent，1979，第49页）

9．我的元模型

如果将关于宏观经济学状况的评论画一个分布图，我对宏观经济学退化成伪科学的悲观评价位于分布图的极端尾部。大部分评论承认宏观经济研究存在进步空间，但也认可它有持续的进步，至少从更为注重运用复杂工具的后真实度量标准来看是如此。由此带来的一个自然而然的问题或者说元问题是，为什么很少有人和我发出同样的声音，我的评论是否应被视为离群值（outlier）而被忽略。

用模型来解释我为何做出不同选择，可归因为我们存在不同偏好、代价或信息。其他人和我读同样的论文，参加同样的研讨会，所以信息不对称因素可以忽略。

在初步分析中，假设所有经济学家存在相同的偏好似乎是合理的。我们都从做好本职工作的专业精神中得到满足。做好本职工作意味着当有人发表一些看似错误的言论时，能站出来公开予以否定。

当发表看似错误言论的是一个有着施莫林所列举的特征且备受尊重的群体带头人时，公开发表对他的反对意见代价高昂。由于我不再是学术人士，这个代价于我而言相对较低。我是个实践主义者，希望将有用的知识付诸实践。我不再关心我曾经在顶级经济学期刊上发表文章或获得任何专业荣誉，因为他们都无助于我实现自己的目标。所以，有施莫林所列举的特征的群体成员受到的威胁于我将不再适用。

9.1 科学准则

有些经济学家私下赞同我对宏观经济学的看法，但在公开场合又闭口不言。这和基于不同代价的解释一致。他们还有人劝我不要公开表达不同意见，这就需要从其他角度来解释了。

他们或许认为，如果他们不得不见证批判备受推崇的学科领袖所带来的不愉快反应，那他们也会跟着付出代价。毫无疑问，这种情绪很强烈。在我批判了卢卡斯的一篇论文后，我曾遇到一个因过于生气而说不出话的人。最后，他对我说“你在杀死鲍勃”。

而我的感受是，目前可不只是逃避的简单问题。我认识的一些经济学家似乎已经认同了后真实宏观经济学家积极鼓吹的准则：公开批评备受推崇的学科领袖是严重践踏荣誉法则的行为。无论是虚假的事实，还是错误的预言，抑或无意义的模型都无需引起担忧。

将权威置于批判之上的准则使人们组成一个追求政治、道德或者宗教目标的信念圈子。正如乔纳森·哈德特（Jonathan Haidt，2012）所说，这种准则有其存在的价值，因为它能帮助一个团体的成员受到另一团体攻击时，组成一个协同防御体系。它由两种天生的道德感所支撑：一种是鼓励成员听从于权威，另一种是自我牺牲以维护权威的神圣纯洁。

科学以及所有其他由启蒙运动推动的研究领域，都因屏蔽了这些天生的道德感才得以存续。成员们培育了没有什么是神圣的以及权威应当受到挑战的信念。从这个意义上讲，在奠定由启蒙运动推动的研究领域的知识基础方面，伏尔泰比笛卡尔或者牛顿更为重要。

在拒绝依赖中央权威的情况下，一个领域的研究者们要协调各自的工作，只有通过对公开披露的事实和逻辑做出的众多独立评论来形成初步共识，从而坚定不移地追求尚不能完美描述的真理。做出评论的研究者尊重明确表达的不同意见，接受自身的错误，并珍惜挑战任何权威的机会，更不用说挑战自认为绝对正确的论断。

即使科学能良好运行，它也并不完美。任何有人存在的地方都是如此。科学家即使意识到绝对真理从未找到，他们依然坚持追求真理。他们所能期望的是，科学家的共识所描述的真理，大体相当于股票市场所反映的企业价值。它可能长期偏离现实，或许还持续很久。但最终，它将被那些挑战共识的反叛者和认为真理依旧重要的共识支持者拉回现实。

即使存在明显不足，科学还是非常善于孕育有用的知识。它是唯一能将许多人的信仰协调起来的有利途径，也是不采取强迫手段就能凝聚数百万或数十亿人共识的唯一办法。

10. 所有经济学面临的困境

一些经济学家回击我的担忧时表示，后真实宏观经济学就是一潭死水，可以放心地忽略它。毕竟，“有多少经济学家真正认为极度紧缩的货币政策对实际产出无影响呢?”

对我而言，这恰恰揭示出一个令人不安的盲点。真正的麻烦并不是宏观经济学家讲一些与现实不符的东西，而是其他经济学家根本不在意宏观经济学家不关心现实这一事实。对明显错误漠不关心的包容甚至比维护错误的狡辩更损害科学精神。

很多在其职业生涯早期做出过重大科学贡献的经济学家也步入了偏离科学的轨道，这是一个可悲的事实。当想到这些人里面有一些是我认识和喜欢的人，或者我认识和喜欢的一些人将这些引领者尊为偶像，我感到十分痛心。

但是，科学和启蒙精神是人类最重大的成就。它们比我们任何一个人的感情更重要。

你或许不想分担我对科学的担当，但请扪心自问，你愿意找一个更信任反接种疫苗的医生或者支持顺势疗法的医生而非医科的医生，来治疗你的孩子吗？如果不是，你又怎能期待想得到答案的人们在得知经济学家把朋友看得比事实还重要后，继续对经济学家保持关注？

很多人赞赏著名作家福斯特（E. M. Forster）关于朋友比祖国更重要的宣言。对我来说，如果他写“如果我必须在背叛科学和朋友之间选择，我希望我能有背叛朋友的勇气”，那会更令人尊敬。

（中国人民大学经济学院　卢钊　中国金融四十人论坛　张晓朴）

参考文献

Abramovitz, M. (1965). Resource and Output Trends in the United States Since 1870. Resource and Output Trends in the United States Since 1870, NBER, 1-23.

Ball, L., & Mankiw, G. (1994). A Sticky-Price Manifesto. *Carnegie Rochester Conference Series on Public Policy*, 41, 127-151.

Baumeister, C., & Hamilton, J. (2015). Sign Restrictions, Structural Vector Autoregressions, and Useful Prior Information. *Econometrica*, 83, 1963-1999.

Blanchard, O. (2016). Do DSGE Models Have a Future? Peterson Institute of International Economics, 16-11.

Bunge, M. (1984). What is Pseudoscience? *The Skeptical Inquirer*, 9, 36-46.

Canova, F., & Sala, L. (2009). Back to Square One. *Journal of Monetary Economics*, 56, 431-449.

Cochrane, J. (1994). Shocks. *Carnegie Rochester Conference Series on Public Policy*, 41, 295-364.

Chong, A. La Porta, R., Lopez-de-Silanes, F., & Shliefer, A. (2014). Letter Grading Government Efficiency. *Journal of the European Economic Association*, 12, 277-299.

Friedman, M. (1953). *Essays In Positive Economics*, University of Chicago Press.

Friedman, M., & Schwartz, A. (1963). *A Monetary History of the United States*, 1867-1960. Princeton University Press.

Hatanaka, M. (1975). On the Global Identification Problem of the Dynamic Simultaneous Equation Model, *International Economic Review*, 16, 138-148.

Iskrev, N. (2010). Local Identification in DSGE Models. *Journal of Monetary Econommics*, 57, 189-202.

Kydland, F., & Prescott, E. (1982). Time to Build and Aggregate Fluctuations. *Econometrica*, 50, 1345-1370.

Komunjer, I., & Ng, S. (2011). Dynamic Identification of Stochastic General Equilibrium

Models. *Econometrica*, 76, 1995-2032.

Linde, J. , Smets, F. , & Wouters, R. (2016). Challenges for Central Banks' Models, Sveriges Riksbank Research Paper Series, 147.

Lucas, R. (1972). Econometric Testing of the Natural Rate Hypothesis. In *Econometrics of Price Determination*, e. d. Otto Eckstein, Board of Governors of the Federal Reserve System, 50-59.

Lucas, R. (1980). Two Illustrations of the Quantity Theory of Money, *American Economic Review*, 70, 1005-1014.

Lucas, R. (1994). Comments on Ball and Mankiw. *Carnegie Rochester Conference Series on Public Policy*, 41, 153-155.

Lucas, R. (2003). Macroeconomic Priorities. *American Economic Review*, 93, 1-14.

Lucas, R. , & Sargent, T. (1989). After Keynsian Macroeconomics. *After The Phillips Curve: Persistence of High Inflation and High Unemployment*, Federal Reserve Board of Boston.

Onatski, A. , & Williams, N. (2010). Empirical and Policy Performance of a Forward-Looking Monetary Money. *Journal of Applied Econometrics*, 25, 145-176.

Prescott, E. (1986). Theory Ahead of Business Cycle Measurement. *Federal Reserve Bank of Minneapolis Quarterly Review*, 10, 9-21.

Reicher, C. (2015). A Note on the Identification of Dynamic Economic Models with Generalized Shock Processes. *Oxford Bulletin of Economics and Statistics*, 78, 412-423.

Romer, C. , & Romer, D. (1989). Does Monetary Policy Matter? A New Test in the Spirit of Friedman and Schwartz, *NBER Macroeconomics Annual*, 4, 121-184.

Sargent, T. (1971). A Note on the 'Accelerationist' Controversy. *Journal of Money, Credit, and Banking*, 3, 721-725.

Sargent, T. , & Surico, P. (2011). Two Illustrations of the Quantity Theory of Money: Breakdowns and Revivals. *American Economic Review*, Vol. 101, 109-128.

Sims, C (1980). Macroeconomics and Reality. *Econometrica*, 48, 1-48.

Smets, F. , & Wouters, R. (2007). Shocks and Frictions in US Business Cycles: A Bayesian DSGE Approach. *American Economic Review*, 93, 586-606.

Smolin, L. (2007). *The Trouble With Physics: The Rise of String Theory, The Fall of a Science, and What Comes Next*, Houghton Mifflin Harcourt.

Solow, R. (1974). Comment, *Brookings Papers on Economic Activity*, 3, 733.

Whiteman, C. (1984). Lucas on the Quantity Theory: Hypothesis Testing without Theory. *American Economic Review*, 74, 743-749.

法和经济学

Law and Economics

Comparative

线上平台经济政策面面观（下）

伯廷·马腾斯

4. 平台及其责任

本报告前几节讨论了线上平台如何为用户降低信息成本，因为搜索引擎有助于找到相互匹配的交易方。然而，信息成本下降的代价是其他风险上升。事实上，线上平台使可交易产品和服务的种类达到无限多，用户群也大幅拓宽。这些用户群通常不知道真正的交易方是谁。

陌生人之间进行交换是现代社会的显著特色之一。线下经济花费了几个世纪的时间逐步从相互认识的交易方之间的近距离交换转变为陌生人之间的远程交换。这需要逐步建立起一个制度环境，不仅降低交易成本，而且使交易方在合同签订后可靠地履行承诺（North，1991；Williamson，1976）。目前，人们广泛认同高质量的制度环境是经济增长及发展的必要条件。全球很多国家仍然被糟糕的制度所困扰，这些制度导致陌生人之间极难就复杂交易做出承诺

---

* Bertin Martens，欧盟委员会经济学家。欧盟委员会联合研究中心（JRC）技术报告，科技展望研究所（Institute for Prospective Technological Studies）数字经济工作论文 2016/05。它是基于JRC 科技展望研究所“数字经济研究项目”的研究成果而完成的。该研究所主要围绕信息社会和欧盟的数字议程政策开展经济研究，重点关注欧盟统一市场的增长、就业和创新。数字经济研究项目还受到通信网络、内容和技术总局（Directorate General Communications Networks，Content and Technology）的资助。本文旨在为欧洲的政策制定过程提供科学支持。它所阐述的科研结果并不代表欧洲委员会的政治立场。欧洲委员会或欧洲委员会的任何代表都不对本文的用途负责。

(Gutmann and Voigt，2015)。绝大多数国家都不富裕，因为它们难以构建起这些承诺工具。

从线下贸易向线上贸易（特别是大型全球平台的线上贸易）的转移是陌生人交换的又一个飞跃性发展。即使对富裕国家和极其发达的国家而言，陌生人交易也极具挑战性。转移到线上的线下商店往往依托自己在线下的品牌口碑来激发消费者对它们的信任。对商业机遇产生抑制效应的投机行为和彻头彻尾的欺诈行为损害了消费者、公司、广告商和运营商的利益。为了克服这些问题，线上平台需要设计适宜的制度环境，使用户能高效地应对潜在成本和风险。

在欧盟，关于平台或线上中介所负责任的讨论通常是在《电子商务指令》(ECD) 的法律背景下开展的。《电子商务指令》表示，只要网络中介服务供应商严格以被动的方式开展业务，那么就不对它们传输、存储或持有的内容负有责任。因此，有关平台责任的讨论往往围绕着“平台在积极开展业务还是被动开展业务”这个问题展开。然而，人们很难在积极平台和被动平台之间划出清晰的界线。平台就自己提供的内容收集信息，并将这些信息反馈给能够促进交换并降低搜索成本的匹配算法。平台对信息的分析和用户内容这些互补性产品是交换的必要组成部分。

一旦发生风险就需要明确这些风险的责任方。平台上的交换行为至少涉及三方：双方用户和平台自身。此外，平台上并不积极的相关方可能也会受到交换行为的影响。本章首先审视了双方用户之间的交换风险和平台的自我监管如何缓解这些风险，随后探讨了或有责任和平台自身的责任。本报告超越了积极/被动这个范畴，从市场失灵和监管的角度出发研究了责任问题。它先探究了平台用户进行交换时可能出现的市场失灵的来源，以及平台在何种程度上能够通过自我监管缓解这些风险，并且就交换过程中可能出现的或有责任制定相关条款。随后，本报告转而在《电子商务指令》定义的背景以及落实各类市场监管的宽泛背景下讨论了平台自身的责任。

4.1 平台的自我监管

本节分析的起点是平台上充斥的信息不对称。它在产生经济效益的同时也引发了风险。平台可以通过各种机制来缓解这些风险，也可以由监管者进行干预。这在市场驱动的自我监管与公共监管干预（这种监管干预不同于对传统线下公司和市场的监管干预）之间建立起新的平衡。

搜索引擎降低了交易完成之前的信息成本。然而，交易完成之后用户也可能面对一定的成本。交易可能不像预期那么顺利，或许所提供的服务未按约履行或未达到消费者预期，或提供服务的过程中出现了事故。这些都是达成交易后出现的不确定性所引发的事后成本。因此，交易总成本由两部分构成：事前信息成本和事后风险或不确定性造成的成本。

下文中的图 4 描绘了这一情景。纵轴表示事前信息成本，横轴表示事后风险成本。前者在交易时是已知的，而后者是潜在的未知成本。a′ - a″ 线表示在两种交易成本来源之间权衡取舍的情况。由于对事前信息加大投资会降低事后风险，所以这条线会向右下方倾斜。交易中的一方或许已经预见到部分事后问题。在经济学术语中，这指的是相关方之间的信息不完全和信息不对称以及一方或多方的投机行为所导致的道德风险和逆向选择。相关方可以试着草拟出显示所有相关信息、把信息不对称程度降到最低的合同，然而信息不对称永远不可能完全消除。要谈判和撰写更完备的合同代价不菲。为了节省事前信息成本，用户常常采用标准的合同文本。除了投机行为以外，某些事后成本可能是完全偶然和意外的，不受交易双方的控制。交通事故、火灾和爆炸、技术故障和意外耽搁等都是这方面的典型案例。

我们可以考虑下面这个例子。一位消费者习惯于通过旅行社预订酒店。他要求旅行社从最知名的品牌中选择酒店，这样他就能对自己可享受到什么品质的服务做出精准预期。现在一个酒店预订网站进入了市场。消费者不再借助旅行社，而是直接去网站选择旅行社。如果他愿意的话，可以选择同样的品牌酒店。然而，预订网站显示在同一地点可供选择的酒店种类比旅行社提供的选择多得多。他会从这些备选方案中选择酒店吗？在缺少关于酒店品质的额外信息时，他可能仍然会选择知名酒店。酒店预订网站还提供了这些酒店的消费者评级以及它们的地理位置和设施等额外信息。它可以帮助消费者改变选择，且仍然确信最终选定的酒店完全匹配自己的品质偏好。

图4 解释了这个流程。在线酒店预订平台出现之前，消费者位于 A 处，其特点在于事前信息成本高企，而事后不确定性或剩余不确定性相对较低。他坚持预订知名品牌的酒店并始终参考酒店协会的星级评定体系，这降低了事后风险，而酒店协会是一个集中式行业监管机构。a′ - a″ 曲线反映了在交易的事前成本和事后成本之间进行取舍的情况。酒店预订平台出现之后，信息成本直线

下降。然而，如果用户想充分利用平台所提供的更丰富的选择种类，那么事后风险可能会上升。他的位置可以转变到 A*，但他可能并不喜欢这个位置所带来的风险。如果他始终停留在 A，那么会出现一种市场失灵：消费者无法充分利用信息成本下降所带来的益处，因为它蕴含着其他来源的成本。酒店预订平台决定对这种市场失灵采取措施。它没有依赖酒店业监管者的星级评定体系，而是根据消费者的评分引进自己更灵活的酒店评级体系，使消费者有可能降低事后风险。这意味着从 a′ - a″ 转变到 b′ - b″ 的过程中发生了制度层面的质量取舍。在特定的搜索用时和信息成本下，现在消费者移到了 B* 处，可以充分享受信息成本降低带来的益处，同时也不会超过他所能承受的事后风险水平。极其厌恶风险的消费者可以移动到 B 处来享受这种制度方面的质量提升，由此表明他们倾向于为了降低风险而降低信息成本，而不是为了探索更多选择。消费者的评分帮助他们实现了这个目标。

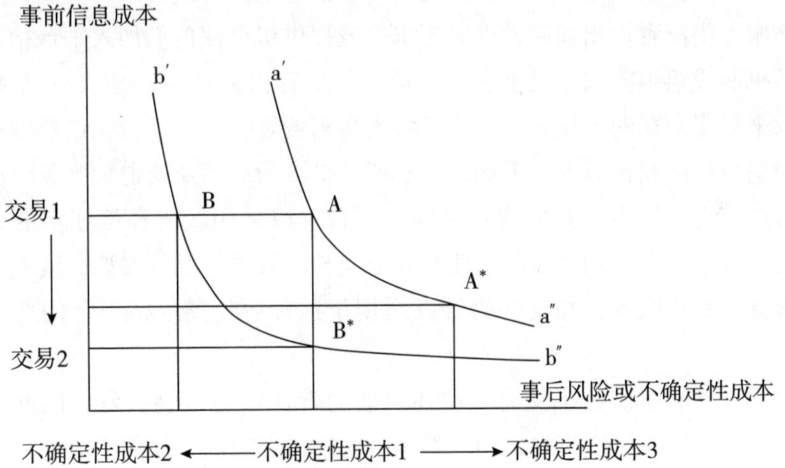

图 4　事前信息成本和事后风险之间的权衡取舍

这个例子里引进了消费者评分。它是酒店预订平台所采取的一种基于市场的自我监管方式。对于所有平台用户来说，它是一种公共产品，提高了所有消费者的福利。线上交易的风险管理既是一项重大挑战，也是驱动许多线上平台大获成功的因素，这些平台既包括 Amazon 和 eBay 等 B2C 平台，也包括 AirBnB 和 Uber 等协作型经济平台。为了使自己的平台起步并加速发展，这些平台的运营者需要能够让市场各方提供反馈的信誉机制。有利于促进个人直接互动的协作型平台更易于遭遇信誉风险。

我们可以区分出两类事后风险。首先，合同双方的信息不对称会造成风险，引发投机行为、道德风险和逆向选择。合同双方可以通过适宜的激励措施使相关信息得以披露，从而控制这种信息不对称风险。其次，有些风险是由不受合同双方控制的因素所引发的，如不可预见的情况、火灾和爆炸、事故等。

在后一种情况下，自我监管无法降低事后成本。譬如，在住宿预订网站AirBnB上，消费者现在可以预订未正式注册和未被正式认可的酒店。这成了事后不确定性的新来源。尽管酒店星级评定体系的质量参差不齐，但民宿的质量差异可能有过之而无不及。此外，酒店在消费者权益保护、安全出口和意外保险等方面提供了某些受监管的保障。消费者从楼梯上摔下来或住处发生火灾时，AirBnB中有谁来为此负责？这属于保险类风险。消费者的评估评级无法就意外保险提供任何信息。消费者评论或就服务质量提供的额外信息也不会涵盖或有责任方面的信息。平台依然可以采取措施来弥补这种市场失灵，如对所有住宿服务供应者提出强制性保险要求，或提供机会使他们加入平台构建的集体保险机制或组织购买市场上现有险种（如果有相关保险）。平台通常采取集体行动来克服潜在的市场失灵。为了将更多消费者吸引到平台，这种做法完全符合他们自身的利益需求。譬如，电子商务平台的产品免费退货服务降低了消费者对产品送到后不满意的事后风险。平台可以采用线下经济使用的责任保险，也可以单独开发相关保险以匹配线上交易的具体情况。譬如，线上出租车叫车服务或专车服务公司在努力开发适用于这种协作型经济平台的意外保险险种。

向平台上的在线数字交易转移还可能为责任保险机制引发新的问题。譬如，车险公司现在可以收集到用户驾车行为的详细数据，使他们能够根据驾车行为调整用户的保险定价。尽管审慎型司机的保费会下降，但驾车不够谨慎的司机或许会面对高昂保费。这导致那些最需要保险的司机存在投保不足的风险。收集详细的个人信息对保险的基本原则施加了压力，即“在更大的群体中分摊风险”。如果可以识别个人风险，并将其从风险分摊中剔除出去，那么风险分摊机制就会支离破碎，投保不足的风险随之上升。当饮食、饮酒和吸烟习惯、是否从事危险职业和休闲活动等详细的消费者行为数据可能影响保费定价，并将那些最需要医疗保险的人挤出保险市场，那么医疗保险也可能出现类似风险。或许需要监管干预来防止此类市场失灵。

这些简单的例子解释了私营市场的设计与线上平台市场自我监管的相关性。平台可以充分利用自己获得数据和收集数据的能力，针对特定水平的事前交易成本添加旨在降低事后不确定性的机制，从而改善制度架构。人们可以充分利用信息技术，至少通过同行审查、消费者评分和评级体系来部分缓解这类风险。在线下经济里，监管者力求通过制定监管标准来解决信息不对称问题，譬如酒店业建立星级评定体系，出租车业为出租车服务设置昂贵的准入门槛。在线上经济中，消费者对酒店和出租车服务的评分就服务供应商的质量提供了极其翔实的反馈，同时降低了准入门槛。自由论者声称可以废除集中监管式的质量标准，用分散式评级体系取而代之。这或许适用于部分监管标准，但绝非放之四海而皆准。

既然如此，公共监管者应该谨慎地思考线上平台开展自我监管后出现的新形势，是否还有其他市场失灵问题，比如平台没有办法或没有激励来解决的市场失灵，需要通过公共监管来解决。这意味着把线下经济的现行监管体系直接延伸到线上平台未必是一个好的解决方案。对同一市场的线下运营商和线上运营商不应该采用同样的监管规则；一切都取决于平台开展自我监管的程度以及它与公共监管之间的平衡。

4.2 自我监管的稳健性如何？

线上信誉评级的可靠性成了一个研究课题。[①] 有些学者称评级降低了信息不对称，是能够确保消费者权益保护和安全的可靠的自我监管形式，不应该被任何形式的监管干预所改变（Allen and Berg，2014；Cohen and Sundararajan，2015；Koopman et al.，2014，2015；Sundararajan，2014；Thierer et al.，2015）。不过，事实上有很多理由表明这种评级不一定完全可靠。关于信任和信誉体系的文献也汗牛充栋（Nosko and Tadelis，2015；Pallais，2013）。这些文献可追溯到雷斯尼克和泽克豪泽等人的早期作品（Resnick and Zeckhauser，2002；Bajari and Hortasu，2004）。

从本质上来说，线上交换要应对两个信息不对称的来源。第一个来源涉及交易对手方的身份（Ba，2001；Pavlou and Gefen，2004），也就是说，交易方身份不明、匿名且无法关联到具体个人。第二个来源涉及交换对象（商品或

---

① 本节内容广泛引用了 Codagone（2016a）的研究。

服务）的质量（Gefen et al.，2008；Jøsang et al.，2007）。线上消费者通常需要在收到和体验产品或服务之前就完成支付。身份证明和核实体系解决了第一个信息不对称的来源，信誉评级解决了第二个来源。信誉评级的工作原理立基于“信誉是一种‘价值’，可能影响到交换或销售特定商品或服务的能力”这个假设（Burnham，2011）。当交易各方对彼此完全陌生时，信誉体系就是一种能够促进普遍信任的共享型筛选机制（Corritore et al.，2003）。信誉评级是一种社交控制机制，使线上社区的成员借此开展自我监督（Abdul-Rahman and Hailes，2000；Ba，2001）。可以提高线上 P2P 市场信任度第二个机制是借助社交网络的特色，或者利用个人社交版图上业已存在的关系（以及相关已经存在的信任）。譬如，需要 Facebook 账户登录的网站会导入已经存在的信任关系。这种措施有两个目的：它确认了用户身份，并建立起可传递的信任关系（Hogg and Adamic，2004；Jøsang et al.，2007；Kwan and Ramachandran，2009；Swamynathan et al.，2008）。这种信任传递原则指“爱丽丝信任鲍勃，且鲍勃信任克莱尔，鲍勃把克莱尔推荐给爱丽丝时，爱丽丝可以根据鲍勃的推荐，并结合她对鲍勃的信任对布莱尔产生一定的信任”（Jøsang et al.，2007，第 624 页）。

信誉评级有很多潜在缺陷，或许会损害它们的可靠性。其偏差主要来源于两方面：评级量不足和已完成评级中的策略性行为。留下准确的评级是一个公共产品，其供给可能不足（Avery et al.，1999；Miller et al.，2005）。用户不一定总会做出评级，而且他的评估分布情况可能并未准确地反映他先前交易的结果。譬如，eBay 的数据已经表明，经验平平的买卖双方做出评论的次数不足 3%（Dellarocas and Wood，2007）。在双向评论体系中，用户为了避免被报复，做出的评级可能要比实际体验正面得多。评论机制本身成为信任和社区成员反复互动的对象。eBay 采取双向评论体系时，20% 的负面买家评论会招来负面的卖家评论，学者们将此解读为一种报复行为（Cabral and Hortacsu，2010；Saeedi et al.，2015）。在另一方面，有实验表明，交易双方都提交评论后再显示评论的体系（即“同时披露”）减少了报复行为，提高了市场效率（Bolton et al.，2012）。由于担心被报复或者与朋友有意勾结，评论者不会在评论中披露自己的真实体验。诸多研究记录了有些声称不会推荐卖家的匿名用户在公开评论中打出了五星评级。此外，基于以下两个原因，社会交往可以促使评论者忽略负面评论。首先，交谈可以使买卖双方产生移情作用（Andreoni and Rao, 2011)。这可能导致买方假设发生的任何问题是由疏忽造成的，并不是卖方的错误。其次，社交互动可能让买方感到自己对卖方负有责任，因为那些卖方提供了服务，而且“人很好”（Malmendier and Schmidt, 2012)。这种责任感会导致买方忽略负面反馈，因为它损害了卖方的利益，或因为这会很尴尬。无论这些偏差从何而来，它们都可能降低市场效率，并且可能导致用户参与次优交易（Horton and Golden, 2015；Nosko and Tadelis, 2015)。

很多实证研究记录了共享型经济平台上信誉评级的质量情况（Cullen and Farronato, 2015；Fradkin et al. , 2015；Horton and Golden, 2015；Lauterbach et al. , 2009；Overgoor et al. , 2012；Zervas et al. , 2015)。前两项研究将重点放在 CouchSurfing（沙发客）这个网站上，并利用从网站获得的大数据得出结论称，人们偏向于给出正面评论，而且同属一个网络的个体会相互勾结以实现互惠（Lauterbach et al. , 2009；Overgoor et al. , 2012)。对 TripAdvisor（猫途鹰）和缤客上同类用户的评论分布情况进行比较后发现，前者的评级比后者的评级平均低出至少 0.7 星（Zerbas et al. , 2015)。普遍来说，五星级评论在猫途鹰的评论总量中占到31%，在 Expedia（亿客行）的评论总量中占到44%（Mayzlin et al. , 2014)，而在缤客的评论中五星级评论占75%。我们可以将这种评级差异解读为：双向评论体系引发了评级偏差。缤客的研究人员最近完成的研究表明，的确存在一些偏差，但通过实验操作消除这些偏差后，缤客的五星评级仍然明显高于44%（Fradkin et al. , 2015)。这意味着信誉评级是可靠的质量衡量方式，为其他消费者提供了信息。对另一个平台的研究（Elance oDesk）通过实验室实验表明信誉评级过于夸大实情（Horton and Golden, 2015)。有学者（Nosko and Tadelis, 2015）进一步研究了平台如何利用卖方信息来提升买方在平台上的总体体验，并如何消化掉糟糕的卖方信誉给平台上整个卖方群体带来的负外部性。他们提议制定一项对预期的积极结果进行衡量的新措施，并将其融入平台的搜索排名，从而使买方更容易接触到高质量卖家，同时使不良卖家的搜索排名降级。他们对这个机制进行了实验，以内化 eBay 上存在的同侧外部性，发现该机制提升了消费者的总体体验以及买方回到平台的可能性。

本报告从这部分简要综述中得出的结论是，很多线上平台在竭尽所能利用自己收集信息的能力来改进用户体验、降低信息不对称引发的后契约风险。从理论上说，平台在用户层面收集的信息越翔实，它们所能提供的洞察性见解就比准入成本较高的集中式标准更可靠。这或许表明公共监管者可以在监督各行业自我监管的质量方面发挥一定作用，可以为自我监管设定元标准而无需直接干预平台的自我监管行为。

4.3 平台对版权保护内容所承担的责任

迄今为止，本报告探究了平台用户进行线上交易时出现的风险和责任。本节研究了平台自身的潜在责任和风险，依据欧盟《电子商务指令》对线上中介责任的定义来探讨这个问题。下一节将超越欧盟《电子商务指令》的范畴，用更宽泛的视角来研究这个问题。

欧盟《电子商务指令》称只要互联网中介服务提供者以完全被动的方式开展业务，那就不应该对它们传输、储存或持有的内容承担责任。欧盟《电子商务指令》第 14 条详细说明，互联网中介服务供应商不了解非法内容的相关非法活动时或没有意识到要迅速清除或中止这些内容时，它们不对这些非法内容承担责任。由此产生了各式各样所谓的“通告和采取行动”程序。然而，评估内容或活动的非法与否对中介来说是一个严峻的挑战。因此，清除非法内容的工作会进展得相当缓慢和复杂，同时合法内容还可能被误删。非法内容涵盖了相当宽泛的主题，如侵犯知识产权（商标或版权）、儿童色情、种族主义和仇外内容、诽谤、恐怖主义或暴力、非法赌博、提供非法制药、非法烟酒广告等。

《电子商务指令》为非法内容提供了“通告和采取行动”程序。利益相关方可以向平台通告它们的网站上出现非法内容，应尽快予以撤销。版权保护内容（如音乐和电影、新媒体和图片）经常会求助于这个程序。面对（潜在）侵犯版权的内容在线上平台日益扩散的现状，人们提出是否应该强化“通告和移除”程序及相关责任。同样的，这个问题也出现在人们就欧盟《版权指令》改革展开的长期辩论中，如用户生产内容的问题、对版权所有者进行公平补偿的问题，以及关于“价值缺口”的争论。

由于需要落实版权保护以使其可信可靠，所以问题在于“什么是版权保护的最佳方式?”

线上平台开启了采用新型数字内容生产和发行的可能性。随着 1999 年 Napster 的出现，音乐发行开始走上互联网（Napster 这个点对点文件共享服务很快被宣布违法）。直至 2005 年，苹果 iTune 商店才首次出现了线上合法发行的音乐。目前大量合法和侵犯版权的线上音乐和电影发行商并存。与此同时还出现了一个介于这两种选择之间的中间类型。譬如，YouTube 已经成为用户生成内容的主要线上发行平台，这些内容或许侵犯了版权，或许没有。YouTube 为“通告和采取行动”流程提供了非常便捷的沟通渠道，并且常常启动这些流程。因此，人们很想知道，为什么 YouTube 上仍有如此多未经许可的内容，为什么其持有者没有积极地从网站上撤下这些内容。同样，已经出现的线上新闻聚合平台或许被原创新闻的内容制作者所容忍，甚至与后者签署协议，表明无需获得全部授权许可。

这已经引发了政策辩论，即是否需要依据《电子商务指令》强化“通告和采取行动”程序，并确保版权持有者通过平台提供内容时获得公平补偿。没有实证证据表明根据《电子商务指令》采取“通告和采取行动”程序是有效的。然而，谈到网站出现侵权内容时将全面关停的供给侧措施，有实证性研究探索了其有效性并表明这些措施影响有限但非常积极。阿吉亚尔等人（Aguiar et al.，2014）发现，一个大型德国非法电影网站被关闭后，盗版水平大幅下降，但这种情况并没有持续太久。由于还有其他未获得版权许可的平台，所以盗版市场迅速死灰复燃。消费者们去电影院或访问亚马逊上相关 DVD 网页的频次并没有增加。然而，获得版权许可的视频服务的点击量小幅上升，证明这种干预手段至少在一定程度上成功地使用户转向合法的视频消费。其他证据表明，提供价格低廉且获取便利的合法内容，或许能更有效地打击媒体盗版。在过去几年里，流媒体音乐服务迅速流行起来。谈到它对音乐收入的影响，人们的态度或乐观或担忧。阿吉亚尔和沃德佛格（Aguiar and Waldfogel，2015）发现，虽然 Spotify（声田）取代了合法音乐销售，但也取代了音乐盗版。Spotify 音乐流服务的收入足以弥补合法音乐被取代的销售收入，由此支持了“Spotify 的总体报酬公平合理”这个观点，然而，它并没有谈及不同版权持有者之间的报酬分配问题。

随着新闻发行从纸媒向数字领域的转变，新闻市场也在发生着巨变。① 传统印刷报纸在衰落，而对数字新闻的消费持续攀升。事实上，现在所有传统纸媒都采取了“免费增值”商业模式并推出了自己的线上版——虽然它们竭力在免费内容和增值内容之间建立起适当的平衡。他们的竞争者包括依靠广告维

① 本节内容主要基于 Martens（2016）的研究。

持的纯数字报纸；已经积极开展线上业务的电视新闻广播商和侵入新闻市场的新闻内容聚合器。新闻聚合器将其他新闻网站上可免费获取的内容组织起来，但也加入了新信息。由于它们在新闻筛选方面发挥的作用，包括对特定主题的新闻聚合进行综述、排名和分类，并增加用户编辑的评论和解读，因此提升了读者价值。它们降低了用户的搜索时间。更重要的是，线上新闻聚合器往往没有获得版权许可，或至少是没有获得完全版权许可的中介。有些聚合器与原始新闻的发布者及内容提供者存在商业关系，其他聚合器则不然。这引发了人们对版权问题的担忧。不过，这并不是唯一存在的问题。卡热等人（Cagé et al，2015）记录了法国新闻媒体渠道中广泛存在的做法。新闻在线上的传播速度极快，绝大多数线上传播的新闻都是通过“复制—粘贴”加工再辅以一定编辑而来，即使新闻和电视频道等所谓原创新闻的发行商亦是如此。

有些欧盟成员国已经采取行动抵制新闻聚合器。德国于 2013 年制定法律允许新闻发行商向使用其文本的新闻聚合器收费，除非他们同意这种模式。事实上，绝大多数德国新闻发行商都同意这种模式。谷歌新闻（Google News）和法国及比利时报纸之间的类似争议于 2012 年得到解决，它们达成协议将增强相互合作。在西班牙，政府于 2014 年发布法律，不允许新闻发行商撤销与新闻聚合器签署的版权许可协议。因此，谷歌撤回了它在西班牙的新闻服务业务。该法律还受到另一个新闻发行群体的抵制，这些新闻发行商提交的报告表明这项法律损害了新闻业的利益。以上国家的经验表明，监管者应该极其谨慎地斟酌对中介新闻平台所采取的监管干预手段。新闻聚合器提升新闻发行商网站的流量时，会给发行商带来效益，否则新闻聚合器的读者可能原本不会接触发行商的网站。

新闻聚合平台将多种类型的用户（如新闻制作者、读者和广告商）吸引到同一个线上交易场所，降低了搜索和信息成本。新闻聚合器对版权持有者收入的影响产生了两种截然相反的力量。替代效应取代并降低了获得版权许可的新闻发行收入。数量效应重新引导获得版权许可的新闻渠道的流量或销量，提高了这些渠道的收入。

现有实证证据表明数量效应往往占了上风。邱和塔克（Chiou and Tucker，2015）充分利用谷歌新闻和美联社（Associated Press）的争执中出现的数据进行研究——这场争议导致谷歌新闻删除了美联社发行的所有内容。他们发现与雅虎新闻（Yahoo！News）的用户相比（雅虎新闻未曾与美联社发生争执），导航到谷歌新闻后访问新闻网站的用户较少。此次争执爆发之后，与美联社关联较强的网站流量暴跌。邱和塔克（2015）由此得出结论称，美国新闻聚合平台所依赖的“公平使用”豁免条款对原始版权所有者的破坏性可能低于人们所认定的水平。阿西和莫比乌斯（Athey and Mobius，2012）研究了法国版谷歌新闻于2009年底引入的“本地新闻”专题。这项举措将本地新闻的消费量提升了26%，尽管本地网站增加的流量中有不少是由谷歌新闻贡献的。他们观察链接到本地新闻网站的直接导航点击量提升了5%（包括绕开谷歌新闻的点击量），通过谷歌新闻主页提升的本地网站点击率提高了13%。在8周的时间里，本地新闻的处理效应有所减弱，但仍然保持在较高的水平（超过14%）。有学者（Delarocas et al.，2015）研究了文本片段的长度、影像的呈现方式以及同一篇报道的相关文章数量对读者访问内容提供者的网站并阅读全文的倾向产生何种影响。他们的发现表明，新闻聚合器上的文本片段越长，读者阅读全文的概率越低。美国国家经济研究协会经济咨询公司（英国）[NERA Economic Consulting（UK）] 对《西班牙版权法》（2014）中一项新条款所产生的影响进行了评估。该条款要求线上新闻聚合器将新闻发行商的内容链接到自己的聚合服务上时，向后者交纳强制性费用。他们发现平均流量下降了6%以上，某些小规模报纸的流量降幅高达14%。提供网站分析业务的Chartbeat公司将其内容从Google服务上撤下来几小时后，也确认了自身流量下降的事实。

版权保护为创造性艺术的生产提供激励。它不应该被现有商业模式用来抵制新进入市场的创新者。版权效力的关键检验是这些创新型商业模式如何影响创造性内容的生产。（在音乐、电影或新闻媒体方面）尚无证据表明它们对创造性艺术的生产带来了负面影响，虽然它们可能使现行商业模式的收入流下降。

4.4 平台和中介责任

本节内容超越了《电子商务指令》的范畴和平台对非法产品的责任，更广泛地阐述了平台对执行商品、服务、资本和劳动力市场的规则与标准所承担的中介责任，如消费者权益保护、社会保障和劳动力市场监管、商品和服务市场的技术标准，等等。现有监管环境是针对传统线下公司、零售商和独立工作者而设计的。然而，新型线上交易不一定完全适合现有监管经验。数字化和向线上销售转移的过程分别制造出两类规模迥异的“公司”：（a）不同于传统零售商店且允许生产者和消费者直接互动的大型线上平台或交易场所；（b）协作型或共享型经济平台的子类别。这些平台上的商品和服务并不是由“公司”制造出来的，而是由像公司一样受监管的个人所生产的（Codagnone and Martens，2016）。此外，这两类标准化公司之间存在着许多混合型公司。现在政策制定者开始考虑如何调整监管工具以适应线上交易的具体情况以及在此环境里兴起的新型“公司”或平台。

现有线下公司（某些线下公司开设了线上销售）以及由线上平台协调的新型服务之间存在竞争。它们之间是替代还是互补关系仍然是实证层面的辩论焦点。这种竞争促使人们呼吁在监管层面为相似领域的线下“公司”和线上“公司”建立公平竞争的环境。人们对这个问题下意识的反应是简单地将现行监管体系的应用范围拓展到这些新型线上市场。这种反应未能考虑到以下根本性问题：为什么要建立监管体系以应对市场失灵；线上和线下市场的市场失灵是否相同。线上市场可以在完全不同的条件下开展运营，与其运营条件有关的市场失灵较少或类型不同，因此这些市场可以开展一定程度的自我监管，需要的监管响应较少或不同（参见前文 4.1）。

由自然人创造商品和服务的协作型经济平台对监管者来说尤为挑战——自然人不受制于针对合法公司设定的监管条款。监管者面对着两种极端解决方案：放任自流，或将现行监管体系延伸到提供这些服务的自然人。人们经常提出的居中解决方案是部分地延伸现行监管体系。譬如，酒店业的监管条例适用于在缤客上每年出租房产超过 60 天的人，或每周工作时间不超过 15 个小时，被视为独立工作者的优步出租车司机。无疑，这些都是找到折中解决方案，以帮助共享平台避免某些小运营商难以摊销的固定监管成本的切实尝试。这些尝试尽力不阻止创新，同时对新兴活动保持最低水平的监管。然而，它们对市场进行了切割，并绕过了监管存在的根本理由。如果缤客的消费者恰好住在每年提供出租房产时长低于 60 天的住宿提供者那里，那么他们需要的权益保障会相应减少吗？为什么独立工作的水管工和电工每周工作时长要超过 15 小时，而独立工作的优步司机每周工作时长要低于 15 小时？

对这些挑战的另一类监管响应围绕着平台多大程度上积极或消极地参与虚拟交易市场的交易行为。这种方法的灵感来自《电子商务指令》，它区分了被动“持有”和积极参与。在多类线上平台和商业模式中，这种区别相当模糊且主观性很强。何种程度算 Facebook 和 YouTube 积极参与了内容上传或推动用户之间的交易行为？一个更加经济合算的方法是让掌握了最完全信息且能以最低成本执行法律或监管标准的相关方来承担监管职责。由于平台在数据收集和信息交换方面占据了核心位置，所以它往往最适合监控和监督市场。譬如，缤客最适于了解城市里什么人出租房产，其中有多少收入应向地方税务局申报。它不太适于核查出租住宿是否达到消防安全标准，但可以将这种需求通报给相关机构。

事实往往证明，把针对传统交易的现行监管体系扩展至基于平台的新型交易，不仅成本更高而且效果也更差。以平台为中介的交易可以充分利用其收集数据的能力在很多领域里培养起强大的自我监管能力，尽管无法在所有可能出现市场失灵的领域里都做到这一点。譬如，出租车执照往往为进入出租车行业设置了成本高昂的准入壁垒，也是在位者获得监管租金的来源，这些租金转化成了高昂的消费者价格。获得执照所需的资质能为消费者提供一些质量保障。线上专车服务的准入成本要低得多，压低了价格并提高了服务的可得性。与此同时，对司机的评级体系为用户提供了持续的服务质量监控，而不是一次性的执照发放体系。然而，叫车软件往往无法核查车辆的安全情况和性能，这需要传统的监管干预。同样，线上住宿平台可以持续细致地监控服务质量标准，比传统的酒店星级评定体系提供更好的信息。不过举例来说，它们仍然无法充分监控安全标准。

元监管和辅助性公共监管仍然是必要的。搜索排名和评级体系会引发新类型的潜在市场失灵。这些市场失灵在线下经济中并不存在，或至少并不普遍。这或许需要开展新型监管干预，着重对线上经济的自我监管行为进行监控和监督。人们应该以这些创新科技及它们所创造的新型市场条件为背景，审慎地重新思考自我监管和政府监督之间的平衡。重新审视这部分工作也为清除特殊利益集团的监管俘获创造了机遇。监管不应该保护现有商业模式，而是支持可以提高福祉的创新型商业模式。

最大的线上平台多半开展跨国业务。监管者应该认识到很难界定平台活动的地域界线。这些活动或许远远超出监管者或立法者的地域管辖权。监管上的地域分割损害社会福利。大型线上平台在市场两侧的触角往往延伸到世界各个角落，会引发复杂的地域组合和管辖权问题。总部设在中国的网店可以把越南的商品卖给欧盟消费者：要采用哪种技术标准和监管体制？印度的线上工作者可以通过美国的任务外包平台为欧盟公司工作：要采用哪里的劳动市场监管条例？几年前谁会想到出租车等从本质上来说属于本地服务的业务也会成为跨国服务，并且被总部设在旧金山的公司所掌控？

这不仅对欧盟内的监管机制提出挑战，而且对制约欧盟与全球其他各地贸易的国际贸易协定和贸易标准提出挑战。在欧盟运营的非欧盟平台将为现行双边和多边服务贸易协定及贸易限制施加一定的压力。迄今为止，欧盟的线上市场被大型美国平台所主导，这些平台往往在欧盟建立了本地分支。大型中国平台现在也在迅速并深度入侵欧盟市场。其他平台会随后跟进。我们不可能为欧盟的线上平台制定监管机制时要求只在欧盟内部买卖。欧盟内部买卖只是线上平台活动的一部分，这种要求会迅速导致欧盟平台在欧盟管辖权以外受到不平等的待遇并被取代。人们对商品交易的全球化市场都难以设计监管体系，更不要说服务交易了。欧盟有条件在数字化单一市场上规避监管碎片化，应对线上监管所涉及的国际贸易。

5. 平台上的数据使用

本节重点探讨了驱动用户搜索和匹配的因素——平台所收集的数据。赖德（Rider，2014，2015）确定了数据分析中存在两类挑战：垄断或“同心多元化”；包括计算机学习在内的先进算法技术所引发的问责问题。如果要用经济术语表达“中心多元化”，那就是“范围经济”。公司将自己的数据收集和分析拓展到邻近的数据领域，并对该领域里的额外数据和自己手中的现有数据进行合并分析，这使它们相对于在特定领域里独立分析数据的公司占据了比较优势。机器学习算法或许会做出影响人类行为的重要决策，而这些决策背后的基本原理并不总是那么清晰。平台所收集数据的绝对数量、算法对这些数据的处理方式和使用方式以及这些算法对人类行为和决策的影响导致人们日益担忧个人自主权丧失、这些算术工作方式的透明度以及对算法运算者问责等问题。帕斯夸里（Pasquale，2015）恰如其分地称之为“黑盒子社会”。一个更加根本性的潜在问题是，强大的数据处理体系和人类认知能力之间迅速加剧的信息不对称给人类的个人自由和自治价值观所带来的后果，以及透明度和问责制能否解决这些问题。

5.1 数据的范围经济

本报告第2部分已经指出平台经济学逐渐从对网络效应的关注转向更广泛

的范畴，将重点更多地放在平台的数据收集和处理能力上。从根本上来说，纯粹的平台并不制造商品、服务或内容；它们的活动围绕着数据分析而展开。数据处理的潜在经济特色是“范围经济”，即相互联通的数据库往往能提供更多深度信息，而且/或处理成本低于独立的数据库。

得益于数据收集和使用的范围经济，平台相对于传统公司拥有一定优势。传统公司只能收集关于自身行为及客户关系的信息。平台可以收集平台上所有公司和消费者的数据并将它们聚合起来。这些聚合信息的价值超过了用户可以观察到的个体数据库。规模较大的数据库效率高于规模较小的数据库，直至回报不断降低到零甚至负值。经济学家将这种特征描述为“范围经济”（Rosen，1983）。这种对市场的全局观将平台转化为高效匹配用户的工具，且其效率高于个体公司。这解释了为什么传统公司对来自线上平台的数据驱动型竞争忧心忡忡。不过，范围经济所提高的效率会逐步降低。零散的实证证据表明在某些情况下，回报在相当早期的阶段就开始缩水［请参见 Pilaszy and Tikk（2009）关于电影选择的研究］，而在其他情况下，观察量的量级大幅提高时才会出现这种情况（Varian，2014），或永远不会出现这种情况［请参见 Lewis and Rao（2015）关于线上广告效率的研究］。这些都属于实证问题，无法通过先验性理论推理得到解答，需要针对具体情况具体处理。

这个问题可以进一步拓展到平台为自己使用而收集的数据以外。有些数据可以共享或在数据市场上与第三方进行买卖。数据中介（即专业收集、聚合并销售个人数据的公司）在数据市场上发挥了重要作用。美国联邦贸易委员会（US Federal Trade Commission）对美国数据交易商或数据中介市场进行了调查（FTC，2014）。数据交易商从众多商业和公共来源中收集消费者数据，如消费者购买数据、网站浏览活动及消费者日常互动的细节，而消费者对此多半一无所知。每个中介提供的消费者活动数据只是冰山一角，但数据中介们可以把所有这些数据汇总起来，拼凑出对消费者生活全貌的详细描述。数据交易所涵盖的数据几乎涉及全体美国消费者以及数量庞大的商业交易。这些数据被用来推断消费者的情况，有些数据具有潜在敏感性，如宗教、种族、教育和收入水平、婚姻状况等。他们依靠网站跟踪器了解消费者的线下活动，并以此确定互联网广告的投放目标。有些数据掮客也对移动设备采用了类似技术。

范围经济还适用于机器学习，以及拥有机器学习算法的公司之间的合并及交易。近期，人们已经可以通过编程使机器利用自我完善型算法进行学习，这种算法善于在相对非结构化的大型数据库中发掘出复杂的模式（Liran et al.）。机器可以在超大型数据库里发现人类认知所力不能及的模式——尽管机器经常需要人类的支持来发现这些模式。在某些情况下，从一个数据库中学到的算法或许可以转换到其他数据库上。从一个小数据库中学到的东西可以拓展到该数据库扩充后的版本。将其延伸到邻近数据领域可能也会产生范围经济。譬如，适用于手机定位数据的机器学习可以为个人和群体生成移动模式。手机数据可以叠加在地图以及商场和餐饮数据之上；采用同样的算法并以观察到的手机数据模式为基础，可以生成更富洞察力的模式，而不仅仅是从电话数据中已经观察到的模式。将机器学习算法单独应用于各个数据库的成本可能更高，而且无法产生同样复杂的洞察力。

从社会角度来看，范围经济是经济效益的来源，因为它们节省了成本（在数据收集和分析方面），降低了平台使用者的搜索成本并使新型交易成为可能——从而大幅提升了创新。然而，它们也使政策面临两难的尴尬处境。范围经济支撑了“数据整合程度越高，效果越好”的观点。持有数据库不重合的公司进行合并会相当经济合算。同样，数据交易会给公司和消费者带来潜在利益。将数据用于初始目标以外的用途也可以提升效率。收集到更多消费者数据有利于公司对搜索请求和其他线上服务做出更好响应。数据保护和竞争方面的监管工具表明，提高数据整合程度的工作或许会受到限制，而这有百害而无一利。政策制定者要谨慎地在这个相互制衡的局面下建立起微妙的平衡。

在欧盟，《数据保护条例》（2012，2015）赋予了获取个人数据的权利，只要消费者意识到公司在收集他/她的个人数据即可。数据主体有权利获取、校正和消除他/她的数据（“被忘却权”）或将数据转移到其他体系（“数据可迁移性”）。《通用数据保护条例》（GDPR）规定，数据可在欧盟内部不受限制地自由移动（参见1（3）条），这可能还意味着数据的跨境流动。但尚不清楚的是，这是否也意味着公司之间的数据贸易。5（b）条表明可以为了具体、明确和合法的目的收集数据，但不应为其他任何“不兼容”的目的处理数据。它并没有限制二次使用数据的目的，但该目的不应该与收集数据的初始目的“不兼容”。如果数据交易公司的目标相互兼容，那么该数据交易可能是合法的，但这种情况不可能出现的概率相当高。欧盟数据保护专员（EDPS）完成的报告（2014，第27页）表明，如果（同一个公司或两个公司之间的）两种数据使用方式出现在完全独立且不可取代的市场上，那么它们是不兼容的。

5.2 隐私经济学和消费者的困境

阿奎斯蒂等人（Acquisti et al. , 2015）① 认为，互联网的初始设计基于分散开放的结构以及可能匿名的互动。随着当代科技的发展，公司已经可以追踪各个网站上数以十亿计用户的行为，并将这些行为关联起来，而消费者通常不了解或没有明确同意这些活动。这在人类历史上是前所未有的。

对隐私问题的考量使消费者陷入两难困境。分享个人信息和获得更完备的服务之间存在权衡取舍关系。允许搜索等线上服务获取更多个人数据可以提高这些服务的效率。但在另一方面，平台可以将这些信息用于响应搜索请求以外的目的。它们可以利用个人数据来提升广告销量或直接把这些数据卖给其他平台。由于数据主体对自身数据的额外使用情况一无所知，也无法通过有效途径来评估其影响，所以其中蕴含着风险。这引发了事前信息成本和事后风险之间的取舍问题（参见第 4 部分）。消费者或许情愿少发布个人信息以减少这些风险，但他的搜索成本会随之上升。

经济和社会理论可以认真考虑隐私的成本和收益问题，但这最终是一个经验问题。隐私保护既可以提高个人福祉和社会福祉，也可以减少这些福祉。个人就隐私问题做出的决策受到信息不足的制约，如收集了哪些数据，用于何种目的以及分享或保护消费者数据带来的后果。在这种情况下，要做到知情同意并不现实。除了个人决策面对的困难以外，个人数据能够给社会带来的积极和消极外部性远远超过了对个人决策的影响。个人信息具有公共产品的特点，如非竞争性和不可排他性。数据所具备的特殊经济特征不同于普通商品和服务。与普通商品相反的是，数据具有非竞争性：许多人或多台机器可以同时使用相同数据，而不会导致其他人/机器的利益受损。因此，数据的专属所有权比普通商品复杂得多。人们可以通过法律（如知识产权和数据保护法）或商业策略（如保密）来避免其他人获取数据。

这些特点催生了一个复杂的生态系统。在这个系统里，个人收集、分析和传输数据产生了成本和收益。在线上广告生态系统里，各公司在复杂而又分散的体系里持续交易个人数据（Olejnik et al. , 2014）。目前数据交易以及搜索或购买隐私的多元化市场已经存在（参阅 Lane et al. , 2014）。但消费者并未进

① 本节综述广泛参考了 Acquisti、Taylor and Wagman（2015）近期对隐私经济学的文献综述。

入这些市场：他们无法买回和出售自己的数据。个人数据保护政策围绕着保护数据的能力开展工作，但事实上很难避免人们发布的信息被其他相关方复制和获取，或很难控制它们的二次利用。这个趋势的另外一面是个人受到越来越多的压力来分享更多数据，譬如越来越多线上服务要求用户通过个人社交媒体登录，由此可见一斑。

考虑到个人做出知情隐私决策所面临的困难以及个人数据使用存在的强大外部性，我们得出一个结论：个人对数据问题的决策和市场结果不可能反映个人对隐私的真实评估（Berthold and Bohme，2010）或个人数据更广泛的社会价值。这种广泛的市场失灵会成为人们要求对个人数据市场进行监管干预的有力理由。然而，监管者所面对的问题的复杂程度不输于个人：如何干预——加强还是降低隐私保护——以及在何种条件下干预？个人保护和披露决策、竞争市场和最有利于个人、公司及整个社会的政府监管之间适宜的平衡点在哪里？如何对数字社会里前所未有的海量隐私数据所产生的福利盈余进行分配？其分配方式应该倾向于作为数据所有者的个人还是对数据收集和分析进行投资的公司？

对隐私问题开展的经济学研究努力对以上问题做出了解答。阿奎斯蒂等人（2015）将隐私方面的经济学研究划分为三个阶段。“第一次浪潮”集中于整体私人数据市场的效率（低效）。波斯纳（Posner，1981）认为，保护隐私可能向其他经济主体隐瞒了相关信息。施蒂格勒（Stigler，1980）称，在市场上对个人信息进行监管干预注定不会产生任何效果。赫什利弗（Hirshleifer，1971，1980）坚称理性的经济主体最终会过度投资于收集其他相关方的个人信息。

谁应该对个人数据负责，是数据主体还是投资于数据收集的公司？诺姆（Noam，1997）遵循科斯定理（Coase，1960），认为个人数据所经历的一切并不取决于隐私监管机制的初始权利分配，而是取决于对数据感兴趣的各方对个人数据的相对估值。监管机制只影响谁为了获得数据和保护数据向谁付费（即是数据主体还是数据持有者）。隐私权分配产生的配置后果和分配后果影响了各方的盈余——虽然它不会影响到总体福祉。按照相似的思维脉络，劳顿（Laudon，1999）认为，隐私保护的做法已经过时，建立个人信息的私有产权体系将满足消费者和公司双方的利益，因为它促进了个人数据交易。然而，阿奎斯蒂等人（2015）声称，尽管分配产权通常会提升福祉，但赋予消费者出售个人数据的权利事实上会损害消费者盈余。只有交易成本为零时，科斯定理才成立。非零且为正值的交易成本会为分配机制制造障碍，导致其效率低下。目前存在着大量交易成本的潜在来源，如个人跟踪数据交换合同的成本（见下文）。

欧盟并不承认个人数据的私人所有权（它通过知识产权承认商业数据的所有权）。然而，它承认隐私保护的基本权利。研究者们就“承认私人数据的个人所有权所带来的益处”展开了辩论，但并未达成共识。此外，在数字世界里，数据从原则上来说具有完全的互操作性：任何数据库都可以关联到其他任何一个数据库，而无论它们之间的距离有多远以及它们采用何种载体和形式。互操作性可以进一步大幅提升规模经济和范围经济。不过，出于隐私或商业方面的原因，我们或许并不希望所有数据库都具备互操作性（Gasser and Palfrey，2012）。

20 世纪 90 年代“第二次浪潮”的特点是数字信息技术在多个前沿取得进展，而且个人数据市场形成气候。范里安（Varian，1997）也回应了施蒂格勒和波斯纳的观点。他认识到消费者与第三方分享的个人信息过少而不是过多时，消费者需承受由之而来的隐私成本。不过，他对个人数据的二次利用提出新的担忧。

始于本次世纪之交的“第三次浪潮”见证了更加复杂的隐私经济学的兴起。隐私经济学深深扎根于更加正规的经济模型和实证分析，其中还包括行为实验室的实验。阿奎斯蒂和范里安（Acquisti and Varian，2005）的研究表明，如果消费跟踪也能用于提升消费者的个性化服务，那么将提高商家利润。有学者（Calzolari and Pavan，2006）发现在部分情况下，将个人数据从一家公司转移到另一家公司可以减少信息扭曲，并提高社会福利。坎贝尔等人（Campbell et al.，2015）证明了消费者更易于同意业务范围广泛的大型网络使用其数据，而非不太知名的公司。因此，如果监管仅仅把重心放在“用户同意”这种方法上，那么用户就不太可能尝试小公司和市场新进入者提供的服务，潜在地制造出准入壁垒。拥有市场支配力的公司承诺执行隐私政策会给自己带来益处。

在定向投放广告中使用个人数据提出了“广告给消费者和公司带来哪些潜在收益和成本”的问题。有些研究者声称消费者受益于定向产品推介（Anand and Shachar，2009）。然而，平台很少对消费者与产品的匹配提出最优激励措施（参见关于搜索偏差的章节）。将消费者的信息披露给在平台上销售的公司来提升搜索匹配，这种做法给平台造成的成本可能过高，因为它将自己拥有的信息租金转给了公司。这或许解释了为何个性化广告市场对于在平台投放广告的公司来说效率不高（Lambrecht and Tucker，2013；Blake et al.，2015）。有研究者（Rao，2015）将这归咎于线上广告的竞价机制效率低下。戈德法伯和塔克（Goldfarb and Tucker，2011b）发现，推行欧盟的电子隐私指令后，横幅广告在改变消费者购买意图方面的有效性下降了65%。显然隐私条例可能不利于广告业。它是否不利于消费者？这取决于广告更倾向于说服消费者，还是倾向于为消费者提供信息。戈德法伯和塔克（2011）发现强迫性的定向广告，即与网站内容相匹配且非常醒目的广告，更容易引发人们对隐私问题的担忧。

人们一直在担忧私人数据可能会用于价格歧视。有研究（Mikians et al.，2013）从消费者数据中找到了价格歧视的证据，以及搜索结果存在歧视的证据。他们发现对于不同地域的消费者，同一产品的价格差别很大。2015 年欧盟“神秘购物调查”（EU Mystery Shopping Survey，GfK，2016；Cardona and Martens，2016）也确认了这一点。维瑟斯等人（Vissers et al.，2014）从线上购买机票的业务中没有找到证据表明存在基于消费者的价格歧视。看起来在个性化价格歧视方面存在一些零散的坊间证据，但并没有系统性证据。

此外，无论在欧盟还是美国都有相当广泛的证据表明，消费者对隐私保护和其个人数据的使用情况深感担忧。皮尤研究中心（Pew Research Center）发现68%的受访美国人深信现行法律不足以保护他们的隐私。与此同时，绝大多数消费者仍然是信息技术的热心用户，这些技术追踪他们的个人信息并将这些信息分享给未知的第三方。这被称作“隐私悖论”。阿奎斯蒂等人（2015）认为这个悖论可能在实际中并不存在。消费者在相关调查里表达了自己的基本态度，而他们的行为则取决于具体情况。尼森鲍姆（Nissenbaum，2004）表明，对隐私的担忧和预期与背景息息相关。人们常常要在具体情况下对隐私问题做出心理取舍。此外，研究者还观察到人们常常看起来没有积极地保护自己的线上隐私，但由此并不能得出结论认为他们永远不保护自己的线上隐私。更可能出现的情况是，对隐私的态度和真实行为之间的分裂实际上是很多并存且互不排斥的不同因素造成的。

隐私悖论往往被解读为代际问题，即年轻人对隐私的担忧会少一些。布兰克等人（Blank et al.，2014）表明事实并非如此：年轻的互联网用户和上网更密集的用户更担忧隐私问题，并且采取更多保护措施。欧盟《通用数据保护条例》的目标是通过降低风险（特别是赋予用户更多控制其个人数据的权力）推动这种取舍关系向更有利的方向转变。布兰迪马蒂和阿奎斯蒂（Brandimarti and Acquisti，2012）表明，这可能会产生负面效应。用户对自己发布数据的控制权越大，他们对隐私的态度越放松，结果发布的个人数据更多，甚至在他们无法控制个人数据的使用情况时，亦是如此。

在关于个人数据使用监管的争论上，美国和欧盟各持己见。美国采取有限且分行业的特别监管办法，往往选择发布指导意见而不是执行原则，如引进类似于电话“谢绝来电”的“禁止追踪”机制。这避免用户接收到某些类型的定向广告。然而，它并没有阻止广告商或网站收集数据。

欧盟将工作重点放在监管解决方案上，制定了数据跨部门使用的原则。一个核心原则是某些数据收集和处理活动需要得到个人的同意。然而，人们质疑这个数据控制机制充分保护消费者隐私的可行性（Acquisti et al.，2013；Solove，2013；Zuiderveen Borgesius，2015）。消费者阅读隐私政策带来巨大的机会成本（McDonald and Cranor，2008），且只要巧妙地处理政策本身向用户呈现的形式，那么同样的政策促使个人披露的数据数量会大不相同（Adjerid et al.，2013），这些都暗示了控制机制所提供的保护措施或许很虚无缥缈。凯特和迈尔-勋伯格（Cate and Mayer-Schonberger，2013）认为在大数据世界里，知情同意不再是一个有意义的工具。它的实际应用会迅速使数据主体遭遇高昂的交易成本。用户受到推动时会不假思索地点击这些政策。普通网站可以链接到数十家不同数据收集公司的网站跟踪器。即使消费者同意收集信息也不可能意识到哪些公司在收集他们的信息，更不要说这些公司收集和处理信息的目的，或这些信息的交易方式。由于数据具有非竞争性，所以很多公司可以利用相同的数据实现多种不同目的。阅读政策的成本太高，而且并没有对潜在后果和成本提供客观评价。这并不意味着用户并不重视隐私，只是表明人们估算的隐私价值低于正常环境下接受“知情同意”政策所带来的收益。一旦出现明显滥用数据的情况并造成代价高昂的后果，在极端危机中用户仍然会非常重视隐私。他们只愿意在存在重大利害关系的极端情况下进行投资以克服这些成本。私人数据的价值或许并没有那么高，至少从个人消费者的角度来看是如此。

5.3 从竞争的角度看待公司获取数据

公司之间或公司与销售其产品的平台之间仍然存在显著的数据不对称。然而，这是否扭曲了公司之间的竞争，以及是否需要竞争机构或监管者进行干预，对这些问题人们的意见并不统一。有些专攻竞争问题的研究者认为，数据市场非常活跃，提供了数据的多种替代来源。根据这个观点，数据并不能构成和确保公司的优势，因为它们不具有竞争性、无处不在、具有潜在排他性，但被替换性很强且经济寿命极短。其他研究者则认为，如果数据没有进行交易，那就不应该属于竞争法的管辖范围，因为并不存在相关市场。不过对某些公司来说，数据仍然是极具价值的资产。受数据驱动完成的合并数量迅速攀升证实了这一点。这些合并不仅受到节省成本的驱动，而且可能会阻止竞争者窥探数据。然而，美国竞争法中没有太多空间来克服“居市场主导地位的公司拒绝交易其所拥有的不可替代数据”这一问题。譬如，人们认为强制型数据共享等旨在反垄断的解决办法并不合理，会抑制对数据的投资。当数据是新产品不可或缺的投入，且该产品没有对数据拥有者的主要产品构成直接竞争时，欧盟法律为强制型数据共享提供了更多空间。然而，这种不可或缺性很难得到证实。人们认为从反垄断的角度来看，对平台一侧提供免费服务能够促进竞争且并无害处。不过，欧盟的数据保护机构很担心通过免费服务收集的个人数据。研究数据和竞争问题的学者们开展的所有讨论缺少法学知识。迄今为止欧盟或美国尚未出现与数据交易（或缺少数据交易）或相关市场地位有关的竞争案例。涉及这些问题的竞争案例都谨慎地避开了“数据引发竞争问题”这个观点，如 Facebook 与 Whatsapp 的案例以及 DoubleClick 和谷歌的合并案例。本节剩余部分更加详细地展示了这些问题的文献综述。绝大多数文献都从法律视角探讨了这个问题，且经常援引了具体的竞争案例。对它的经济分析并不多。

兰布雷希特和塔克（Lambrecht and Tucker，2015）指出，没有理由认为（大）数据收集应该导致市场缺少竞争力。他们用经典的“企业资源基础论”来解答“大数据是否提供竞争优势”这个问题，因为数据具有无可比拟、稀少、有价值且不可替代等特性。这些作者采用了大数据的“3V”定义，即数量（Volume，即多少字节）、种类（Variety，即可变因素和格式的多样化）和速度（Velocity，即实时收集和分析）。数据具有特殊的经济特性：它们具备非竞争性，能够以几近于零的边际成本制造和分配。因此，数据市场蓬勃兴起，其中的主要参与者（不仅仅是谷歌、Facebook、亚马逊、苹果等，还有 Acxiom、Datalogix 和 Bluekai 等纯粹的数据公司）和众多聚焦于缝隙市场的小参与者（譬如绝大多数应用软件收集了广泛的个人数据）积聚了各式各样的海量信息。这些数据中多半用于活跃交易，且任何愿意为之付费的人都可以获取它们。因此，人们往往可以通过可替代来源获取数据。这些学者认为即使某些公司不出售自己的数据，这些数据往往也可以找到多种替代品。不少实例证明拥有大型内部数据库并不一定能赋予公司牢不可摧的优势。Skype 和 Facebook 都坐拥大量社交网络数据，但是 Whatsapp、Snapchat 和 Instagram 在起步时没有任何数据，仍然赤手空拳打造出自己强大的市场地位。数据的价值通常受制于数据互操作性方面的监管、商业和实际壁垒。成千上万的出租车公司拥有价值很高但完全碎片化的数据。Lyft（来福车）和优步设计的新型出租车服务不仅成功克服了整合问题，而且为其增加了信任和口碑信息。手机交友软件 Tinder 刚刚创建时不掌握任何数据，但建立起更易使用的线上交友系统，迅速超越众多拥有丰富数据和复杂算法的前辈同行。更重要的是，很多大型数据库的规模及其非结构化的本质导致它难以明确因果关系，并提取出真正可行的见解。纯粹的相关性限制了数据的有效性（Ioannidis，2005），通常会得出错误的结论（Lewis et al.，2011，2015；Pilaszy and Tikk，2009；Goel et al.，2010；Varian，2014）。这些学者得出的结论是，以上四种资源质量都不适用于大数据。迄今为止，数字经济的短暂历史已经表明数据的可替代性是存在的。公司并不是通过累积海量数据来获取竞争优势，而是通过培养更充分利用数据的组织能力来获得竞争优势。

塔克和维尔福德（Tucker and Wellford，2014）也从大数据的“3V”定义入手，从竞争法的角度审视了这个问题。他们也认同数据无所不在、具有非竞争性、可以被广泛获取和交易、可以被各种规模的机构所使用，并且它们的价值迅速下降。随后，这两位学者将研究重点放在没有交易的数据上，如 Facebook 的社交图谱数据、Whatsapp 的数据、谷歌的搜索数据、Netflix（网飞）的电影流媒体数据和车载数据等。他们称这些没有交易的数据不属于竞争法的管辖范围，因为不存在与这些数据相关的市场。在这种情况下，对竞争问题的担忧应该主要集中在下游服务市场。某些市场数据没有进行交易这个事实并没有阻止竞争者进入服务市场。目前存在大量社交网络网站、搜索引擎、电影流媒体服务和汽车制造商。

格雷夫等人（Graef et al.，2015a）并不认可塔克和维尔福德（2014）的观点，即未用于交易的数据不属于竞争法的管辖范围。他们研究了许多诉讼案件，这些案件涉及居市场主导地位的公司拒绝交易自己拥有的特殊且不可替代的数据，并探究了在竞争法下平反这些案件判决的法律选择。美国的很多案例（如 Live Universe 诉 My Space 案、Trinko 案和 Facebook 诉 Power Ventures 案）表明，在美国的法律体系里，这些案例翻盘的空间不大。美国法院坚称根据业已存在的自愿交易过程和取证，垄断者愿意放弃利益以达到反竞争的目的。在欧盟，当需要获取数据的一方必须将数据作为新产品的投入并且该产品没有与数据所有者的主要产品构成直接竞争关系时，条约的第 102 条似乎对这类案例翻盘提供了更多空间。Magill 案、IMS Health 案和微软案等案例在这个方向上提供了一些法院审判规程。欧洲法院（ECJ）对此坚持提出四个条件：数据对下游产品不可或缺、上游产品和下游产品之间没有出现有效竞争、拒绝此类数据交易阻止了二级产品的兴起、没有客观理由支持拒绝此类数据交易的要求。然而，在数据无所不在和可被替代的世界里，数据的不可或缺性仍然难以证明。

当然，公司可以利用自身拥有的数据来巩固其市场竞争力。缤客网站汇总了众多酒店和城市的酒店预订数据，使它特别洞悉酒店业的动态发展。这也使它在酒店定价方面具备市场影响力、帮助它攫取更多利润并推高它的收入。然而，其他很多酒店预订网站也收集了类似数据，并采取了类似行为。许多市场都表现出垄断性竞争的特色，这些市场并非单纯由价格竞争驱动，而且由服务的质量和多样性的差异驱动。缤客在所处市场上的成功不能仅仅归功于它的数据收集行为，它的商业策略和服务也发挥了作用。竞争主管机构的任务是关注这种商业行为，并保护消费者权益。塔克和维尔福德（2014）得出的结论是："强迫公司分享它们的优势来源……或许会使垄断者和竞争者的激励下降，抑制人们投资于这些有经济效益的设施。"

斯图克和格伦斯（Stucke and Grunes，2016）并不赞同对这个问题的乐观看法，即"无处不在且可交易的数据不需要竞争政策"。他们观察到受数据驱动的合并数量在迅速上升，驱动这一现象的原因是商家对数据效率有所担忧。他们的担忧与"3V"有关，但有时也是为了阻止新竞争者觊觎市场。他们指出，并非所有数据都可以公开出售，而且即使它们具备互操作性，要实现这个目标仍然成本高昂且过程缓慢。这些成本使数据公司得以建立准入壁垒，并通过限制竞争者获取数据或阻止其他人分享数据，反对数据可迁移性政策，来维持他们的市场地位（Strucke and Ezrachi，2015）。数据具有互补性的公司合并后，可以通过范围经济和规模经济产生价值。此外，在有多边平台的数字经济中，这些合并有助于经济天平向平台的某一侧倾斜，从而促使另外一侧的增长。数字平台在一侧向用户提供免费服务，经常是为了在另一侧收集可以货币化的数据。这方面的典范是Google Search，不过这类商业策略还有其他不少例子。因此，不应该仅仅从竞争政策的角度来看待数据公司之间的合并，因为它们会干扰人们对隐私和数据保护问题的担忧。

斯图克和格伦斯（2016）就数据库的规模经济和范围经济以及它们对拥有互补数据库的公司之间的垂直一体化有何影响提出了重要问题。最近，地图制作公司被汽车制造商和苹果收购的案例阐明了这个问题。谁可以将范围经济发挥到极致，是雄心勃勃地准备进军自动驾驶系统的信息公司，还是拥有同样野心的汽车制造商？这将我们拉回到经典的垂直一体化问题上：假设两家公司拥有互补数据库，那么是它们合并比较好，还是它们作为两家自治的公司进行数据交易比较好？从本质上说，这是一个取决于多种因素的实证问题，只能具体问题具体分析。这些问题没有先验的理论推理答案。多边市场的环境进一步导致这个问题复杂化，因为在这样的环境里，做决策的并不是各个独立市场，而是整个多边市场。市场若干边上的网络效应和差别定价可以推动平台持续增长。

索科尔和科默福德（2016）对这个问题提供了全面的文献综述。他们指出大数据引发的问题可以通过多种补救方法来解决，如反垄断和消费者权益保护政策。迄今为止，欧盟和美国的竞争主管机构没有发现任何与大数据有关的竞争问题。判例法并不支持“数据收集是反垄断问题”这个论点。他们参考了波尔豪森等人（Ohlhausen and Okuliar，2015）的观点。这两位学者认为平台用户和数据收集者之间的关系从本质上更可能属于消费者权益保护法（包括隐私和数据保护法）的管辖范畴。他们认可兰布雷希特和塔克（2015）所描述的数据市场的特点：准入壁垒低、非竞争性、无处不在但存在潜在排他性、可替代和价值寿命短。他们补充说，从免费线上服务、提升服务质量和迅速创新等角度来说，线上数据产生了前所未有的消费者利益。人们认为通过数据销售变现和广告来提供免费服务的能力能够产生推动竞争的效应，而且从反垄断的角度来说并无害处。如果数据无法变现将减少线上服务的数量，提高其成本，并且抵制产品市场上的竞争（Evans and Schmalensee，2014）。这些学者强调在多边平台的背景下，任何非竞争性行为都应该从整个平台——而不是市场单侧——的角度来审视。他们指出没有突出的实证证据证明平台的直接网络效应和间接网络效应以及它们号称自己对垄断市场结构做出的贡献：网络效应的量级和迹象变化很大。收购方希望获取目标数据而发起的数据驱动型合并（Graef，2015）不仅产生市场结构效应，而且从规模经济和范围经济的角度来说产生了积极的效率。

随后，索科尔和克默福德（Sokol and Comersford，2016）转向了隐私受损的问题。对隐私的损害不等同于对竞争的损害。他们追随阿奎斯蒂等人（2015）的研究，认为数据收集和分析为消费者带来巨大收益。然而，消费者或许会感到他们无法控制被平台收集的数据及其使用情况。反垄断不足以解决这个问题。隐私和数据保护法或许是更好的解决工具。以强迫分享数据这种反垄断式补救办法为例，它与问题本身不匹配，事实上可能会破坏竞争，因为它抑制了对数据收购的投资，并且降低了数据使用和数据分析的效率。这个补救办法本身会引发人们对隐私的担忧，因为公司将被迫与其他人分享那些用户并未授权同意的数据。

从以上文献综述中得出以下结论：人们对“（大）数据收集及数据驱动型公司的行为是否会引发竞争政策的担忧”这个问题意见分歧很大。大西洋两岸的竞争判例法并没有将数据视为竞争政策问题。拒绝交易数据的案例被欧盟法律体系所接受的可能性略大于美国的法律体系。支持对此进行干预的学者没有太多实证证据来支撑自己的观点。无论是从数据收集还是用户策略角度提出的消费者受损观，都可以通过消费者权益保护法得到更好的解决。此外，人们应该审慎地从（大）数据给消费者带来的利益出发考虑消费者所受到的伤害。限制数据收集和使用及数据合并，并且强迫私人拥有的数据用于分享，这种解决方案比它带来的伤害更可怕。

5.4 赋权数据监管者

本节转而讨论监管者（欧盟成员国的国家监管者和欧盟监管者）及他们在监管职责中经常遇到的信息不对称。

欧盟数据保护专员（2014）呼吁竞争、消费者权益保护和数据保护等主管机构之间加强合作，从而使它们更清楚地了解线上平台在各自监管领域里的数据驱动活动，并且为它们提供更深入的信息。这些领域的监管者拥有干预性调查权来克服信息缺口问题，但在数字时代，平台可以获得大型数据库并构建复杂的算法来利用这些数据管理平台及其用户之间的互动，所以监管者的调查权并不能充分解决问题。我们认为，具备专业计算技能和基础设施的机构可以更轻松地克服这种信息不对称问题，还可以推动负责竞争、消费者权益保护和数据保护的监管当局在数字经济中开展合作。这些机构能够在欧盟和成员国层面已经成立的监管当局的庇护和法律授权下开展工作。已经成立的监管当局可以在自己的授权框架下将任务委托给这些执行机构。

上文推荐的机构至少可以在以下三类任务上有助于开展合作，并为现行监管当局提供支持：

首先，这些机构可以协助负责竞争、消费者保护和数据保护的监管当局调查具体案件。它可以收集和分析与案件有关的数据，并将工作结果汇报给主管部门。它可以在主管部门的法律授权范围内，利用专业技术和计算基础设施开展大规模的数据收集和分析工作。现行监管当局通常没有（充足的）内部技术能力开展数据密集型案件的研究。如果涉及大平台的案件，这一点表现得尤为明显，因为这些平台的信息收集、分析、存储和使用可能非常复杂，需要在分析时动用大量专业技能和计算基础设施。政府已经赋予监管者获取数据的干预权。然而，理解这些数据的工作难度更大。监管者经常聘请外部独立专家来完成需要特定技能的专业分析任务。就大型数字数据库来说，可能很难找到既不存在利益冲突又具备专业技能和计算基础设施的合适的外部专家。此外，数据库可能会非常庞大，无法在计算机磁盘上进行转移。除了这些数据以外，平台所涉及的算法也很庞大且复杂。对这些算法行为的分析可能需要与平台合作开展线上行为实验，因此引发道德风险。为了克服这个问题，调查机构至少要部分地倚重于独立自主的专业机构。

其次，这些机构应该持续不断地监控线上平台的活动。竞争和数据保护监管者针对各个案件逐一开展工作。很多学者支持对大型线上平台的数据收集和分析进行定期监督（Rieder，2014，2015；O'Reilly，2012；Gillespie，2010，2014；Pasquale，2010，2015；Mayer-Schonberger，2012；etc.）。帕斯夸里（Pasquale，2015）认为竞争、数据保护或隐私监管当局根据个案开展工作的方法效率并不高。它们往往需要数年时间才能获取一个案件的数据并对它做出裁决，这距离案件发生已经过去相当长的时间，然而常设性机构可以比较容易地观察平台行为，更加迅速并未雨绸缪地进行干预。这类似于银行、电信和能源等其他行业的监管工作。这些行业的监管者定期监控本行业内的行为，而不受个案的约束。长期监控不一定要像标准的竞争和数据保护调查那样具有干预性，后者远远超越了线上平台的防火墙。大多数监控工作可自动完成，即利用机器人观察数据及网站行为，并定期汇报监控结果和完成综合报告。然而，随着线上平台逐步向基于应用软件的服务转型，这些监控面对的难度多多少少有所加大，需要和平台提供者合作以获取活动数据。

第三，这类机构可以向负责竞争、消费者和数据保护的监管当局定期汇报平台遵从现有法律的情况，如反歧视法、广告规定、对健康产品和服务的限制规定、消费者权益保护法，等等。它可以汇报平台上的个人数据收集及交易情况，就平台遵从《通用数据保护条例》的情况生成相关数据，并就平台遵从消费者权益保障法的情况提供有益见解。举例来说，目前人们对欧盟的二手数据市场运营知之甚少。这类机构也可以指出数据收集和交易中可能出现的系统性风险。传统经济行业往往会定期生成海量数据，而数字经济处于两难困境中：过去从来没有收集到这么多信息，过去获取信息的难度也没有现在这么大，因为这些信息都是属于商业公司私有的。目前缺少全面的行业综述使公共政策从中获益并提高其洞察力。执行机构可以填补数字经济中重要的公共信息缺口。这会使各个领域的监管者之间逐步提高政策一致性。

新的欧盟《通用数据保护条例》建立了欧洲数据保护委员会（EU Data Protection Board），负责对影响整个欧盟的个人数据保护问题开展工作。该委员会将设立一个秘书处来履行行政和协调职责。它很可能成为具有专业技能和计算基础设施的机构长期开展大规模数据质询调查的有力抓手。

（刁琳琳　译）

参考书目

Abdul-Rahman, A., and Hailes, S. (2000). *Supporting Trust in Virtual Communities* (pp. 132).

Akerlof, G. (1970). The Market for 'Lemons': Quality Uncertainty and the Market Mechanism. *Quarterly Journal of Economics*, 84 (3), pp. 488-500.

Allen, D., andBerg, C. (2014). The Sharing Economy: How Over-Regulation could Destroy An Economic Revolution. Melbourne: Institute of Public Affairs. Retrieved from https://ipa.org.au/portal/uploads/Sharing_Economy_December_2014.pdf (21-5-2015)

Andreoni, J., and Rao, J. (2011). The Power of Asking: How Communication Affects Selfishness, Empathy, and Altruism. *Journal of Public Economics*, 95 (7-8), pp. 513-520.

Aral, S. (2014). The Problem with Online Ratings. *MIT Sloan Management Review*, 55

(2), pp. 47-52.

Armstrong, M. (2006). Competition in Two-Sided Markets. *Rand Journal of Economics*, 37 (3), pp. 668-691. doi: 10. 1111/j. 1756-2171. 2006. tb00037. x.

Avery, C., Resnick, P., & Zeckhauser, R. (1999). The Market for Evaluations. [10. 1257/aer. 89. 3. 564]. *American Economic Review*, 89 (3), pp. 564-584.

Ba, S. (2001). Establishing Trust through a Community Responsibility System. *Decision Support Systems*, 31 (3), pp. 323-336.

Bajari, P., & Hortasu, A. (2004). Economic Insights from Internet Auctions. *Journal of Economic Literature*, 42 (2), 457-486. doi: 10. 1257/0022051041409075.

Bagwell, Kyle (2007). The Economic Analysis of Advertising, in: Mark Armstrong and Robert Porter (Eds.): *Handbook of Industrial Organization*, Vol. 3, Elsevier, Amsterdam, pp. 1701-1844.

Bolton, G., Greiner, B., and Ockenfels, A. (2012). Engineering Trust: Reciprocity in the Production of Reputation Information. *Management Science*, 59 (2), pp. 265-285. doi: 10. 1287/mnsc. 1120. 1609.

Burnham, S. (2011). *The Publicization of Trust.* Privatize, 30, pp. 3-7.

Cabral, L., & Hortacsu, A. (2010). The Dynamics of Seller Reputation: Evidence From eBAY. *The Journal of Industrial Economics*, 58 (1), pp. 54-78.

Cabral, L., and Li, L. (2015). A. Dollar for Your Thoughts: Feedback-Conditional Rebates on eBay. *Management Science.*

Caillaud, B., and Jullien, B. (2003). Chicken and Egg: Competition among Intermediation Service Providers. *The RAND Journal of Economics*, Vol. 34, pp. 309-328.

Cohen, M., and Sundararajan, A. (2015). Self-Regulation and Innovation in the Peer-to-Peer Sharing Economy. *The University of Chicago Law Review Dialogue*, 82, pp. 116-133.

Corritore, C. L., Kracher, B., & Wiedenbeck, S. (2003). On-line Trust: Concepts, Evolving Themes, A Model. *International Journal of Human - Computer Studies*, 58 (6), pp. 737-758.

Couch, L., and Jones, W. (1997). Measuring Levels of Trust. *Journal of Research in Personality*, 31 (3), pp. 319-336.

Cullen, Z., and Farronato, C. (2015). Outsourcing Tasks Online: Matching Supply and Demand on Peer-to-Peer Internet Platforms. Department of Economics, Stanford University. Standford. Retrieved from web. stanford. edu/ ~ chiaraf/matching_ p2p_ latest. pdf.

Dellarocas, C., & Wood, C. A. (2007). The Sound of Silence in Online Feedback: Estimating Trading Risks in the Presence of Reporting Bias. *Management Science*, 54 (3), pp. 460-476.

Della Vigna, S. , List, J. A. , & Malmendier, U. (2012). Testing for Altruism and Social Pressure in Charitable Giving. *The Quarterly Journal of Economics.*

Dinerstein, M. , Einav, L. , Levin, J. , & Sundaresan, N. (2014). Consumer Price Search and Platform Design in Internet Commerce. National Bureau of Economic Research Working Paper Series, No. 20415.

Dixit, Avinash and Joseph Stiglitz (1977). Monopolistic Competition and Optimum Product Diversity, *American Economic Review* 67, pp. 297-308.

Edelman, B. and Damien Geradin (2015). Efficiencies and Regulatory Shortcuts: How should We Regulate Companies like AirBnB and Uber? Harvard Business School Working Paper 16-026.

Edelman, B. , & Luca, M. (2014). Digital Discrimination: The Case of AirBnB. Boston: Harvard Business School Working Papers, 2014.

Einav, L. , Farronato, C. , & Levin, J. (2015). Peer-to-Peer Markets. National Bureau of Economic Research Working Paper Series, No. 21496.

Einav, L. , Farronato, C. , Levin, J. D. , & Sundaresan, N. (2013). Sales Mechanisms in Online Markets: What Happened to Internet Auctions? National Bureau of Economic Research Working Paper Series, No. 19021.

Eisenmann, T. , Parker, G. , & Van Alstyne, M. (2006). Strategies for Two-Sided Markets. *Harvard Business Review*, 84 (10), pp. 92-101.

Evans, D. (2003a). The Antitrust Economics of Multi-Sided Platform Markets. *Yale Journal on Regulation*, 20 (2), pp. 325-381.

Evans, D. (2003b). Some Empirical Aspects of Multi-Sided Platform Industries. *Review of Network Economics*, 2 (3), pp. 2194-5993.

Evans, D. (2008). Competition and Regulatory Policy for Multi-Sided Platforms with Applications to the Web Economy. *Concurrences*, 2.

Evans, D. (2011). Platforms Economics: Essays on Multi-Sided Businesses: Competition Policy International.

Evans, D. , Hagiu, A. , and Schmalensee, R. (2006). *Invisible Engines: How Software Platforms Drive Innovation and Transform Industries.* Cambridge, MA: The MIT Press.

Evans, D. , & Noel, M. (2005). Defining Antitrust Markets When Firms Operate Two-Sided Platforms. *Columbia Business Law Review*, 3, pp. 667-702.

Evans, D. , & Schmalensee, R. (2007). The Industrial Organization of Markets with Two-Sided Platforms. *Competition Policy International*, 3 (1), pp. 151-179.

Farronato, C. , & Fradkin, A. (2015). Market Structure with the Entry of Peer-to-Peer Platforms: The Case of Hotels and AirBnB. Standford University, in progress.

Filistrucchi, L. , Geradin, D. , & Van Damme, E. (2013). Identifying Two-Sided Markets. *World Competition: Law & Economics Review*, 36 (1), pp. 33-60.

Filistrucchi, L. , Geradin, D. , van Damme, E. , & Affeldt, P. (2014). Market Definition in Two-Sided Markets: Theory and Practices. *Journal of Competition Law and Economics*, 10 (2), pp. 293-339.

Fradkin, A. (2014). Search Frictions and the Design of Online Marketplaces. Retrieved from http://andreyfradkin.com/assets/Fradkin_JMP_Sep2014.pdf.

Fradkin, A. , Grewal, E. , Holtz, D. , & Pearson, M. (2015). Bias and Reciprocity in Online Reviews: Evidence from Field Experiments on AirBnB.

Gawer, A. , and Cusumano, M. (2002). *Platform Leadership*. Boston, MA: Harvard Business School Press.

Gawer, A. , and Cusumano, M. A. (2008). How Companies become Platform Leaders. *MIT Sloan Management Review*, 49 (2), pp. 28-35.

Gawer, A. , and Henderson, R. (2007). Platform Owner Entry and Innovation in Complementary Markets: Evidence from Intel. *Journal of Economics & Management Strategy*, 16 (1), pp. 1-34.

Goldman, M. and Rao J. (2014) "Experiments as Instruments: Heterogeneous Position Effects in Sponsored Search Auctions".

Gefen, D. , Benbasat, I. , and Pavlou, P. (2008). A Research Agenda for Trust in Online Environments. *Journal of Management Information Systems*, 24 (4), pp. 275-286.

Hagiu, A. , and Wright, J. (2013). Do You Really Want to Be an eBay? *Harvard Business Review*, 91 (3), pp. 102-108.

Hagiu, A. , and Wright, J. (2015a). Marketplace or Reseller? *Management Science*, 61 (1), pp. 184-203.

Hagiu, A. , and Wright, J. (2015b). Multi-Sided Platforms. *International Journal of Industrial Organization.*

Hogg, T. , and Adamic, L. (2004). Enhancing Reputation Mechanisms via Online Social Networks, Vol. 5, pp. 236-237.

Holzmann, T. , Sailer, K. , and Katzy, B. R. (2014). Matchmaking as Multi-Sided Market for Open Innovation. *Technology Analysis & Strategic Management*, 26 (6), pp. 601-615.

Horton, J. (2014). Misdirected Search Effort in A Matching Market: Causes, Consequences and A Partial Solution. Paper presented at the Proceedings of the fifteenth ACM conference on Economics and computation, Palo Alto, California, USA.

Horton, J., and Golden, J. (2015). Reputation Inflation: Evidence from an Online Labor Market. Retrieved from http: //econweb. tamu. edu/common/files/workshops/Theory and Experimental Economics/2015_3_5_John_Horton. pdf.

Huiskamp, R. (2015). Uber and AirBnB: The Challenges in Two-Sided Markets. Retrieved from https: //www. linkedin. com/pulse/uber-AirBnB-challenges-two-sided-markets-roderick-huiskamp (17-7-2015).

Jøsang, A., Ismail, R., and Boyd, C. (2007). A Survey of Trust and Reputation Systems for Online Service Provision. *Decision Support Systems*, 43 (2), pp. 618-644.

Koopman, C., Mitchell, M., and Thierer, A. (2014). *The Sharing Economy and Consumer Protection Regulation: The Case for Policy Change.* Arlington: Mercatus Center, George Madison University. Retrieved from: http: //mercatus. org/sites/default/files/Koopman-Sharing-Economy. pdf 28-05-2015.

Koopman, C., Mitchell, M., and Thierer, A. (2015). The Sharing Economy: Issues Facing Platforms, Participants, and Regulators.

Kwan, M., and Ramachandran, D. (2009). Trust and Online Reputation Systems. In J. Golbeck (Ed.), *Computing With Social Trust* (pp. 287-312). London: Springer.

Lauterbach, D., Truong, H., Shah, T., and Adamic, L. (2009, 29-31 Aug. 2009). Surfing a Web of Trust: Reputation and Reciprocity on CouchSurfing. com. Paper presented at the Computational Science and Engineering, 2009. CSE '09.

Lewis, R and Rao J. (2015). The Unfavorable Economics of Measuring the Returns to Advertising, *Quarterly Journal of Economics*, 2015.

Li, J. (2015). Is Online Media a Two-Sided market? *Computer Law & Security Review: The International Journal of Technology Law and Practice*, 31 (1), pp. 99-111.

Luchetta, G. (2014). Is the Google Platform a Two-Sided Market? *Journal of Competition Law and Economics*, 10 (1), pp. 185-207.

Malmendier, U., and Schmidt, K. (2012). You Owe Me. NBER Working Paper Series, 18543.

Malmendier, U., te Velde, V. L., and Weber, R. A. (2014). Rethinking Reciprocity. Vol. 6, pp. 849-874.

Manne, G., and Wright, J. (2011). Google and The Limits of Antitrust: The Case Against The Case Against Google. *Harvard Journal of Law & Public Policy*, 34 (1), pp. 171-244.

Mayzlin, D., Dover, Y., and Chevalier, J. (2014). Promotional Reviews: An Empirical Investigation of Online Review Manipulation. *American Economic Review*, 104 (8), pp. 2421-2455.

McLean, S. (2015). The Rise of the Sharing Economy. *Computers & Law Magazine of SCL*, Vol. 26, pp. 26-28.

Miller, N., Resnick, P., andZeckhauser, R. (2005). Eliciting Informative Feedback: The Peer-Prediction Method. *Management Science*, 51 (9), pp. 1359-1373.

Miller, S. (2014). Transferable Sharing Rights: A Theoretical Model for Regulating AirBnB and the Short-Term Rental Market. Retrieved from http://ssrn.com/abstract = 2514178 (20-5-2015).

Miller, S. (2015). First Principles for Regulating the Sharing Economy. *Harvard Journal on Legislation*, Forthcoming. Retrieved from http://ssrn.com/abstract =2568016 (23-5-2015).

Nosko, C., and Tadelis, S. (2015). The Limits of Reputation in Platform Markets: An Empirical Analysis and Field Experiment. NBER Working Paper Series, 20830.

Digital Economy Outlook 2015, OECD Publishing (2015).

Overgoor, J., Wulczyn, E., & Potts, C. (2012). Trust Propagation with Mixed-Effects Models. Proceedings of the Sixth International AAAI Conference on Weblogs and Social Media. http://www.aaai.org/ocs/index.php/ICWSM/ICWSM12/paper/viewFile/4627Jan/5051.

Pallais, A. (2013). Inefficient Hiring in Entry-Level Labor Markets. NBER Working Paper Series, 18917.

Parker, G., and Van Alstyne, M. (2000). Internetwork Externalities and Free Information Goods. Paper presented at the Proceedings of the 2nd ACM conference on Electronic commerce, Minneapolis, Minnesota, USA.

Parker, G. G., and Alstyne, M. W. V. (2005). Two-Sided Network Effects: A Theory of Information Product Design. *Management Science*, 51 (10), pp. 1494-1504.

Pavlou, P., and Gefen, D. (2004). Building Effective Online Marketplaces with Institution-Based Trust. *Information Systems Research*, 15 (1), pp. 37-59.

Resnick, P., and Zeckhauser, R. (2002). Trust among Strangers in Internet Transactions: Empirical Analysis of eBay's Reputation System. *The Economics of the Internet and E-commerce*, Vol. 11, pp. 127-157, Emerald Group Publishing Limited.

Rochet, J.-C., and Tirole, J. (2003). Platform Competition in Two-Sided Markets. *Journal of the European Economic Association*, 1 (4), pp. 990-1029.

Rochet, J.-C., & Tirole, J. (2006). Two-Sided markets: A progress Report. *Rand Journal of Economics*, 37 (3), pp. 645-667.

Rosen, Sherwin (1981). The Economics of Superstars, *American Economic Review*, Vol. 71, No. 5 (Dec., 1981), pp. 845-858.

Rysman, M. (2009). The Economics of Two-Sided Markets. *Journal of Economic Perspectives*, 23 (3), pp. 125-143.

Saeedi, M., S., Z., and Sundaresan, N. (2015). The Value of Feedback: An Analysis of Reputation System. Retrieved from http://econ.ohio-state.edu/saeedi/noneg_sss.pdf.

Shaughnessy, H. (2014). Does A Platform Imply A Two-Sided Market? Retrieved from http://theelasticenterprise.com/2014/06/19/does-a-platform-imply-a-two-sided-market/.

Sundararajan, A. (2014). Peer-to-Peer Businesses and the Sharing (collaborative) Economy: Overview, Economic Effects and Regulatory Lssues. Written testimony for the hearing title, The power of connection: peer-to-peer businesses, held by the committee on small businesses of the U. S. House of Representatives, 9/15/2014.

Sunil, J., and Noah, Z. (2015). Policymaking for the Sharing Economy: Beyond Whack-A-Mole. Toronto: Mowat Centre, University of Toronto (http://mowatcentre.ca/wp-content/uploads/publications/106_PolicymakingForTheSharingEconomy.pdf).

Swamynathan, G., Wilson, C., Boe, B., Almeroth, K., et al. (2008). Do Social Networks Improve e-Commerce?: A study on Social Marketplaces. In C. Faloutsos, T. Karagiannis and P. Rodriguez (Eds.), *WOSN* 08 (pp. 1-6): ACM.

Thierer, A., Koopman, C., Hobson, A., & Kuiper, C. (2015). How the Internet, the Sharing Economy, and Reputational Feedback Mechanisms Solve the ' Lemons Problem ' . Available at SSRN: http://ssrn.com/abstract=2610255.

Vakratsas D, and Tim Ambler (1999). How Advertising Works: What Do We Really Know? *Journal of Marketing* Vol. 63, No. 1 (Jan., 1999), pp. 26-43.

Vogelsang, Michael (2010). Dynamics of Two-Sided Internet Markets, *Information Economics and Economic Policy* 7, pp. 129-145.

Weyl, E. G. (2010). A Price Theory of Multi-Sided Platforms [10.1257/aer.100.4.1642]. *American Economic Review*, 100 (4), pp. 1642-1672.

Weyl, E. G. and Alexander White (2014). Let the Best 'One' Win: Policy Lessons from the New Economics of Platforms. Coase-Sandor Institute for law and Economics Working paper. 709.

Wright, J. (2004). One-Sided Logic in Two-sided Markets. *Review of Network Economics*, 3 (1), pp. 44-64.

Zervas, G., Proserpio, D., & Byers, J. (2015). A First Look at Online Reputation on AirBnB, Where Every Stay is Above Average Available at SSRN: http://ssrn.com/abstract=2554500.

视界

Horizon

Comparative

阿罗

现代经济学理论的奠基人

钱颖一

阿罗（Kenneth Arrow）于2017年2月21日在斯坦福大学所在地帕罗奥图（Palo Alto）去世。我在当天听到这个消息，仍然感到很意外，虽然他已是95岁高寿了。不到一年之前的2016年5月9日，我在斯坦福参加有关中国经济的研讨会时，他还坐在下面听我发言，之后我们一起拍照。他那时看上去身体很好，思路敏捷，问了我几个有关中国经济的问题。我们还谈到此前不到一年的2015年6月，他到重庆参加中国留美经济学会举办的国际学术研讨会。他对中国经济发展非常有兴趣。

我第一次见到阿罗是在1990年1月。那是我正在博士临近毕业期间找工作，到斯坦福大学经济学系做“工作演讲”（job talk）。阿罗从1949年起就在斯坦福大学经济系任教，中间只有1968年至1979年间在哈佛任教。他是我的博士论文导师马斯金（Eric Maskin）70年代在哈佛的博士论文导师。我的博士论文的一部分是科层等级组织中的激励问题。在去斯坦福之前，马斯金同我说，阿罗对非市场组织内部激励问题很有兴趣，因此会对你的研究有兴趣，并且说“他是一个会认真读别人论文的人”。这句话我后来才明白它的意思，因为不少经济学家只听但不读其他人的论文。果然，在那次访问中，他对我的研究工作十分肯定，还在一起晚餐，愉快交谈。

---

* 写于2017年3月。

我后来决定到斯坦福大学经济系任教。之后与阿罗的接触就多了。虽然我没有上过他的课，也没有与他合作写过文章，但与他共同指导过博士生，中国学生李波就是其中之一。他经常参加斯坦福的学术讨论会，前一半时间总是在低头看刚收到的邮件，人们以为他没有在听，可是放下邮件就马上提出尖锐的问题，令在场人都感慨万分。我从他那里学到了很多在课本上无法学到的东西，不仅是经济学，多是在讨论会上或者是在闲谈中。他的博学总是让人惊讶。还是在 90 年代中期，当时个人电脑兴起，计算能力飞速发展，互联网也已经兴起，信息技术发展远远超越人们的预期。因此，在我看来，好像技术发展都是超出人们预期的。有一次我问他，有哪个方面的技术发展远远落后于人们一百年前的预期。他马上回答说：电池。这不是我当时的知识所能想到的，给了我很大启发，那就是我们的视野很有局限，非常缺乏历史的厚重。电池技术在近来有了重大进步，但仍然是一项技术制约。

诺贝尔经济学奖自 1969 年开始颁发。阿罗在开始颁奖后的第四年，即 1972 年获得诺贝尔经济学奖。他至今保持着两项纪录：他获奖时 51 岁，是诺贝尔经济学奖获得者中获奖年纪最轻的；同时，他也是在所有诺贝尔经济学奖获得者中获奖之后活得最长的，44 年。早于他两年在 1970 年获得诺贝尔经济学奖的，也是获奖的第一位美国经济学家是萨缪尔森（Paul Samuelson）。80 年代我在哈佛读书时曾经到麻省理工学院拜访过他。他向我问起浦山，时任社科院世界经济研究所所长。浦山是 40 年代哈佛的经济学博士，同萨缪尔森一样，也是熊彼特的学生。在《经济分析基础》一书中，萨缪尔森还感谢浦山的帮助。阿罗和萨缪尔森是现代经济学泰斗级的人物。这两人还有亲戚关系：阿罗的妹妹嫁给了萨缪尔森的弟弟，他们的儿子是萨默斯（Lawrence Summers），哈佛大学经济学教授，克拉克奖获得者，担任过哈佛大学校长、美国财政部长、国家经济委员会主席等职务。

萨缪尔森说阿罗是 20 世纪最伟大的经济理论家。说阿罗是现代经济学理论的奠基人，一点也不夸张。打开任何一本严谨的现代经济学教科书，都有两部分核心内容：一般均衡理论和社会选择理论。这两部分内容是分别关于市场经济中的资源配置机制和民主政治中的投票选举机制的基础性分析，阿罗都做出了根本性的贡献。

在社会选择理论中，阿罗开创性地运用严格的数学推理研究社会偏好与个人偏好之间的关系，推导出著名的“阿罗不可能定理”，揭示出投票选举这一集体决策机制中会遇到的基本困难。这是一个非常深刻且影响深远的研究结果，不仅为经济学，也为政治学奠定了科学基础。以阿罗的这一工作为起点而继续这方面研究的森（Amartya Sen）在 1998 年获得诺贝尔经济学奖。这方面已经有很多介绍，我不在此赘述。

一般均衡理论是有关在充分竞争、完备市场中商品供求通过价格机制达到均衡的一整套理论。虽然这一理论背后的经济学思想是亚当·斯密早在 200 多年前就描述过的市场的“看不见的手”，但是阿罗等人通过严谨的数学模型，精确地描述了消费者偏好和选择集合、生产者技术条件，并在此基础上推导出均衡存在的条件，还建立了“福利经济学第一定理”和“福利学经济学第二定理”。在建立均衡条件中需要用到数学的不动点定理（fixed point theorem），在证明福利经济学第二定理时需要用到分离超平面定理（separating hyper-plane theorem）。但是，并非数学的深奥性，而是经济学的深刻性，使得一般均衡理论成为现代经济学的支柱。

一般均衡理论受到的批评很多。因为它是建立在一些假设的基础之上的，而任何一个人都可以批评这些假设的非现实性。记得在一次斯坦福的研讨会上，阿罗对一般均衡理论有如此评价。他说，一般均衡理论有五组假设，而每一组假设从五种不同的角度看都是错误的。但它是经济学中最有用的理论之一。他当时讲这句话时，对我冲击很大。因为这是我从教科书中没有看到过的，而是亲耳从阿罗那里听到的，也因为我们的文化背景不同，我很为之震撼。

这是非常有哲理的一句话，特别是对我们在中国文化传统中受教育的人。我们的文化中缺乏科学传统，尤其缺乏社会科学理论传统。我们判断一个理论，很容易先看它的假设是否“现实”，往往以假设不现实来否定理论的意义。正是由于我们的这种经验主义传统，使我们无法发展出建立在抽象假定上的理论，阻碍了我们的社会科学的发展。

在一般均衡理论的假设中，有人的理性假设，有充分竞争假设，有完备市场假设，生产技术没有外部性假设，没有收益递增假设等，现实中当然都可以发现这些是不对的。恰恰是这样一个理论体系，不仅可以应用于许多现实问题，而且后来的许多新理论都建立在它的基础之上，比如投资学和金融学中的证券定价理论。可计算的一般均衡理论还运用到公共经济学，计算税制改革带来的收益和成本；运用到环境经济学中，在有外部性的情况下研究环保政策的有效性，等等。

事实上，后来许多新的经济理论的发展，都要以一般均衡理论作为参照系或作为起点，包括阿罗自己的研究工作。我下面举两个例子，它们是阿罗在一般均衡理论的基础上开创的两个新领域。无论是社会选择理论还是一般均衡理论，阿罗都使用了在当时被认为很抽象的数学来做经济学理论研究，但如果就此认为阿罗只会用抽象数学来建模型，那就错了。相反，这两个例子恰好说明了阿罗如何把现实中的经验观察上升到经济学理论的创造性过程，对我们从事经济学研究很有启发。

1963 年阿罗在《美国经济评论》上发表论文“不确定性和医疗保健的福利经济学”（Uncertainty and the Welfare Economics of Medical Care）。在这篇论文中，阿罗开创性地分析了医疗服务和医疗保险市场。他首先以完备市场的一般均衡理论作为参照系，对照发现医疗服务与医疗保险市场中最大的特征是不确定性，包括患病是一个不确定性的事件，同时治疗结果也是一个不确定性的事件。从这里就引出风险分担的问题。但是他发现，现实中这些风险并不是能够全部被分担的，所以就会得出偏离均衡点是福利最优的结论。

正是在这篇研究医疗保险问题的论文中，阿罗首次引入了“道德风险”（moral hazard）和“逆向选择”（adverse selection）这两个重要概念。他用一小节专门分析“道德风险”带来的问题。当有第三方保险的情况下，投保人就会减少预防措施，导致就医增加。他分析到，这是投保人的激励问题，因为保险公司无法观察和控制投保人的行为。阿罗接着分析了医疗保险中的几种费用支付方式。如果是完备市场，这些方式应该是等价的，但是在现实中，它们并不等价，由此说明市场的不完备性。特别是，如果医生的收入与保险支付挂钩，那么医生也有“道德风险”问题，比如为病人开过多和过贵的药，这是医生的激励问题，而保险公司无法确定病人的真实情况和真实需要的治疗。

他在这篇论文中谈及了保险公司遇到的另一类问题，即“逆向选择”问题。投保人中有低风险和高风险的人群，但是这个信息只有投保人知道，保险公司不知道。如果市场是完全的，那么高风险和低风险人群会被区别对待。但是在现实中，他们是无法被区分的，所以在同一保费下，就会更多地吸引高风险的人，导致“逆向选择”。

阿罗就是这样把“道德风险”和“逆向选择”这两个重要改变引进经济学，并开创了信息经济学这个新的研究领域。这些研究也对医疗和保险业有着实际的重要影响。已经有若干位经济学家因为信息和激励的研究而获得诺贝尔经济学奖。比如2016年获得诺贝尔经济学奖的本特·霍姆斯特朗（Bengt Holmstrom），他最重要的两篇获奖论文的标题正是“道德风险与可观察性”（Moral Hazard and Observability）和“团队中的道德风险”（Moral Hazard in Team）。阿罗的重要贡献不仅是引入这些概念，关键是以一般均衡理论为参照系的系统性分析，为之后的研究奠定了理论基础。

1962年阿罗在《经济研究评论》上发表“干中学的经济含义”（The Economic Implications of Learning by Doing）。早在50年代，经济学家已经从经验数据中发现，经济增长并不是仅靠人均资本的增加，还要靠技术进步。但是在当时的理论模型中，“技术进步”只是一个外生变量，而不是模型内部产生的。阿罗在这篇开创性的论文中建立一个理论模型，其中最重要的突破是他描述了一种“技术进步”的过程。具体地说，技术是由“学习”获得的，而他给出的机制是，学习是以往经验的结果，也就是说，干得越多，经验越多，人均产出也就越多。因此，在他的模型中，人均生产率随着经验的积累而提高。

这是一个突破性的发展。因为由此推导出的生产函数具有规模收益递增的特点，而不是一般均衡理论中假定的规模收益递减。当然，由于“学习”的外部性没有被市场作价，所以投资的私人回报低于社会回报，竞争市场的均衡并不是有效率的，这有别于一般均衡理论所推出的结论。但是，这是第一个“内生增长”的模型，是我们真正理解经济增长内生机制的开始，阿罗因此又开创了一个新的研究领域。80年代和90年代罗默（Paul Romer）等人推动的“内生增长”理论，正是以阿罗的这个模型为起点和基本要素的。由此可见阿罗研究的影响力之深远。

回顾并理解阿罗对现代经济学的贡献，可以帮助反思我们的经济学研究中常见的误区和软肋。一是我们对理论的忽视甚至鄙视。这里说的理论是抽象的，看上去与现实有相当距离的，通常以数学符号为语言的逻辑系统。无论是社会选择理论还是一般均衡理论，都是这样的理论。尽管这些理论中的假设与现实不符合，但是它们对我们认识现实中的经济问题和社会问题提供了重要的参照系和基准，是我们探究社会问题的入口，更是我们发展出与现实更为贴近的理论的起点。而我们急于求成的心态，我们的经验主义传统，容易造成我们对抽象理论的拒绝。但这只会使我们永远不能摆脱浅薄的陷阱，无法在科学的道路上前行。

二是如何把在经验观察中发现的现象和问题变为精确的概念，并转化为可分析的模型，使经验上升为理论。“道德风险”和“逆向选择”都是源于对现实的观察。阿罗把它们上升为精确的概念，前者是不可观察和控制的行动，后者是不对称信息，并把它们纳入可供分析的模型中，推导出不同于标准模型下的结论，这才是重要的突破。类似的，把“干中学”这样的经验观察转换成人均生产率取决于经验积累的条件，并植入生产函数，推导出不同于标准生产函数下的各种结论，这也是重要的突破。在这些突破的背后，都是对比参照系，引入新因素，分析出新结论，为后续经济学家的研究提供了新的平台。这样一个科学研究的路径，也是我们十分缺乏的。

当我们回顾阿罗对现代经济学理论研究的贡献时，我们更加能够欣赏和理解像他这样的经济学巨人对现代经济学的根本性价值，并从中受到启发。阿罗的经济学研究路径应该激发和引导中国的经济学和社会科学研究者的研究方向和方法，并获得深刻的学术思想和洞见。

比较之窗

Comparative Studies

Comparative

美国联邦食品安全监管碎片化问题及其对策

欧阳俊　邱　琼　编译

编者按：美国的食品供应总体是安全的。但是，美国联邦多部门参与的食品安全监管制度却常常被认为存在监管碎片化问题。国内外有一些专家对此进行讨论，但因这个问题涉及复杂的美国国会立法和政府部门职责分工的历史和现状而很难做出全面、系统的研究成果。2017 年 2 月，美国国会政府问责局（Government Accountability Office，以下简称政府问责局）在网站上向公众公布了题为“食品安全：解决联邦监管碎片化问题急需国家战略”的建议报告。①这份关于食品安全的最新报告由政府问责局自然资源与环境司司长史蒂夫·莫里斯（Steve D. Morris）签发，权威分析了美国联邦食品安全监管体制的现状和问题，并对解决监管碎片化问题提出了制定实施国家食品安全战略的建议。

政府问责局是国会负责审计、评估和调查的机构，其前身是审计总署，任务就是支持国会履行宪法职责，帮助联邦政府改善其工作绩效，强化问责；具体工作包括：负责检查公共资金的使用，评估联邦工作和政策，为国会的监督、政策和资金决策提供分析、建议和其他帮助。因此，虽然政府问责局的意见建议对政府部门并没有强制力，但对国会和部门很有影响力。政府问责局自

① GAO, *Food Safety*: *A National Strategy Is Needed to Address Fragmentation in Federal Oversight*, GAO-17-74 (Washington, D. C. : Feb. 13, 2017).

2007 年开始一直把联邦食品安全列入高风险问题清单（High Risk List），这对有关监管部门形成了一定的压力。

西南财经大学欧阳俊教授和国家食品药品监管总局邱琼博士对报告进行了研究翻译后重新编辑整理，尽可能原汁原味地保留了报告的精华内容。编译后的报告提供了有关美国食品安全状况和食品安全监管系统的最准确的数据和情况，综述了多位权威专家对美国联邦食品监管部门存在碎片化问题的意见，表明了相对中立的美国国会机构对完善联邦食品安全监管体制的态度。这对我们深入思考如何更好提高中国食品安全水平和完善中国食品安全监管体制都有借鉴意义。

一、美国食品安全状况

美国食品供应是安全的，但食源性疾病仍然常见。而食源性疾病是昂贵的、本可避免的公共健康问题。2011 年，美国疾病预防和控制中心（Centers for Disease Control and Prevention，以下简称 CDC）的最新预测指出，每年全美有 4800 万人（平均每 6 人中就有 1 人）罹患食源性疾病，12.8 万人入院，3000人死亡。而且，跨州的食源性疾病越来越多。尽管在全部食源性疾病中，跨州的食源性疾病所占比例很小，但影响更大。2010—2014 年，跨州食源性疾病暴发次数占比只有 3%，但引起的病患数量占比达到 11%，入院人数占比为 34%，死亡人数占比高达 56%。

大部分食源性疾病患者愈后不会对健康产生持续影响，但一些特殊情况下患者健康会受到长期伤害，诸如肾衰竭、慢性关节炎或神经损伤。根据 2015 年 5 月美国农业部（U. S. Department of Agriculture）经济研究局（Economic Research Service）的预测，在美国，每年因常见的 15 种食源性病菌引发的食源性疾病、入院和死亡造成了超过 155 亿美元经济负担。同年，美国卫生和人类服务部（Department of Health and Human Services，以下简称 HHS）/食品药品管理局（Food and Drug Administration）的研究者估计食源性疾病带来的健康成本大约是每年 360 亿美元。

除人身伤亡以外，食源性疾病暴发会给产业带来食品召回的高额成本。2011 年 10 月，食品制造商协会（Grocery Manufacturers Association）与科文顿柏灵律师事务所（Covington & Burling LLP）、安永会计师事务所合作发布的一项研究估计了食品召回的成本。① 这项研究调查了36家食品制造商协会的成员企业，发现超过一半的企业在此前5年至少受到一次产品召回的影响。在此前5年面临一次召回的企业中，48%的企业估计经济影响少于900万美元；29%的企业估计影响1000万—2900万；23%的企业估计影响超过3000万。根据调查结果，企业召回面临的四个最大成本是：运营被中断或盈利受损；实施召回需要费用，要销毁召回产品，替换召回产品；债务风险；企业或品牌的声誉受损。

美国食品安全的主要挑战有三个方面。② 第一，美国食品供应中进口食品越来越多，联邦政府确保这些进口食品安全的能力更趋紧张。第二，消费者食用越来越多加工不多的生鲜食品，这类食品通常更易受食源性病菌的感染。第三，特别易感染食源性疾病的人群（诸如老人和免疫缺陷人群）数量不断增长。

二、美国食品安全监管状况

美国食品供应（包括国内食品和进口食品）的安全性和质量受到高度复杂的系统管理，16个联邦机构参与其中，至少涉及30部法律。联邦负责食品安全监管的最重要机构是农业部的食品安全和检查局（Food Safety and Inspection Service）和食品药品管理局。食品安全和检查局负责肉类、家禽、加工的蛋制品和鲶鱼的安全。③ 食品药品管理局实质上负责所有其他食品的安全。联邦食品安全监管系统还得到各州、各级地方政府部门的补充，各级都有自己负责食品安全和质量的法律和机构。总计有超过3000个非联邦机构承担了绝大部分食品安全治理活动。这些机构负责调查遏制疾病暴发；实施疾病监测，监控食品供应的污染情况；检查餐馆、商店和食品加工厂；采取监管措施，将不安全、不卫生的产品从市场上清除出去。

---

① GMA, Covington & Burling LLP, and Ernst & Young, *Capturing Recall Costs: Measuring and Recovering the Losses* (Washington, D. C.: October 2011).

② GAO, *Federal Food Safety Oversight: Additional Actions Needed to Improve Planning and Collaboration*, GAO-15-180 (Washington, D. C.: Dec. 18, 2014).

③ 2008年Farm Bill的有关条款修订了《联邦肉类检查法》（Federal Meat Inspection Act），鲶鱼的监管职权从2015年12月交给食品安全和检查局。其时，食品安全和检查局发布了一项最终法规，对鲶鱼实施强制性检查检疫。这一法规从2016年3月开始生效。80 Fed. Reg. 75, 590 (Dec. 2, 2015)。

表 1　联邦机构的食品安全职责

部门	机构	职责
美国农业部	食品安全和检查局	确保国内和进口商业用途的肉类、家禽、鲶鱼和蛋制品安全、健康，得到正确标签和包装；执行 1978 年《人道屠宰法》（Humane Methods of Slaughter Act of 1978）及其修正案；为外来动物检查提供自愿收费服务项目。
	动植物卫生检疫局	阻止引入或传播（1）植物害虫；（2）家畜病害。
	谷物检查、包装和牲畜围场管理局	为谷物和其他相关产品建立质量标准和检查流程，开展市场营销活动。
	农业市场营销局	为下列产品：牛奶、水果、蔬菜和家禽，建立质量标准和具体条件。
	农业研究局	为帮助确保食品供应安全、确保食品满足外国和本国监管要求提供科学研究。
	经济研究局	对影响美国食品供应安全的经济问题进行分析。
	国家农业统计局	提供包括农业化学品使用等与食品供应安全有关的统计数据。
	国家食品和农业研究所	支持赠地大学系统和其他伙伴组织的食品安全项目，建立整合方法解决应用食品安全研究、教育或扩展中的问题。
卫生和人类服务部（HHS）	食品药品管理局	保障除肉类、家禽、鲶鱼和蛋制品外的其他所有国内和进口食品安全、健康、卫生和标签适当。
	疾病预防和控制中心	预防食源性疾病的传播与扩散以保护公众健康。
商务部	国家海洋渔业局	为海产品的安全和质量提供自愿的收费服务检验。

（续表）

部门	机构	职责
环境保护署		对健康或环境会带来不合理风险的特定化学品和化学物质的使用进行规制；颁布法规建立、修订或取消化学杀虫剂残留限量；确定国家饮用水质量标准；在食品药品管理局制定颁布桶装水标准法规之前，与食品药品管理局进行磋商。
美国交通部		为帮助确保食品运输过程的卫生，建立安全检查的流程步骤。
财政部	烟酒税收和贸易局	对酒精饮料进行规制、执法，颁发酒精饮料的生产、标签和分销许可。
国土安全部	海关和边境检查站	检查进口产品，包括食品、植物和活的动物，确保符合美国法律，帮助所有的联邦机构在边境执行法规要求。
联邦贸易委员会		禁止产品的虚假广告，其中包括食品广告。

注：本表没有将那些承担确保食品分销安全的部门纳入，因为这些机构只是承担具体工作的一部分。例如，没有包括农业部的食品营养局（Food and Nutrition Service），该局负责确保学校食物的安全（42 U. S. C. § 1769j）；没有包括国防部（Department of Defense）国防后勤局（Defense Logistics Agency）的食品安全办公室（Food Safety Office），该办公室负责美国在全球范围内军队的食品安全问题以及技术和质量保障政策。

不过，联邦食品安全监管系统长期存在碎片化问题，而且这个问题40多年来一直都未得到解决。① 例如，关于鸡蛋的管理：食品药品管理局负责确保

① GAO, *High-Risk Series: An Update*, GAO-15-290 (Washington, D. C.: Feb. 11, 2015); GAO, *Federal Food Safety Oversight: Additional Actions Needed to Improve Planning and Collaboration*, GAO-15-180 (Washington, D. C.: Dec. 18, 2014); GAO, *Federal Food Safety Oversight: Food Safety Working Group Is a Positive First Step but Governmentwide Planning Is Needed to Address Fragmentation*, GAO-11-289 (Washington, D. C.: Mar. 18, 2011); GAO, *High-Risk Series: An Update*, GAO-07-310 (Washington, D. C.: January 2007); GAO, *Food Safety: A Unified, Risk-Based System Needed to Enhance Food Safety*, T-RCED-94-71 (Washington, D. C.: Nov. 4, 1993); GAO, *Food Safety and Quality: Uniform, Risk-based Inspection System Needed to Ensure Safe Food Supply*, RCED-92-152 (Washington, D. C.: June 26, 1992); and GAO, *Need to Reassess Food Inspection Roles of Federal Organizations*, B-168966 (Washington, D. C.: June 30, 1970).

带蛋壳的蛋是安全、健康和标签得当的；食品安全和检查局负责加工蛋制品的安全；农业部的农业市场营销局（AMS）为带壳蛋设定质量和登记标准（分级如 A 级）；农业部的动植物卫生检疫局（APHIS）的工作是帮助确保下蛋母鸡免于在下蛋时感染沙门氏菌；而监督母鸡饲料安全的职责又回到食品药品管理局。更冲突的案例是关于比萨饼的：食品药品管理局负责监管冷冻奶酪比萨饼的生产，而食品安全和检查局则负责监管冷冻有肉比萨饼的生产，同时还有许多其他的联邦机构在监管其他类型的比萨饼的成分中负有责任。

由于食品药品管理局和食品安全和检查局由不同的法律授权，导致两种完全不同的监管检查方法。食品药品管理局的法律要求以风险为基础的方法，检查比率依食品的风险程度而变。与之相对的，食品安全和检查局的法律规定要求该机构在他们负责监管的产品进入食品供应之前，对动物的胴体、部分以及所有加工食品进行持续检查。尽管食品安全和检查局也努力运用风险管理的思路来调整其资源配置，对表现差的工厂进行更密集或更有针对性的检查活动；但是因受到法律的强制性约束，食品安全和检查局实施以风险为基础的监管十分有限。有专家指出，在联邦层面，食品安全和检查局只负责 20% 的食品供应的安全，食品药品管理局负责确保 80% 的食品安全，但食品安全和检查局比食品药品管理局的食品安全监管的资金更多（多 20%）。专家认为，由于食品安全和检查局必须满足持续检查的要求，可能在低风险的食品加工厂投入过多资源。例如，生产奶酪比萨饼的工厂受食品药品管理局监管，也许每 5 年才接受一次检查；而生产意大利肠比萨饼的生产线则要每天接受检查。而实际上，因为比萨饼是加热熟食品，与这两种比萨饼有关的食源性病毒风险都很低。

三、政府问责局的过往建议及美国联邦政府采取的改进措施

政府问责局长期关注食品安全监管碎片化和监管重复的问题，1994 年就曾提出一些极具挑战性的建议，包括进行机构改革。这些建议包括建立一个单一的食品安全监管机构，① 一个食品安全检查机构和一个数据收集和风险分析

① GAO, *Food Safety*: *Changes Needed to Minimize Unsafe Chemicals in Food*, RCED-94-192 (Washington, D. C.: Sept. 26, 1994); GAO, *Food Safety*: *A Unified*, *Risk-Based Food Safety System Needed*, T-RCED-94-223 (Washington, D. C.: May 25, 1994); and GAO, *Food Safety and Quality*: *Uniform*, *Risk-based Inspection System Needed to Ensure Safe Food Supply*, RCED-92-152 (Washington, D. C.: June 26, 1992).

中心,[①] 以及由中央领导的协调机制。[②] 政府问责局曾建议国会评估现行法律法规状况,制定一部全面、形式统一且以风险为基础的食品安全监管法律;或者对食品药品管理局和农业部的现有职责进行调整。[③] 不过,美国国会并未将这些建议付诸实施。

1998 年 8 月,美国国家科学院(National Academies of Sciences, Engineering, and Medicine,简称 National Academies)的研究报告认为碎片化的联邦食品安全监管系统不足以应对可能出现的挑战。[④] 为了回应这份报告,时任总统克林顿成立了食品安全委员会(Council on Food Safety),授权它为联邦食品安全活动制定全面的战略规划。2001 年 1 月 19 日,委员会出台了食品安全战略规划(Food Safety Strategic Plan),认为有必要制定一部完整、全面的食品安全成文法;并确认现行的食品安全系统难以在未来取得效率、效益和基于风险的资源整合等方面的改进。此后,总统食品安全委员会完成任务解散。

2001 年 10 月,政府问责局建议农业部、卫生和人类服务部及总统科学技术事务助理担任总统食品安全委员会的联合主席重新召开委员会,推动食品安全监管工作的整合协调,未果。

2007 年 1 月,政府问责局考虑到食品安全对经济和公共健康和安全的风险,把联邦食品安全列入高风险问题清单。在报告中,政府问责局详细说明了联邦食品安全监管系统碎片化的问题,揭示了现行系统中监管不一致、协调无效果、资源利用无效率等问题。政府问责局认为,21 世纪的挑战在于要为承担食品安全职责的联邦机构找到一条道路,将复杂的食品安全工作统一成为一个整体,对各部门的监管工具实现战略管理,推动全国食品供应的安全和一体化。因此,政府问责局的报告建议要建立食品安全监管法规和工作的统一协调机制。同时,建议国会和行政机关共同努力制定一项政府层面的食品安全绩效

---

① GAO, *Federal Food Safety Oversight: Food Safety Working Group Is a Positive First Step but Governmentwide Planning Is Needed to Address Fragmentation*, GAO-11-289 (Washington, D. C.: Mar. 18, 2011).

② GAO, *Federal Food Safety Oversight: Additional Actions Needed to Improve Planning and Collaboration*, GAO-15-180 (Washington, D. C.: Dec. 18, 2014).

③ GAO, *High-Risk Series: An Update*, GAO-15-290 (Washington, D. C.: Feb. 11, 2015).

④ Institute of Medicine and National Research Council, *Ensuring Safe Food from Production to Consumption* (Washington, D. C.: National Academy Press, August 1998).

规划。①

联邦政府在落实2007年政府问责局的报告方面采取了一系列行动。2009年3月，时任总统奥巴马成立了食品安全工作小组（Food Safety Working Group，FSWG），协调各部门工作，目标是使食品更加安全。

2011年1月，国会通过食品安全现代化法（Food Safety Modernization Act，以下简称FSMA），这是20世纪30年代以来美国食品安全监管机构的最大一次扩权和食品安全法律最重要的一次大修。② 同是在2011年1月，国会修订了1993年的政府绩效和结果法（Government Performance and Results Act of 1993，以下简称GPRA），通过了2010年GPRA现代化法修正案（GPRAMA）。GPRAMA对在联邦战略和绩效规划上的跨部门工作提出了新的要求，这有助于推动合作和解决碎片化问题。例如，GPRAMA要求每个机构的战略规划和绩效规划都要包含关于本机构如何与其他机构共同工作以实现其目的和目标的描述。

2011年3月，政府问责局建议总统办公室（Executive Office of the President，以下简称EOP）下属的行政管理和预算办公室（Office of Management and Budget，以下简称OMB）与联邦负责食品安全的机构磋商，每年制定食品安全政府绩效规划。③ 政府问责局认为，绩效规划可以提供一个框架，帮助各机构的目标相互补充、相辅相成，帮助形成联邦政府食品安全绩效的全面图景。而且，这一规划将有助于决策制定者在分配资源和做出重组决策时权衡利弊、比较绩效。

2014年12月，政府问责局对食品安全工作进行评估，认为食品药品管理局、食品安全和检查局在食品安全方面建立了许多整合协调的机制（表2），

---

① GAO，*High-Risk Series*：*An Update*，GAO-07-310（Washington，D. C.：January 2007）.

② Pub. L. No. 111-353，124 Stat. 3885（2011）。在FSMA出台前，FDA主要在食源性疾病暴发后予以应对。FSMA要求FDA重点要预防食源性疾病的暴发。这部法律提出以预防为基础、以风险为基础的食品安全标准，也为FDA实现更高等级的合规提供了新的执法权威，当食源性疾病暴发时可以更好地应对和遏制问题。例如，FSMA要求部分食品加工厂和农场制订新的预防性控制措施和食品安全计划，强化了FDA在国家食品供应渠道中对食源性疾病实现追溯的能力，扩大了FDA对受污染食品实施强制性召回的权力。

③ GAO，*Federal Food Safety Oversight*：*Food Safety Working Group Is a Positive First Step but Governmentwide Planning Is Needed to Address Fragmentation*，GAO-11-289（Washington，D. C.：Mar. 18，2011）.

但是这些机制都侧重于具体问题，没有形成一个更高层面的、更广泛的集中合作机制。考虑到行政管理和预算办公室没有采取行动制定政府食品安全绩效规划，且2009年成立的食品安全工作小组已不再开会，政府问责局建议国会考虑：（1）指派行政管理和预算办公室制定政府食品安全绩效规划，规划要包括结果导向的目标、绩效指标、详述战略和资源；（2）通过立法，组织成立食品安全工作小组，确保对食品安全机构实施持续领导。① 同时，政府问责局建议农业部、人类卫生和服务部在战略和绩效规划文件中更完整地描述他们如何与其他部门合作实现食品安全有关的目的和目标。

表2　2014年12月政府问责局报告涉及的人类卫生和服务部/食品药品管理局和农业部/食品安全和检查局的合作机制

名　称	描　述
食源性疾病主动监测网 [Foodborne Diseases Active Surveillance Network（FoodNet）]	疾病预防和控制中心、食品药品管理局、食品安全和检查局和10个州卫生部的联盟。该网预测食源性疾病的数量，监测特殊食源性疾病随着时间的发生趋势，确定疾病来源的具体食品和情境。
健康人民2020 (Healthy People 2020)	国家健康促进和疾病预防倡议，包括42个主题领域，其中之一为食品安全。食品药品管理局、食品安全和检查局共同领导食品安全主题，目标是降低因食源性病毒造成的感染比例。
食源性疾病暴发应对跨机构协作 (Interagency Foodborne Outbreak Response Collaboration)	疾病预防和控制中心、食品药品管理局、食品安全和检查局的联盟，合作调查食源性疾病暴发情况。
跨机构食品安全分析联盟 (Interagency Food Safety Analytics Collaboration)	疾病预防和控制中心、食品药品管理局、食品安全和检查局的联盟，聚焦于与食源性疾病消息来源有关的项目，以及预测具体食源性疾病的最常见食品来源的过程。

① GAO, *Federal Food Safety Oversight: Additional Actions Needed to Improve Planning and Collaboration*, GAO-15-180 (Washington, D. C.: Dec. 18, 2014).

（续表）

名　称	描　述
残留控制跨机构小组（Interagency Residue Control Group）	环境保护署、食品药品管理局、食品安全和检查局和其他一些机构组成的联盟，讨论和解决化学残余问题。
风险评估跨机构联盟（Interagency Risk Assessment Consortium）	由联邦食品安全监管机构组成的联盟。致力于推动科学研究，便于风险评估，帮助监管机构完成它们具体的食品安全风险管理任务。
食品微生物指标国家专家委员会（National Advisory Committee on Microbiological Criteria for Foods）	疾病预防和控制中心、食品药品管理局、食品安全和检查局和其他联邦食品安全监管机构组成的联盟，制定评估食品中微生物危害的方法。
国家抗生素耐药性监测系统（National Antimicrobial Resistance Monitoring System）	疾病预防和控制中心、食品药品管理局、食品安全和检查局和各州、地方卫生部门的合作联盟，追踪食源性或其他病菌是否对用于治理和预防疾病传播的抗生素产生耐药性。
PulseNet	疾病预防和控制中心、食品药品管理局、食品安全和检查局和各州公共卫生实验室参与的合作监测网络。PulseNet 使用分子指纹技术将食源性感染案例和探测到的食源性疾病暴发联系起来。

注：资料来源于 GAO，*Federal Food Safety Oversight*：*Additional Actions Needed to Improve Planning and Collaboration*，GAO-15-180（Washington，D. C.：Dec. 18，2014）。报告中还有一项合作机制：食品防护伙伴计划（Partnership for Food Protection，PFP）。该计划的重点是强化食品安全体系中州和地方监管机构的能力，由一个管理委员会（governing council）领导，其中 5 人来自食品药品管理局，1 人来自食品安全和检查局，1 人来自疾病预防和控制中心，6 人来自州和地方监管机构。

四、联邦食品安全工作没有满足政府问责局的要求

政府问责局对于一个领域能否从高风险清单中移除出去，确定了五项标准；只有全部达标的领域，才能从高风险清单中移除。2015 年 1 月，政府问责局对联邦政府进行评估，认为联邦食品安全监管这个领域三项标准部分达

标，两项标准不达标（见表3）。① 因此，继续将食品安全列为高风险领域。具体情况是：

• 随着2011年GPRAMA的通过，国会和联邦政府系统都显示了领导层致力于改善联邦各部门间的合作的努力。总统显示了对食品安全的高度重视，通过建立食品安全工作小组推动了联邦部门间的合作，制定了使食品更安全的目标。然而，到了2015年2月，这个小组不再开会，也没有新的机制取代其地位。

• 人类卫生和服务部、农业部已按照政府问责局2014年12月的建议采取了措施，就食品安全落实GPRAMA对跨部门合作的要求。但他们应当在各自的战略和绩效规划文件中就食品安全跨部门合作迈出更大步伐，从而为落实政府问责局2011年3月关于行政管理和预算办公室制定食品安全政府绩效规划的建议奠定坚实基础。

• 截至2015年2月，行政管理和预算办公室尚未就制定食品安全政府绩效规划采取任何行动。

表3 联邦政府所做的努力（截至2015年1月）

标准	具体要求	联邦工作情况
领导重视 (Leadership commitment)	显示出强烈的意愿和高层领导支持。	部分达标 (Partially met)
能力建设 (Capacity)	机构具有能力（如人力和资源）解决风险。	部分达标 (Partially met)
行动计划 (Action plan)	制订整改措施计划，确定根本原因，找到解决方法，提出可持续的、完整的整改措施，包括落实我们建议的解决方案的必要步骤。	未达标 (Not met)
监测 (Monitoring)	建立监测项目，独立验证整改措施的有效性和可持续性。	未达标 (Not met)
整改进度 (Demonstrated progress)	在执行整改措施和解决高风险问题时显示进展的能力。	部分达标 (Partially met)

① GAO, *High-Risk Series*: *An Update*, GAO-15-290 (Washington, D. C.: Feb. 11, 2015).

从2015年12月至2017年1月，政府问责局根据普遍接受的审计标准对联邦政府部门再次开展绩效审计，对解决联邦食品安全监管系统碎片化的努力和措施的进展进行了检查。就2014年12月政府问责局报告发布以来，人类卫生和服务部、农业部以及行政管理和预算办公室为解决联邦食品安全监管系统碎片化问题所采取的措施和取得的效果，查阅了这些机构的文件，访谈了这些机构的官员，了解这三个机构的工作进展情况，评估这三个机构的落实情况。2016年6月，政府问责局在国家科学院的协助下，召开了两 天专家会议，为完善联邦食品安全监管系统、解决碎片化问题提出行动建议。参加会议的19名专家集中在食品安全和政府绩效领域，都是在食品安全问题的公共讨论中声誉卓著的专家。这些专家在食品安全方面的工作经验多元化，有的曾经是联邦政府食品安全监管机构中的资深官员，曾在食品药品管理局、疾病预防和控制中心或农业部工作；有的来自食品相关产业、非政府研究性组织、政府机构、外国食品安全机构、学术机构和利益团体（advocacy group）。这些专家熟悉现有联邦食品安全监管系统的组织和结构，了解现有食品安全监管机构之间的合作情况，熟悉公共组织结构和绩效或组织变革，熟悉其他国家重组食品安全监管系统的最新情况。这些专家具有广泛代表性，不仅专长知识广泛，代表的利益相关方也很广泛。

经过再次评估和分析，政府问责局认为过去两年，食品药品管理局为确保《食品安全现代化法》得到成功落实，负责完成了超过50项法规、指南和研究；其中包括7项基础条例（表4提供了有关基础条例的信息）；这些工作也需要各部门的合作；行政管理和预算办公室自2014年以来在食品安全方面就督促落实《食品安全现代化法》做了大量协调工作，包括机构的预算、法规和更广泛的食品安全问题。但是农业部和行政管理和预算办公室没有完全达到要求。具体为：

- 2014年以来，人类卫生和服务部、农业部在具体的食品安全问题上继续和扩大了合作，为解决联邦食品安全监管系统的碎片化问题采取了一些措施。
- 人类卫生和服务部更新了其战略规划有关食品安全跨机构合作的内容，达到了政府问责局要求。
- 农业部、行政管理和预算办公室的工作没有完全落实政府问责局的建议。

表 4　食品药品管理局《食品安全现代化法》基础条例及其进展

条例名称	具体内容	现状
人用食品预防性控制措施	现代化现有的食品生产 cGMP（Current Good Manufacturing Practices）要求，对人用食品提出预防性控制措施。	2015 年 9 月完成
动物预防性控制措施	对动物食品建立 cGMP（Current Good Manufacturing Practices）要求和预防性控制措施。	2015 年 9 月完成
食品生产安全	为国内和外国农场的种植、采收、包装和保持生产（holding produce）建立以科学为基础的标准。	2015 年 11 月完成
外国供应商验证项目	要求进口商验证进口到美国的食品符合 HACCP 要求，符合安全生产标准，没有掺假等。	2015 年 11 月完成
第三方认证	专项开展对第三方审计公司认证的工作。第三方审计公司对外国生产人用食品和动物食品的工厂进行食品安全审计，颁发证书。	2015 年 11 月完成
卫生运输	要求食品运输者按照卫生实践要求确保食品安全。	2016 年 4 月完成
蓄意掺假	要求国内和国外工厂设施解决蓄意掺杂造假造成大规模公共健康伤害的风险。	2016 年 5 月完成

五、专家建议制定并实施国家食品安全战略

专家认为，美国联邦食品安全监管系统碎片化会带来负面效应，急需制定实施食品安全国家战略，为强化联邦食品安全监管系统、解决碎片化问题提供框架，为解决政府问责局过往的建议提供思路，为将食品安全从高风险清单上移除出去提供路径。

专家确定并描述了国家食品安全监管战略应当包括五个关键内容。这五个关键内容如下：

• 目的：制定国家战略的起点包括界定问题，提出关于使命的描述，确定目标。

• 领导：国家战略必须建立可持续的领导以在食品安全监管方面取得进步。领导必须来自行政管理的最高层级，需要有权威实施战略，可对进展情况问责。战略也需要为实施国家战略明确所涉及的所有利益相关方（包括联邦、部落、州和地方政府机构，产业，消费者团体，学术界，以及关键的国会专门委员会）的地位和责任。

• 资源：国家战略应当明确人员和资金需求，以及实施战略的资金来源。

• 监督：国家战略应当确定战略的重要阶段的里程碑、每个阶段的详细时间表、基线情况和监督进展的指标。国家战略应当具有高度灵活性，根据监测和评价进展情况，不断调整以适应变化。

• 行动：除长期行动外，国家战略应该包括诸如改进食品安全官员的培训在内的短期行动以在改善食品安全系统方面产生牵引作用。重点采取预防，而不是应对食源性疾病的暴发。例如，一些专家提及修改食品安全和检查局执行的法规，如《联邦肉类检查法》（Federal Meat Inspection Act）和《改善禽类法》（Poultry Improvement Act），将农业部的权威与经过《食品安全现代化法》修订后的《联邦食品药品和化妆品法》（Federal Food，Drug，and Cosmetic Act，该法明确了食品药品管理局的职责）一致起来。这有助于确保所有食品得到一致的对待。

专家关于制定国家食品安全战略的这些考虑与此前政府问责局的建议是一致的。制定国家战略，有助于复杂的跨机构、跨部门和政府间工作。国家食品安全战略可以为食品安全建立可持续的领导机制，可以达到领导重视（leadership commitment）这个指标的要求；国家食品安全战略包括所有的联邦食品安全监管政府层面绩效规划的全部内容，包括了资源要求、行动、监测进展的阶段性目标和评价指标等信息，能满足政府问责局关于能力、行动规划和监测的指标要求；同时，国家战略能揭示实施整改措施方面的进展。这样，目前联邦食品安全尚未达标的三项指标就都可以达到要求，这个领域就可以从高风险清单上移除。

国家战略本身不是终点，而是一个起点；对于任何战略规划而言，实施才是关键。尽管专家没有具体提出由哪一个机构来领导国家战略的制定，根据过往的经验，有关协调食品安全的工作都是依靠总统办公室内部的实体，例如国内政策委员会（Domestic Policy Council）、科学技术政策办公室（Office of Science and Technology Policy）及行政管理和预算办公室等来完成的。例如，当年的总统食品安全委员会（President's Council on Food Safety）就由科学技术政策办公室、人类卫生和服务部以及农业部作为联席主席，行政管理和预算办公室同国内政策委员会参与其中。食品安全工作小组也是由国内政策委员会召集农业部、人类卫生和服务部组成的。而且，总统办公室内部的机构在其他一些跨部门合作战略的制定工作中扮演领导角色。例如，2013 年 12 月以来科学技术政策办公室和国家安全委员会（National Security Council）领导包括人类卫生和服务部、农业部在内的多机构共同制定国家抗生素耐药菌战略，预防、探测和控制抗生素耐药菌的暴发。2013 年 5 月以来，科学技术政策办公室与国家科学基金会（National Science Foundation）领导多机构共同实施一项 5 年战略规划。①

政府问责局建议，由总统办公室内部的实体机构与相关的联邦机构和其他利益相关者进行磋商，制定明确战略目的、建立高水平可持续领导、确定资源要求、监测进展、确定短期和长期行动改进食品安全监管系统的国家战略。通过制定国家战略将国家资源引导到联邦食品安全监管系统的改善上，解决碎片化问题，为考虑组织变革和做出资源决策提供全面的框架。专家确定以下利益相关者是食品安全战略的关键参与者：联邦、部落、州和地方政府机构，产业，消费者组织，学术界，以及关键的国会委员会。

六、结论性评述

通过研究和分析政府问责局的这份报告，我们可以得出以下几点启示。

第一，即使在美国的经济发展和社会治理能力下，食品安全和监管问题依然受到高度关注。民以食为天，古今中外概莫能外，未来也将如此。食品安全是经济、社会和政治等多方面因素交织的领域，并不因经济发展水平的提高而变得更易治理，而是在不同发展阶段表现出不同的特点和难点，始终要求整个社会持续投入资源用于保障食品安全。

第二，大国食品安全监管体制常常选择“多头”监管模式，不同程度存

① GAO, *Managing for Results: OMB Improved Implementation of Cross-Agency Priority Goals, But Could Be More Transparent About Measuring Progress*, GAO-16-509 (Washington, D.C.: May 20, 2016).

在监管碎片化问题。即使在治理体系相对完善、治理能力相对较高的美国，联邦政府部门在跨部门合作中依然存在很多问题和困难，需要想方设法加以解决。这不仅说明每一种具体制度设计都有利弊得失，更说明食品安全监管兼具复杂性和艰巨性的特点。因此，高层的重视和支持就显得尤为重要，成立一个可持续的、高层次的、代表最高领导层的协调议事机构是治理食品安全问题的重要措施。

第三，美国对于政府部门的职能调整和整合相当谨慎。2002 年，白宫政策协调委员会（Policy Coordinating Committee）研究认为，关于完善食品安全监管的目标完全可以通过强化跨机构的协调得到实现，而不必通过制定法律创造一个单一的食品安全机构来实现。政府问责局曾经多次提出整合机构职能、协同法规制度的建议，很难取得部门共识。即使是相对和缓的关于制定实施国家食品安全战略的意见，也遭遇美国农业部这个重要监管部门的反对。每一次，政府问责局都能将监管部门的不同意见纳入正式报告，全面反映给决策者，帮助决策者审慎决策。

第四，制定实施国家食品安全战略是食品安全治理的有效举措。战略的制定过程，要体现社会共治的理念，牵头机构要与各利益相关群体，包括产业、消费者组织、学术界、各监管部门等共同磋商。更重要的是，国家战略本身不是终点，而是一个起点；对于任何战略规划而言，实施才是关键。要通过国家战略的制定和实施，强化各部门的统筹协调，落实社会共治，提高整个国家食品供应的安全水平。

新书架

New Books

熊彼特思想的新组合

百年之际再探德文版《经济发展理论》

海因茨·库尔茨

1. 引言

约瑟夫·阿洛伊斯·熊彼特的《经济发展理论》被誉为经济理论界的重大贡献，此乃实至名归。该著作在1911年第一版（1912出版）问世的百年之后，依然值得一读。最近笔者在与理查德·斯特恩一同准备翻译关于熊彼特生活、著作和影响力的卷宗时（Kurz and Sturn，2012）①，惊讶地发现自己之前在阅读这本书或部分章节时，遗漏了作者的一些深邃洞见。在重新研读了尤金·冯·庞巴维克关于熊彼特《利润动态理论》的评论、熊彼特的回辩以及庞氏的再反驳之后，双方白热化的辩论，夹杂着熊彼特对瓦尔拉斯一般均衡理论逐渐冷却的热情，为我们清晰地呈现了熊彼特与大幕将启的主流经济思想之间存在的分歧点以及熊彼特对此提出的新思想。熊彼特的这些新思想受到了以卡尔·马克思为代表的其他理论观点的影响。他将这些观点融入了对现有观点的“新组合”之中，随后整合加入了自己的一些新观点。

本文重点讨论熊彼特在该书中的主要理论贡献，以及这些理论贡献与其他

---

* Heinz D. Kurz，格拉茨大学经济系教授。原文 Schumpeter's new combinations：Revisiting his Theorie der wirtschaftlichen Entwicklung on the occasion of its centenary 载于 *Journal of Evolutionary Economics*，2012，22（5）：第871—899页。

① 下文中，第一版《经济发展理论》和其他非英文文献均为本文作者翻译。

作者和经济学说之间存在着怎样的关联。对于外界有关熊彼特的一些评论，笔者也给出了赞同或反对的理由。鉴于有大量文献致力于探讨《经济发展理论》以及熊彼特的其他著作，因此本文不得不对文献进行筛选。熊彼特运用动态的观点看待资本主义和资本主义体系不稳定的原因，本文的第2部分简练概括了这一动态观的精髓（文字简练也是熊彼特偏爱的一种表达方式），并简要介绍了熊彼特在《经济发展理论》中提出的学说。接下来的3、4、5部分各自讨论了熊彼特的理论与马克思、庞巴维克和凯恩斯等人的理论之间的联系。鉴于大量文献已对熊彼特的立场与瓦尔拉斯一般均衡理论进行了比较研究，本文对此仅做简要阐述。本文将论证，尽管熊彼特深受马克思的资本主义动态系统观点，即“资本主义本身不断从内部进行转化”这一观点的影响，但是他不像有人认为的那样成为“马克思主义者”。他试图击退马克思主义者和社会主义者对资本主义的各种抨击，这一过程也包括了他对一部分马克思理论概念所做的重新解释和重构。不可否认的是，一些重要的概念，如“新组合”概念，虽然与熊彼特的名字相关，但可以追溯至马克思理论。有趣的是，在熊彼特之前，庞巴维克已经在忙于驳斥社会主义者对资本主义的批评，然而令人诧异的是：为何这两位“战友”的理论分析几乎没有什么共同之处。事实上，撇开熊彼特对其前同行说的那些好话不论，他几乎反对庞巴维克所有的主要观点和概念，尽管庞氏的这些观点和概念后来逐渐被边际主义者纳入了“理论分析工具箱”。此外，众所周知，熊彼特对凯恩斯《通论》的分析（1936）也颇为不满，但他对随后剑桥学派关于利率的解释表示认同。然而，学者们却始终忽略了一个事实：早在1911年，距凯恩斯巨著问世的25年前，熊彼特就已经对利率与投资需求的关系提出了更加高深的见解。本文的第6部分是结论。

在讨论之前，有必要先介绍两方面的相关文献。首先，近年来学者们对熊彼特各方面所取得的成就，以及这些成就同他所参考的文献之间的关系展开了大量研究，其中不乏新见解。在这些海量且不断增长的论文和书籍中，麦克劳（McGraw，2007）和安德森（Andersen，2009，2011）从个人和学术视角对熊彼特进行了综合评论（Kurz and Sturn，2012），从而填补了斯维德贝格（Swedberg，1991）早期研究的不足；贝克尔和努森（Becker and Knudsen，2002）讨论了仅在第一版德文《经济发展理论》中涉及的内容，这些内容在后续的德文版和1934年的英文版中被删掉。朗格卢瓦（Langios，2002）、努森和斯维德贝格（Knudsen and Swedberg，2009）探讨了熊彼特关于企业家精神的概念、该概念随时间变化所蕴含的不同含义，以及一些文献中对“两个熊彼特”的质疑。迈克利兹和米洛斯（Michaelides and Milios，2009）对熊彼特同德国历史学派的关系进行了调查分析，认为两者的关系日趋紧密（同见 Kesting，1997）。罗森伯格（Rosenberg，2011）分析了马克思的文献对熊彼特的研究工作有何影响。在接下来展开讨论的过程中，笔者将引证上述部分文献。

第二类文献涉及本文的写作目的。在有关重要理论的经济史分析中，本研究是首创性研究吗？或是本研究对熊彼特经济学的发展前沿会有所贡献吗？和熊彼特一样，我倾向于认为经济分析及其历史很难分开。重要经济学家的著作中往往隐藏着大量有价值的思想。然而，读者具有不同的经济分析传统，并思考不同的问题。这种思维定式导致在读第一遍时，著作中大部分思想并不会被理解。另一个重要原因是，主要经济学家的作品观点丰富，对经济问题的分析视角新颖。限于语言表述或分析工具，这些奇思妙想难以被清晰地表达出来。重要的著作在读第一遍时必定会被误解，因为它们包含着丰富的可能性，这些只能随时间逐渐被挖掘出来。因此，经济思想史并不是对著作者的思想进行一劳永逸式的评判。每一代读者都会对诸如亚当·斯密、大卫·李嘉图、马克思、凯恩斯或熊彼特等作者形成自己的独特见解。正如熊彼特（1954，第 4 页）所强调的，经济思想史的研究是将学生置身于“新观念”和“对人类思维的洞察”之中。接下来的讨论将说明，一个世纪前提出的理论观点对现代经济学者而言，可能依然新颖有趣。这也告诉我们，辉格党的观点并非完全正确，他们把人类探求真知的历史描绘成从黑暗走向光明、从错误走向正确的无止境过程。其实这一过程并非总是连续的，在某些时期某些领域也会发生倒退。其中一个例子便是，熊彼特的思想几乎完全被忽视，直到 20 世纪 80 年代纳尔逊和温特（Nelson and Winter，1982）以及之后梅特卡夫（Metcalfe，1988）的著作出版，熊彼特的思想才开始复兴。正如一位睿智的经济分析史观察者所言：特定的思想和整个理论可能被“湮没并遗忘”很长时间①。假使它们有朝一日摆脱了被湮没的命运，它们将受到真正的新思想般的礼遇。

① 在优胜劣汰的机制下，经济思想“市场”是一个有效市场吗？毫无疑问，熊彼特认为这个特殊的市场也存在泡沫，在某种程度上类似于金融市场。

2. 战胜“无尽的黑暗”：《经济发展理论》概要

“我不杜撰假说”，28岁的熊彼特借用艾萨克·牛顿爵士的名言作为其书的格言。换言之，“我不会提出假定，仅提出理据充分的命题”。由于具备充分的自信，熊彼特告知读者这本书旨在提出一个关于发展中经济体的动态理论，来完善瓦尔拉斯的循环流转理论，从而战胜妨碍我们正确认识资本主义经济运行规律的“无尽的黑暗”（熊彼特，1908，第626页）。但这样的表述却使读者忽略了对其书中有关资本主义经济运行规律的分析。

在《经济发展理论》中，熊彼特首先假定，普遍的自由竞争偶尔会被创新带来的垄断所打破。尽管在后续的著作，尤其是《经济周期》（1939）一书中，他指出这一论断适用于托拉斯资本主义。然而熊彼特认为这一论断的普适性不会从根本上改变①。接下来的分析将集中探讨《经济发展理论》中的观点。

就像他书中所描述的英雄，即企业家一样，熊彼特本人就是创新者，他的知识创新活动包含着“创造性破坏”。他果断推翻了自己已接受的理论，包括在维也纳的一些老师的观点，并用新理论取而代之。正如他书中的企业家一样，熊彼特不是一个享乐主义者，也非理想主义者，他并没有尽力去适应经济学教条，而是充满干劲，力图革新他所从事的学科，并为资本主义发展理论开辟了新方法。他告知读者，在解释企业家行为时，可以考虑“半病态的时刻”（1912，第137页）。

创新，即“新组合的实现”，是资本主义社会经济史中的重大事实（1912，第159页）。然而，那些公认的经济理论都忽视了这一点，只有马克思除外（第3部分将对此展开讨论）。“经济系统如何形成持续自我转化的动力?”社会和文化会随之发生什么变化? 由于任何事物都不会静止不变，现代世界中唯一不变的就是变化本身，因此熊彼特像先前的亚当·斯密和马克思一样，将资本主义视为一种“文化现象”，打算阐明其内生的动态机制和长期的命运。要想做到这一点，就必须详细阐述“广义的社会科学”，不仅仅是经济

① Langios（2002）、Knudsen and Swedberg（2009）等正确且坚定地认为，熊彼特在《经济发展理论》和《经济周期》中有关企业家精神的分析没有明显出入。即“只有一个熊彼特”，尽管他不断优化和修正其分析的理论基础。这些后续发生的表面变化不应使我们忽视特征性事实，即在版本和内容上明显的连贯性。

学，社会学、历史学和政治学方面都需涉及。跨学科的相关研究成果体现在他的《资本主义、社会主义与民主》（1942）一书中。然而，这一广阔的视角可以追溯至《经济发展理论》一书，在第一版的第七章中赫然呈现着这些内容，但是，在后续的版本中熊彼特删除了这一章与其他一些部分!① 这实在令人遗憾！在熊彼特看来，《经济发展理论》所要研究的那些变化首先是由经济演化引起的，而且经济分析在这方面的解释潜力还未得到充分挖掘，因此在《经济发展理论》中，经济方面占主导地位。

熊彼特将经济发展设想为“循环流转”状态的转化过程，而“循环流转”就是一种静止的经济状态。他坚持认为，在循环流转中不存在企业家、资本、利润和利息，仅存在静态的企业。唯一的收入就是劳动工资和地租。正是企业家，引入一系列新产品、新生产方式、新组织形式、新产品和原材料市场等方式，从而唤醒了静态经济这个“睡美人”。在这位创新者进入市场之前，并没有财富来实现其项目。熊彼特坚称，企业家的职责“实际上与财富所有权无关”（1912，第206页）。企业家需要银行信贷，而银行家力图“创造额外的金钱”（1912，第197页）。这样银行家“为经济的生产资料配置打开了方便之门，并授权企业家执行其计划”（1912，第198页）。要想成为企业家，创新者首先需要成为债务人，银行家则承担着风险，熊彼特称之为“市场的监察官”（暗指古代斯巴达城邦中，经选举产生任期一年的五大公职人员之一）（1912，第198页）。因此，银行家总是谨慎地审查企业家递交的投资项目。这要求银行家必须懂得专业知识，同时对项目的长期发展前景有判断力。

信贷是创新者获取生产资料的手段。在一个所有生产资料都已被完全利用的经济中，货币需求总量的增加会导致生产资料价格上涨。信贷扩张引致的通货膨胀犹如对静态企业以及企业家获取生产资料的流通渠道上征税。但仅在此时，资本、利润和利息才会出现。资本完全由转移给创新者的购买力组成：这是“满足在市场经济中再生产的第三个要素”。资本自身不具生产性，却是提高生产率的前提。既有理论认为，生产资料的生产和储蓄积累都不是资本，资本只是给生产商的贷款。为此熊彼特提出了“资本的购买力理论”（1912，第255页）。他认为，对于启动发展过程来说，事先的储蓄是不需要的。只要给

① 对于不熟悉德文版的读者而言，他们并不知晓哪些部分被删除了。Becker and Knudsen（2002）填补了该理论空白，其研究值得称赞。

创新者提供信贷就足够了。储蓄只是创新的结果，它来自于实现的利润和其他形式的收入增加。（在这里，其他形式的收入增加是指由生产资料的货币需求增加所致的工资和租金上涨。）

熊彼特把货币或信贷市场称为“资本主义经济的总部”（1912，第276页）。利息作为利润的一部分，是对流动性供给的回报①。资本、利润和利息仅存在于动态经济而非循环经济中。该观点从根本上挑战了当时的所有理论，无论是古典理论、马克思主义、边际主义（新古典理论），还是奥地利学派。

利润（和利息）是暂时的：“它们既是发展的产物，又是发展的受害者”（1912，第322页），新的经济知识的扩散过程很好地证明了这一点。熊彼特围绕着发明、创新和模仿等概念展开讨论：企业家不仅是发明家，同时还具备市场才能，能够在大量的发明中筛选出最具市场价值的那些发明。但发明家通常不具备这项才能，他们花费太多精力在发明的技术方面，而经济方面的表现则较差。一项发明若没能通过市场的检验那就丧失了经济意义，只有经受了市场的考验，发明才能成为一种创新。在发明被引入经济系统后，“戏剧的第一幕”才开始上演。成功的企业家作为变化事物的代理人，打破了“静止期”，开辟出崭新的经济空间并为后继者铺平道路，他们也最容易率先获得高额的“垄断利润”。

但是，扩散过程仅在“戏剧的第二幕”才会加速运行，具体包括两个阶段：第一阶段，企业受“诱人的利润驱使”，设法模仿创新者，复制新机器设备。这会导致商品数量超过市场需求量，加剧同质生产厂商之间的竞争，不久价格跌破生产成本并触发第二阶段。此时所有静态厂商面临困境，生产无利可图甚至开始蒙受损失②。出于对“全线崩溃的恐惧”，他们被迫对企业、生产技术和工作程序进行现代化升级。大批企业竞相模仿，以免被挤出市场。但最终并非所有企业都能存活下来。这一幕充斥着“在新事物的车轮下被碾压者的哭喊声”（1912，第503页）。

伴随着新事物的扩散和普及，竞争者逐渐赶上了先驱企业，开始蚕食其垄

① 利息是利润的一部分，这一著名的观点源自亚当·斯密的《国富论》，熊彼特对此不以为然。但是仔细观察可以发现，两位经济学家的分析存在共通之处，熊彼特对斯密的批评并非总有道理。详见 Kurz（2008）以及 Kurz and Sturn（2012，第二部分，第七章）。

② 熊彼特关于经济循环流转的严格零利润假设是指，企业若不进行模仿或自我创新将很快被逐出市场，因为它们马上会面临损失而不仅仅是边际利润下降，正如古典经济学对技术进步和创新理论的论断一样，详见 Kurz（2008）。

断地位，致使“企业家的利润以及企业家职能等，在紧随其后的竞争漩涡中遭到毁灭”（1912，第286页）。经济系统朝着新的循环经济方向发展，“成本定律”再次开始发挥作用，产品价格再次等同于企业生产成本。由于创新带来的生产率提高，普通民众在新稳态下的收入会高于旧稳态下的收入。这一过程不禁令人联想起亚当·斯密的理论，然而这是熊彼特版本的自利与自私行为的非意图后果说。可以说，企业家的自私行为和成就非凡事业的需要增加了许多人的财富。

但是，这并不意味着经济发展只有赢家而无输家，事实也证明了这一点。经济上有用的新知识常常是旧知识的敌手。新知识不仅仅脱胎于旧知识，而且要替代旧知识并将其“逐出市场”。正如熊彼特（1942）所说的那样，这就是“创造性破坏”的过程。这种“进化式”过程将“被强制执行”，“不受享乐主义大众的意愿约束，甚至与其意愿相悖”（1912，第184页）①。经济发展和均衡相互排斥，技术和组织变化持续彻底地改变着经济系统，对人们的生活和思维带来了深远的影响。新产品和新职业得以产生并替代了已有的产品和职业，社会和文化也因此发生了深刻的变迁，当然，和谐发展从来都不是资本主义的职责。

这一过程必然是周期性的：它在跳跃和“繁荣与萧条的波动”中前行。危机只是这一过程复发的一瞬间。对于那种认为存在无波动的经济发展的观点，熊彼特揶揄地称之为虚构的经济王国②。货币和金融领域的危机可能会导致经济周期加剧波动，且持续时间更长。货币和金融领域具有不稳定的倾向，因此需要运用监管型和程序型经济政策③。

① 熊彼特的《理论》解释了“进化”的实现过程，详见 Witt（2002）和 Andersen（2009，2011）。

② 不久前，Lucas and Bernanke 还曾鼓吹这种虚构的经济王国，就世界经历“极度无节制”（great immoderation）之前。

③ 也许有必要指出，斯密曾提醒读者，货币和金融部门会带来巨大的危害，因此需要加以监管（Smith，1976：II. ii. 94；详见 Kurz and Sturn，*Die größten Ökonomen*：*Adam Smith. Lucius and Lucius*，*Stuttgart*，待出版）。斯密比较了纸币的发明与“技术进步”，重点提到了“纸币的精巧翅膀”（斯密，1776：II. ii，86）。熊彼特与波恩大学的同事兼朋友 Arhtur Spiethoff 都认为，金融部门不稳定会延长萧条期（详见 Kurz，Joseph Schumpeter and Athur Spiethoff，待出版）。同时，熊彼特（1912，第462页）认为，为企业家实施新组合提供信贷支持能够改变但不影响资本主义的“基本特征”。因此他坚信作为“资本主义经济总部”的制度化组织有一定的自由度，并指出如果能够缓解金融部门的不稳定，这种改变就会带来有益的结果。

发展是否意味着"进步"呢？熊彼特在书中没有做出明确的判断："发展是否导致社会福利改善或损失，取决于发展的具体内容"（1912，第492页）。对发展"最深刻的感受"取决于发展所提供的新产品种类和数量，事实上能够做到这一点就足以令人印象深刻了。但是成功带来的非意图后果也不能被低估：这些非意图后果的确会推动社会和文化层面的制度变迁，促使其朝着崭新但未必称心如意的方向发展。

3. 熊彼特与马克思

熊彼特著作同马克思著作的关系可谓争议不断，近期罗森伯格（2011）的文章又将该争论推至风口浪尖便是一个例证（也可参见Elliot，1980）。我在后文中将简要概述两位作者理论分析的异同点，同时重点关注被现有研究忽略或误解的部分。我也会在本节内容中评述亚当·斯密的理论贡献。因为受其影响，马克思和熊彼特都强调自利行为导致的非意图后果有重要作用。其中一些非意图后果对社会不无裨益，但是另一些非意图后果可能会损害社会发展。同时，马克思和熊彼特都质疑资本主义的生存能力。

3.1 动态经济学

在《经济发展理论》中，熊彼特把瓦尔拉斯视为"静态经济理论"的主要代表人物。有趣的是，他还将基本的静态分析归因于他的奥地利同仁（熊彼特，1912，第100页）。通常认为亚当·斯密对动态经济学未知领域进行了探索，遗憾的是其探索不够深入，据说他缺乏想象力以及分析问题时的严谨性。据认为，每当斯密谈及经济发展过程，都不从经济发展过程本身的视角，也即内生的视角来解释，如果对照斯密的"劳动分工"概念，这种评价是站不住脚的。正如杨格（Young，1928）指出的那样，劳动分工可以反过来不断促使规模报酬递增。借用拉格纳·弗里西（Ragnar Frisch）的概念来说，在劳动分工过程中，循环累积因果关系能够发挥作用。在根据1926年第二版所翻译的英文版中，熊彼特（1934，第60页）大胆地认为，在解释经济社会发展的所有重要现象方面，"传统经济学理论毫无意义"，只有一个理论值得探讨。关于这点，他在第一版中写道："只有马克思……试图从经济理论的角度解释经济生活的发展……而且他的关注点总是聚焦于对经济生活发展的理解，而不仅仅关注它的循环流转”（1912，第 98 页）①。在熊彼特后续版本的书中，也对马克思各方面成就给予赞赏。事实上，熊彼特在 1934 版的《经济发展理论》中写下了自己对经济发展过程提出的独特概念（1934，注 60），这个概念“克服了一系列基本困难，证明了它对经济发展过程这个问题的新陈述是合理的”。有意思的是，他（1934，注 60）补充写道：“我对这个问题的见解与马克思的观点相似。根据马克思理论可知，经济发展是一个内在的过程，而不仅仅是经济生活对经济数据变化的适应。”随后他坦承：“但是我的分析框架只涉及马克思理论的一小部分”（出处同上）。熊彼特之前并不以谦逊闻名，但此处的表述，却尽显谦逊。

在 1914 年发表的《经济理论与方法史上的阶段》一文中，熊彼特对马克思做了两页半的脚注②。马克思的毕生著作被认为是独一无二的，因为在他的著作中，马克思试图“理解整个社会有机体的生命和成长”，并想创立一门通用的社会科学（1914，第 60 页）。在好辩的外表下是“严谨的科学研究”（1914，脚注 81）。马克思“不仅拥有原创性，也拥有最高水准的科学才华……当他的第一部著作问世时（此处是指 1863 版《资本论》），不论影响力还是理论知识，都无人能及。”因此马克思“也成为诸多非社会主义者的老师”（出处同上）。这当然也包括熊彼特本人。在 1954 年版的《经济分析史》中不难发现，“马克思是设法为资本主义过程构造精确模型的先驱之一……马克思的理论属于进化论的视角，但其含义不同于其他经济理论：它揭示一个社会如何在没有外部因素的帮助下，通过自身的运作从一个状态转变为另一个状态的机制”（1954，第 391 页）。熊彼特还提到了马克思的“社会进化论”，并补充道，马克思认为“经济发展推动历史变迁，历史本身就是阶级斗争的历史”（1954，第 439 页）。

熊彼特对马克思的评价给笔者的感受俨然是一位马克思理论的忠实拥护者，然而他对斯密理论的评价就完全不同了。《国富论》是研究经济、社会和文化内生变化的经典之作，其中自利行为的部分非意图后果起着重要作用。这些非意图后果可能阻碍经济发展和增长，甚至导致倒退。关于这点，斯密有段著名的描述：“对公众利益来说最重要的革命是……由两个完全不顾公众利益

① 这与凯恩斯对马克思的偏见形成对比。

② 马克思《剩余价值理论》的影响深入了熊彼特文章的每一页中。该书在 1905—1910 年由卡尔·考茨基整理出版。

的阶层带来的。”（Smith，III. iv. 17）。马克思和熊彼特的分析都可以被视为斯密理论的变种。他们强调资本主义对财富生产的重要性，这一点同苏格兰人（斯密）一样。但是，他们都认为非意图后果会破坏并最终颠覆资本主义秩序，进而走向社会主义。在这一点上他们的观点与斯密大相径庭。

3.2 竞争与企业家

马克思以及先前的古典经济学家，从亚当·斯密到大卫·李嘉图再到查尔斯·巴贝奇（Charles Babbage）都将竞争视为资本主义的制度特征，正是竞争导致了产品种类和质量、生产方式及企业和市场组织方式的持续革新（Kurz，2010，2011）。马克思提到了“竞争的强制法则”，竞争迫使生产者引入新的生产方式，使之在既定市场中获得战胜竞争对手的优势；或迫使生产者退出新的产品种类和改善质量，从而在新兴市场上避开竞争对手①。竞争意味着动态的对抗，只有成功的创新者和精明的模仿者才能在市场上生存。从这一点看，创新首先是行为人在竞争压力的影响和逼迫下采取行动的结果。创新并不主要源自具有特定能力的群体——熊彼特所定义的“企业家”，但是突出的技术和能力在竞争中确实非常有优势，尽管这不是经济发展的原动力②。经济发展的动力源自资本主义经济的制度特征，并转化为人们的意愿和行为。资本家在与他们的“冤家兄弟”（同业竞争者）竞争时必定会展开创新或模仿，否则就是自取灭亡。

马克思认为，当资本家引入新的或先进的生产方式时，能够以“高于商品自身价值，但低于其社会价值”的方式出售产品，进而“增加了剩余价值”。因此“个别资本家总是有动力降低其产品成本，提高劳动生产率”（Marx，1967，第317页）。由于担心竞争者占据优势威胁自身的市场地位，资本家进行创新或模仿就成为持久的必然行为。借用马克思的经典格言并稍加修改，上述过程可以总结为：“创新啊，不断创新啊！这就是摩西和先知们。”

因此，马克思认为资本主义是永不停歇的经济系统，是不断发生分娩阵痛

---

① 亚当·斯密已经认为“普遍的竞争……迫使每个企业依赖优良的管理技术来实现自保”（1976，I. xi. b. 5）。

② 斯密认为：“人们天赋才能的差异，实际上并不像我们所感觉的那么大……在多数场合，与其说是分工的原因，倒不如说是分工的结果。两个性格极不相同的人……他们间的差异，看来是源于习惯、风俗与教育，而不是源于天性”（1976，I. ii. 4）。斯密的观点得到了学界支持，如豪（Howe，1999）认为，天才并不源于养育方式而是特定环境和机会的产物。

的温床，资本积累包含着各种创新。资本主义经济系统的历史作用就是实现劳动生产率的几何式增长。从根本上说，马克思关于资本主义的观点让熊彼特着迷，尽管这与以往（包括现在）大多数经济学家的观点都不相同。大多数经济学家主要关注为既定需求配置稀缺资源的静态问题和局部均衡或一般均衡的特性①。

为了更清晰地描述古典经济学家和马克思之间的分歧，同时在下一小节说明熊彼特对这个问题的观点，我们应该将竞争区分为两个方面。一方面是竞争激活了向心力，为经济系统带来秩序并使之达到特定的均衡。古典经济学家也讨论了这一点，他们认为，“实际价格会回归自然水平或正常水平”，主要表现为在自由竞争的情况下，所有行业的资本回报率都相等。熊彼特同样提出了实现“稳态过程”的向心力（1912，第437页），即创新引致的变化被经济系统吸收，导致一个新的经济循环，在其中“成本法则”又开始起作用（1912，第309页），资本回报率不变。但与古典经济学家不同的是，熊彼特认为资本回报率等于零。另一方面是竞争的离心力，它导致经济系统不稳定，并通过技术和劳动过程、大众需求的革新等，迫使经济系统脱离原先的路径。这方面体现在企业家创造新事物，同时破坏旧事物的角色上。然后，创新将再次激活经济循环中的向心力，实现如前所述的发展过程。

在解释古典经济学和熊彼特的观点时，人们可能难以想象“资本主义经济孕育了一类特殊的领袖人物，即企业家”，或如熊彼特所言：“资本主义经济激活了企业家的本性和人们的爱好”②。尽管熊彼特并不否认竞争在经济发展中的重要作用，但是他认为资本主义经济影响着企业加速创新的扩散阶段，即影响着企业家模仿成功创新者以免被挤出市场的阶段。熊彼特（1908）写道，创新的作用并非表现在竞争的系统性力量上，而是表现在“方法论上的个人主义”上。他认为，推动经济系统运转的原动力是“第二类经济活动”（1912，第105页）：除了具备“享乐”或“静态”基因的人之外，还存在着拥有“旺盛精力”或“动态”基因的人，这些人数量较少且构成了“精英”阶层。后者的基因可被视为经济发展的又一个源泉。但他在随后的书中表示，许多人身上或多或少都有“企业家基因”，随着经济的发展、创新永久性地成

① 当然也存在特例。如阿尔弗雷德·马歇尔对资本主义进化本质有着深刻的理解。

② 在这里，也许有必要提醒，根据一些经济史学家的观点，高利贷规则排斥特定法律形式的金融交易，这有助于培育企业家精神。尤其是，不采取贷款的形式，而使放贷人和借贷人之间有可能形成合伙关系，让金融家承担创业的负担。

为经济发展过程的一部分以及创新障碍的减少，现代社会中的企业家精神会更加普遍。庞巴维克是最严厉地批评熊彼特的人，在与他的争论中，熊彼特坚持认为："企业家类型的人同静态类型的人之间的差别，并不比歌德那样的人才与病态的白痴的差别更分明，在这两个例子中都存在一类人到另一类人的逐渐过渡"（1913，第632页）。简而言之，所有人都是某种类型的企业家：一开始是竞争的离心力的发动者，后来又受制于竞争的向心力。这不禁让人联想到亚当·斯密的"商业社会"，即每个人或多或少都是商人或店主，同时也是风险承担者（Smith，1976：I. iv. 1）。

3.3 新组合

企业家从事创新或"新组合"。尽管后一个概念通常被认为是熊彼特的独创，但是其隐含的基本思想却早已有之，这一抽象描述发明和创新过程的综合隐喻甚至可以追溯至遥远的过去。亚当·斯密将"某种专门职业……以及特定阶层公民所从事的职业"的出现——现代意义上的研究、开发和创新——视为社会劳动分工的一部分。他将从事这些职业的人称为"哲学家或思想家，他们的职业不是做事而是观察事物，因此他们经常能够将最不相似的事物的各种优势组合起来"（Smith，1976：I. i. 9）。

直到现在，人们都没有注意到马克思曾明确使用了"新组合"这个词。在论述技术进步对资本主义发展的作用及利润率的递减趋势时，马克思明确使用了该词。具体出现在其逝世后由恩格斯在1894年整理出版的《资本论》第三卷中（Marx，1959，第255页）。熊彼特深谙马克思理论，他可能从马克思的著作中借用了该词①。最重要的是，两人都对该词赋予了大致相同的内涵：系统性地生产脱胎于旧知识且具有商业用途的新知识。

至此，我们对熊彼特和马克思理论关系的解释与罗森伯格（2011）简明精炼的观点大致吻合。熊彼特和马克思对资本主义作为社会经济系统的共同观点是，资本主义有着自身独特的内部逻辑，并受制于内部的自我转化过程。罗森伯格（2011，第1221—1222页）的结论是："熊彼特是一个马克思主义者"或至少可以被称为"准马克思主义者"。然而，罗森伯格的特征化描述并没有

---

① 这一概念最近再现于马丁·韦茨曼的"再组合式增长"模型中（Weitzman，1998）。在这篇文章中，韦茨曼引用了熊彼特的观点（但未引用马克思和斯密的观点）。

深入收入分配领域，没有分析两位作者对不同的收入索取者之间的产品分配持什么看法，这些收入索取者包括了工人、地主、产业资本家、金融资本家和创新者。在这方面，熊彼特和马克思是有分歧的①。检验熊彼特是不是所谓马克思主义者的标准就是，他是否像马克思一样将利润看作对工人的“剥削”？结果显然不是。事实上他明确而彻底地反驳了马克思的观点。在他看来，庞巴维克之前对马克思的批驳不够翔实。熊彼特和庞巴维克一样，认为必须维护资本主义，为此需要消除“利润压榨”的恼人言论。

3.4 资本和利润

熊彼特的策略直截了当。正如我们接下来所看到的，他反对庞巴维克用他的时差利息论来解释静态经济中的利润和利息，认为这本质上是一个在时间上较为复杂的奥地利版的边际生产率理论。因此，庞巴维克的这个替代解释并不能有效地驳斥马克思关于利润源自剥削的观点。熊彼特以自己的方式来解决庞巴维克遗留的僵局，他论证了循环经济不会对工人造成剥削。原因很简单，因为循环经济并不产生利润，仅存在工资和租金，而这两者的水平由边际生产率理论决定。这是熊彼特完成庞巴维克未竟之事的第一步。

第二步必须解析动态的经济系统，因为根据熊彼特的观点，只有在这样的经济系统中，才有利润。那么利润是对工人的剥削吗？当然不是！利润是创新的成果。创新不仅提高了整个经济系统的生产率，而且也增加了利润。在工人收入低于他们对社会生产所做贡献的经济中，追逐利润的行为是徒劳的。事实上，工人受益于企业家的创新活动，正如我们接下来要分析的，没有创新就没有生产率提高，利润也就无从谈起，因此利润并非基于剥削。庞巴维克的观点正确但理由是错的，而马克思的观点则是错误的。

随之而来的是一片反对之声。首先，所有不同的经济学流派似乎都认为，熊彼特关于静态条件下的观点经不起严格的检验（见 Knudsen and Swedverg，2009，第 22 页；Andersen，2011）。探讨价值和分配问题的其他所有理论方法，都不认为循环经济中必然不存在利润和利息。正如斯皮特霍夫（Spiethoff）和庞巴维克指出的，对事实的粗略观察表明，在资本主义社会中利润

---

① 遗憾的是，罗森伯格回避了对分配问题的讨论。他若讨论了该问题，想必会承认熊彼特和马克思之间存在基本的分歧，正是这一分歧使熊彼特不能被视为马克思主义者。

不会消失，甚至在经济衰退和萧条延长时也不会消失。因为如果没有利润，资本主义就不复存在。而且从理论视角来看，熊彼特的观点也不能令人信服。马克思在“简单再生产模式”中描述了一个静态经济，正如熊彼特所知的那样，在那里是有剩余价值和利润的。简单再生产是马克思的一个分析工具，用来分析一个经济系统为了实现再生产（利润等于资本家的消费）而必须具备的一些特点。马克思从未假设实际的资本主义经济曾经或持续存在这样一种状态。然而，熊彼特实际上认为无利润的循环经济是一种常态，至少大体如此。萨缪尔森（Sameulson，1943）特别指出，从边际主义视角看，熊彼特的循环流转概念假设经济系统有十分充裕的资本，但现实情况并不符合这个理论假设。因此，我们又回到了边际生产率理论对利润的解释是否经得起检验这个问题。当然，这个问题已经超出了本文的讨论范围。

第二类评论关注的是，在许多重要场合，马克思和熊彼特用了相同的词语，但是给它们赋予了不同含义。对马克思来说，“资本”一方面是一系列用于生产的生产资料，另一方面“资本”又表示资本家和工人这两个阶级的关系。熊彼特并不希望将“资本”和“资本主义”局限在银行通过对创新者提供信贷而产生的新组合上。他大胆地认为，“资本是动态经济的特有概念，而在静态经济中并无与之对应的概念”（1912，第235页）。他认为静态经济中存在着产品生产却不存在资本（这一点上与庞巴维克观点的差异不大）。但马克思或许不会赞同熊彼特的观点：只有创新者获得的信贷才能被视为资本。因此，熊彼特认为，当经济系统进入循环流转时，资本和资本主义就已然不复存在。只要经济系统一直维持在循环流转之中，资本和资本主义将不存在。

这是对资本主义的特殊定义。毫无疑问熊彼特发现在全书中坚持这个定义很难，不，应该是不可能。他不得不含蓄地承认，起决定作用的是资本主义的结构和制度特征，这些特征即使在经济进入停滞阶段也不会消失①。熊彼特将这些特征定义为“一种盛行私有产权、劳动分工和自由竞争的商业组织形态”

---

① 熊彼特将庞巴维克称为“资本主义的马克思”，其实熊彼特自己也适合这一称呼。有趣的是，庞巴维克也对资本主义给出了一个定义，根据他的定义，资本主义是无害的、不存在意识形态污染的制度。他把“资本主义”定义为使用制造出来的生产手段进行生产的经济系统，而不用这种方式生产的经济系统就是“非资本主义”。根据他对资本主义的定义，非资本主义经济是不存在的。因此，庞巴维克和熊彼特都是根据经济系统的典型特征来定义资本主义，而这些特征与收入分配完全无关。

(1934，第5页)。通过观察资本主义的历史，他得出了与马克思类似的观点："并不是发明家创造了资本主义，而是资本主义创造了必要的发明"(1912，第479页)。他在另一本著作《资本主义、社会主义与民主》(1942)以及其他文献中，在定义资本主义的概念时，关注资本主义的制度特征和产权特征(劳动工资、生产资料私有权、货币经济等)，这些特征至少能够在很长一段时间里大体上不受经济系统持续波动的影响。

3.5 社会阶级

在熊彼特看来，社会阶级和阶级对抗这些在古典经济学家和马克思的理论中具有重要地位的概念很难理解，而且通常基于偏见。但他并不认为，这些概念必定具有误导性或是多余的。在大多数情况下，利益冲突的阵营与人们想象的不同。熊彼特认为一方面企业家和创新者之间并无对抗关系，另一方面企业家和工人之间却存在对抗。然而，追溯到亚当·斯密，却得到相反的观点。斯密将不同的经济和社会角色一概而论为企业家、资本家和富人①。这样的处理意味着对真实情况的整体扭曲，限制了后续经济学家的研究视野。熊彼特反对这种观点。多亏了企业家的新组合，经济生产率得以提高，更多的物质产品通过涓滴效应带来了工人收入的增长。在熊彼特看来"工人和企业家在与可得产品有关的分配中通常都是敌人。在许多时候双方都是得失并存。企业家是工人最好的客户，工人境况的任何改善都源于企业家"(1912，第533页)。这又是熊彼特版本的个人逐利行为的非意图后果，不得不承认它与斯密学说具有相似性。

因此，在熊彼特看来，企业家和工人之间不存在对抗，但是企业家和工人同资本家和银行家之间却存在着对抗②。熊彼特在对企业家的分析中强调：

---

① 这一解释并不忠实于斯密的论述。尽管斯密的"项目执行者"与熊彼特的充满热情的"企业家"相比只是一个相对业余的角色。斯密还是讲述了与熊彼特极其类似的几个方面：首先，经济发展和单位资本的收入增长是农业"精英"、工业"大师"和商业"商人"进行"改进"的结果。其次，他们追逐私利的行为带来了重要的非意图后果，提高了工人和地主的生活水准。最后，"阶级"内部和"阶级"之间在收入分配上存在着冲突，贷款方与借款方在利率上存在冲突(详见 Kurz and Sturn，"Die gröβten Ökonomen：Adam Smith"；Lucius and Lucius，"Stuttgart"，待出版)。

② 也许我们可以说，在熊彼特的观点之前，理查德·坎替隆(Richard Cantillon)就提出了企业家和固定收入工人的分类。坎替隆认为两者不存在敌对关系，因为拥有固定收入的工人能够自由地转变为企业家，反之亦是。

“对他而言，财产权是一种障碍……利息与市场主体相关，市场主体的职能就是去除私有产权制度发展引致的障碍”。他补充道：“企业家计划与急需克服的现存财产分配之间的不断摩擦消除了利息。”（1912，第319页）

这些思考说明了熊彼特和马克思关于社会阶级在经济中的本质和角色的观点。熊彼特并不接受马克思“一切历史都是阶级斗争史”的论断，但是他也反对诸如亨利·查尔斯·凯里（Henry Charles Carey）或弗雷德里克·巴斯夏等经济学家所认为的阶级和谐论。在《经济分析史》中，他赞赏马克思的独特见解，尽管这些见解存在意识形态上的扭曲：“我们还是获得了有价值的成果，即对阶级现象的重要性有了全面充分的认识。”有意思的是，他补充道：“如果要说这个领域曾经有过公正客观的研究，也就是马克思，他的见解本该很早前就发展出令人满意的理论”（1954，第440页）。

企业家形成了一个阶级吗？熊彼特对此彻底予以否定：“企业家使用了他的才能，也仅仅使用了他的才能而已。企业家的地位与他的成就和活力密切相关，它本质上（企业家的地位）是暂时的，也无法遗赠。没有继承企业家猎物和利爪的后人，也将失去其社会地位。”（1912，第529页）

3.6 经济危机与经济周期

熊彼特赞同马克思关于经济跳跃式发展的观点。正如他在《经济周期》中所提及的：“自然进化是不对称、不连续和残酷的”（1939，第102页）。他十分赞同马克思关于财富并非源自储蓄的观点。马克思将财富源于储蓄的观点称为“孩子们的童话故事”，这也得到了熊彼特的完全认同（1939，脚注106）。财富源自劳动生产率的快速增长，而创新引致了这一过程。

马克思和熊彼特都区分了现象的本质和形式。可能最重要的是，纵然熊彼特所说的在经济上升拐点的“清算危机”通常伴随着证券市场恐慌、破产、信贷紧缩等，但是熊彼特不断提示，这些现象“完全是表象……它们仅仅是更深层、更本质的事件的展现形式”（1912，第459页）。“更深层更本质的事件”是指因触发经济上升的最新一轮新组合的创新潜力枯竭而导致的利润前景恶化①。在马克思的文献里，我们也发现了相似的观点：一般利润率的下降

① 因此熊彼特（1939，第十四章）将大萧条解释为三种经济周期的低谷期的叠加：基钦周期、朱格拉周期和康德拉季耶夫周期；也可参见 Kurz（Joseph Schumpeter and Arthur Spiethoff，未发表）。

趋势触发了经济危机。

简而言之，熊彼特和马克思的理论既有显著的共同点也存在重大分歧。尽管熊彼特的分析体现了马克思的一些思想痕迹，但是他热衷于论证资本主义的“运动定律”及其“永动机制”，以一种更加积极正面而非批判的形式，因为他希望捍卫资本主义而不是攻击资本主义。但是，虽然身为非意图后果理论的坚定拥护者，他也认为资本主义是一个经济社会系统，和历史上的其他经济社会系统一样，必定会经历长期的自我转化过程。最终资本主义将被社会主义所替代，但并不一定像某些马克思主义者坚信的那样是革命的结果，而是像熊彼特熟悉的鲁道夫·希法亭等人所推测的那样，这或多或少是一个顺利、平和的过程。

接下来，我们开始讨论熊彼特同 20 世纪初奥地利学派的重要代表人物、资本和利息理论的主要专家庞巴维克的关系。无论当年关于实际利润源泉出现过什么观点都与庞巴维克的理论相悖。那么，怎样才能成为该领域的创新者，同时又不用挑战庞巴维克的理论呢？毫无疑问，无法做到这一点。由于当年庞巴维克批评熊彼特的理论观点以及熊彼特的反驳发生在德国，在英文理论界鲜为人知，因此笔者接下来将对两位作者做简要的评述。

4. 熊彼特与庞巴维克

熊彼特并没有参与奥地利同行掀起的批评马克思的运动。相关事实显示，在马克思《资本论》第三卷于 1894 年出版后，庞巴维克在其《卡尔·马克思及其体系的终结》（1896）中迎头抨击马克思理论。庞巴维克批评马克思的《资本论》第一卷和第三卷之间存在“基本矛盾”：在第一卷中，马克思认为商品交换依据产品生产直接或间接需要的抽象劳动量。在第三卷中，马克思摒弃了这一观点，因为竞争性利润率与劳动价值论不相符，转而提出了“生产价格”的概念。有意思的是，在《经济理论与方法史上的阶段》（1914，第 82 页）和其他文献中，熊彼特为马克思辩护，并（正确地）指出在已出版的第一卷中，马克思直接引导读者关注一个事实：在自由竞争的条件下，相对价格必然会偏离相对劳动价值①。熊彼特还更含蓄地表示庞巴维克对利润的另一种

① 当然这并不意味着马克思暗指的劳动价值向产品价格的转化能够持续，正如关于转化问题的争论所示的那样。

解释是不可信的，并进而认为，庞巴维克对马克思和社会主义理论的反驳并不成立。总之，有理由假设熊彼特认为，马克思对经济学的贡献要比庞巴维克的贡献更值得重视，尽管他在意识形态上更接近庞巴维克。因此揭开这两位奥地利学家的基本分歧只是时间问题。

这个时间点出现在1913年，当时庞巴维克发表了对熊彼特的批评。他批评熊彼特的动态利息理论（庞巴维克，1913a）。熊彼特于同年对此予以反驳（熊彼特，1913），却引来庞巴维克的再次批评（1913b）。庞巴维克对熊彼特的批评比对马克思的批评更加严厉。他声称熊彼特的理论结构“完全错误”，是一个“扭曲的理论”甚至是“歪理邪说”（1913a，第2页、第61页）。“他的理论漏洞百出”（1913a，第12）。而熊彼特在回辩过程中尽量息事宁人，表示其理论只是对庞巴维克理论的“拓展”，两者的思想是一致的（1913，第610—611页）。但庞巴维克（1913b）随后的评论对熊彼特息事宁人式的辩解不予理会，明确指出熊彼特的理论不可信。

在这次批评中，庞巴维克采取了两个步骤：首先质疑熊彼特理论结构的逻辑一致性，然后质疑其理论是否同所打算解释的事实相符。庞巴维克在这两方面都给予了严格的否定。对于熊彼特的辩解“利润是暂时性的，仅存在于动态经济阶段”，庞巴维克认为这既没有理论可信度也缺乏实证支持。庞巴维克总结道：“人们有很好的理由认为，资本利息总是存在的。它是静态经济中的收入的一部分。利息的存在并不以天才的出现为前提，庸才云集的社会也是存在利息的。因此本质上利息并不是动态经济的特有之物！”（1913a，第2页和第57页）。熊彼特“沉醉于活跃的思想”，但是并没有对它们进行“冷静和谨慎的交叉检验”（1913a，第2页）。

本文中，我们不关注庞巴维克批评的所有具体细节，仅仅关注熊彼特反对庞巴维克以及更广泛意义上的边际主义理论的四个方面。

4.1 利息无处不在？

按照庞巴维克的观点，利息跨时空普遍存在于所有经济体系中，无论人们是否注意到它的存在①。在他看来，熊彼特的循环经济理念完全是虚构的。因为现实中不存在无利润、无利息的经济体系。

① 请记住庞巴维克的资本主义概念（211页脚注①）。

熊彼特对此不予认同，他指出，庞巴维克的观点建立在假设“三个理由”成立的前提下。特别是要确保论点正确，第二个和第三个理由必须具有普遍的有效性，即“相较远期产品，人们会高估相同种类和数量的当期产品的价值”以及“更高生产迂回程度的优越性”。然而熊彼特指出，理论和实际证据都强有力地证明这两个假设不成立。为了严格地检验其理论，熊彼特建议庞巴维克令人信服地证明在“澳大利亚黑人的经济中”存在正利息（1913，第604页）。而这一点让庞巴维克无法予以证明。因此，熊彼特推翻了上述两个基本理由。

4.2 时间偏好

庞巴维克认为，相比明天，所有人都毫无差别地高估相同种类和数量的当期产品的价值，由此类推，不断低估未来产品的价值。用现代术语来说，人们具有“正时间偏好”，并且这是人类天性的一部分。这一命题被一些经济学理论所接受，而且将这个命题视为一个基本事实。例如，新古典宏观经济学和大部分新古典内生增长理论，通常一开始就假设代表性行为人有正时间偏好，而不做更进一步的论证。庞巴维克的这个概念受本杰明·边沁等早期学者的启发，并被纳入了边际主义理论的“工具箱”。

当庞巴维克在撰写《资本和资本主义》时，这一概念尚未在经济学界广泛应用。事实上，庞巴维克的姐夫，弗里德里希·冯·维赛尔（Friedrich von Wieser）反对这一概念，原因是它混淆了因果关系：正时间偏好是正利率的结果而非原因。熊彼特在《经济发展理论》和其他文章中赞同维塞尔的观点，反对庞巴维克的第二个理由。在回应庞巴维克的批评时，熊彼特认为时间偏好并非“导致利息的主要解释变量”（1913，第604页）。熊彼特的这种反对观点在他的著作中反复出现，因此无需对这些批评进行不同程度的讨论。在这里指出时间偏好不存在于循环经济中，而只存在于动态经济中，就足够了。在以正利率为特征的动态经济中，理性行为人需要正利率对未来进行贴现。熊彼特认为，时间偏好并不是人类天生就有的，而是特定社会和经济条件下的内生结果。

4.3 更高生产迂回程度的优越性

根据庞巴维克的理论，耗时更多意味着生产迂回时间更长，生产率更高，因为相比于耗时更少的生产过程，耗时更多的生产过程所生产的最终产品总量除以不同生产阶段投入的劳动总量后得到的值更高。庞巴维克实际上认为，在既定的时刻，生产某一特定产品的所有可行的备选生产过程可以根据与利率相关的迂回程度来单调排序：迂回程度越高，生产中的资本密集度越高，产生的利率就越小，这是边际主义要素替代理论的奥地利版，根据这个理论，资本劳动比与利率呈反向变化，与工资率呈正向变化。

熊彼特回应道：事实或许是这样的，但不必然是这样的。新发明的出现无需借助更多的迂回生产就可以提高生产率。他指责庞巴维克将未必会发生的可能性提升为普遍真理。但庞巴维克坚信自己分析的前提是正确的，但几乎没有可信的证据能够予以支持。

生产中的要素密集度与相应的要素价格负相关，这一观点是传统边际主义理论的另一个分析工具，而且已经成为边际主义理论的核心。它传递了一个要素替代理论相关的广泛观点，熊彼特在他的著作中反复提及这个观点。但是，熊彼特质疑其一般适用性，因此并没有将它视为经济理论能够或应当依托的基本要素。特别是，有关生产中的新知识符合庞巴维克预见的任何假设都不成立。

4.4 储蓄

庞巴维克接受储蓄在经济发展中具有重要作用的观点。我们在第 3 节已经提到，熊彼特对此强烈反对，尽管亚当·斯密在《国富论》中有力地论证了这一点（这是熊彼特在《经济分析史》和其他文章中反对斯密的原因）。熊彼特认为，经济发展的核心是创新者、投资者而非储蓄者，是银行家和资本家而非克制消费的人，是技术突破而非资本存量的持续增长，是新生产函数的构建而非既定生产函数的移动（1939，第 87 页）。

4.5 一位持不同意见的经济学者

在这些重要方面，熊彼特的观点都不同于主流经济学，无论是瓦尔拉斯理论还是奥地利学派，这的确有点像谜一般。为什么熊彼特一方面想要被认为是经济学的主要创新者，另一方面又渴望着把自己的学说阐述得与主流边际主义理论观点大体一致，并在事实上成为对边际主义理论的一种拓展？熊彼特根本上削弱了瓦尔拉斯理论对循环流转经济的适用性，即使能够在现实经济中找到对应例证，瓦尔拉斯理论也只是一种短暂的情形，它既没什么用处也没什么重大意义。熊彼特反对皮耶罗·斯拉法所谓的“单调性偏见”（monotonic prejudice），也就是说，根据利率所表示的生产迂回程度来对生产方式进行排序，他还质疑公认的要素替代理论。这导致他宣扬的“异端邪说”很难令人耳目一新，即增加（或减少）实际工资并不必然导致劳动需求减少（或增加）。（熊彼特，1916—1917，脚注85—86）。这一思想与边际主义论的传统“观念”相悖：提高实际工资总会减少就业，并潜在加剧劳动力市场的波动。

熊彼特不能清楚直白地表达其非常规或是异端邪说般的理论，并推导出正确的结论。我们无法给出详细的原因来解释为何以及何时相对要素密集度和要素相对价格之间的关系与公认的边际主义理论相矛盾。但值得称赞的是，熊彼特最先注意到了经济体的复杂性使得不满足边际主义理论的现象会出现，他的见解远胜于他的言辞表述。

接下来，我们开始研究熊彼特和凯恩斯的关系，并着重指出一个关于需求理论的显著事实，而该事实至今仍未受到理论学者的关注。

5. 熊彼特和凯恩斯

20世纪初的熊彼特和30年代的凯恩斯都对现有经济理论不满。借用凯恩斯的话说，试图摆脱“思维定式”。两位作者都是探索未知领域的企业家，都得益于现有的理论和概念，通过重新搭建并组合这些理论，产生了相当新的理论。

在这部分，笔者主要关注熊彼特的《经济发展理论》的某些方面，据说这些方面预示了凯恩斯《通论》中的某些思想。熊彼特在他的评论文章（熊彼特，1936）和其他著作中①，毫不留情地批评凯恩斯这本名作。但是，我们并不应该因此而忽略一个事实：两位学者都是主流边际理论的反对者，他们有一些共同之处。姑且不论熊彼特对凯恩斯忽视其“资本主义经济发展源于创新和由此产生的技术和组织变迁”观点所做的正确批评，在我看来，两位经济学家实际上也有共同点。

---

① Smithies（1951，第163页）关注一个事实：“即使在纪念凯恩斯的文章中（见1946年的*American Economic Review*），熊彼特也没有将凯恩斯视为经济分析技术的一个主要改进者。”

5.1 储蓄和投资

这也许是最基本的共同之处，熊彼特和凯恩斯都批评了认为储蓄比投资更重要，进而消费比生产更重要的传统观点。根据边际主义理论，储蓄者决定资本积累的速度，消费者偏好决定储蓄以实际投资的方式在不同生产环节中的配置。就此而言，投资者所承担的角色只不过是满足消费者需求或“偏好”的执行者。在这一点上，凯恩斯和熊彼特的观点出现了分歧。与边际主义理论，尤其是他的奥地利同仁不同，熊彼特认为：“一般来说，经济系统的创新不是按以下方式产生的：首先，消费者自发产生新的需求，随后，需求压力促使生产设备迅速转移……一般来说，发动经济变革的是生产者，如有必要的话，他还培育消费者，让他们学会了购买新产品”（1934，第65页）。在第一版《经济发展理论》中，他更是坦言，创新“强迫”消费者接受新产品并改变消费模式，促使“享乐主义”群体顺应创新者的意志。不是消费者，而是企业家成为资本主义经济系统的原动力，决定经济变化的完全意义上的消费者主权并不存在。援引约翰·莫里斯·克拉克关于企业做什么的观点：“特殊物品的经济需求仅仅通过简单原材料（原始本能）的加工来得到满足，例如橡胶鞋跟、网球、钢笔、汽车轮胎都是用天然橡胶制造出来的产品。”“工业之轮碾压出两类产品。在一个商业社会中，一个部门刺激需求，另一个部门满足这些需求。”（Clark，1918）

同样，弗兰克·奈特批评说：“卖方对买方的游说，以及普遍地过分倾向于为产品创造需求而不是为满足需求而生产产品”（Knight，1934，1982）。

因此，消费者的偏好受厂商影响，它们不是自发产生的，也不是用于数据分析的原始数据。从更基本的视角来看，熊彼特的观点不符合独立的需求和供给函数，而传统上认为这是需求和供给这两种力量决定价格和产量的必要条件。如果拆除了边际主义大厦的支柱，大厦是会倒塌还是说这种破坏尚且可控？

5.2 不存在实体经济和货币经济的二分法

熊彼特和凯恩斯都质疑实体经济和货币经济的二分法，在二分法中，货币仅在短期影响实体经济，长期则无影响。就此而言，货币只是覆盖在实体经济上的面纱，即使被移除也不会显著影响实体经济。熊彼特和凯恩斯都认为这一观点极具误导性。凯恩斯在其名作《就业、利息与货币通论》中强调了货币的重要作用，以及实体经济和货币经济之间的紧密关联，在熊彼特关于经济发展的著作中，其副标题“对利润、资本、信贷、利息和经济周期的研究”也充分体现了这一点。

5.3 投资导致储蓄而非储蓄导致投资

这里，我们要讨论一个密切相关的问题，这个问题前文已有提及和讨论。根据凯恩斯的观点，投资在决定经济系统活跃程度以及国民收入中发挥关键作用，由于储蓄主要取决于收入，投资也决定了储蓄的总量。投资行为引致储蓄行为，反之不然。用熊彼特的话说，凯恩斯“破坏了支撑资本主义论断的最后一根支柱”（见 Smithies，1951，第 165 页）。熊彼特的观点尽管本质上相似，但旨在维护支撑资本主义论断的最后一根支柱：创新者的投资并非依赖于储蓄，而是依赖于银行系统的超额信贷。这个过程不仅导致了经济发展的结果，而且提高了经济生产率和产出，储蓄将随之增加。但这一过程反过来却不会发生。在这方面，凯恩斯和熊彼特的观点差异在于：凯恩斯的论述始于失业和闲置生产能力，而熊彼特则假设生产资源已得到充分利用。因此凯恩斯的分析思路是利用闲置资源来刺激经济发展。而熊彼特则假设资源从“静态企业”向“动态企业”重新配置。在同庞巴维克的辩论中，熊彼特承认这种再配置可以理解为部分静态企业的“强制储蓄”。在与经济周期理论的主要学者——亚瑟·斯皮特霍夫（Arthur Spiethoff）的讨论中，熊彼特接受了如下观点：当经济从衰退转向复苏的过程被认为是创新者增加投资的结果时，经济体之前的闲置资源将得到使用。但是他坚持认为，这个过程总会超过这一点，并需要以他曾经思考过的方式再次引导资源配置（参见 Kurz，Joseph Schumpeter and Arthur Spiethoff，待出版）①。

5.4 决定投资的因素

值得一提的是，两位作者的分析还有一个更重要的相似之处，即对投资需求的决定因素的分析。众所周知，凯恩斯论述其“资本边际效率”的概念时

---

① Smithies（1951，第 164 页）指出凯恩斯和熊彼特推崇“节制和节俭”，并认为节制和节俭在经济发展过程中发挥主要作用，然而，我在凯恩斯和熊彼特的文章中并未找到支持该观点的证据。

认为，各种投资项目的排序取决于该项目的边际效率以及总边际效率，“从而提供一条投资需求曲线，将总投资率与确保投资率形成的资本一般边际效率联系起来”（凯恩斯，*CW*，VII，第136页）。凯恩斯将这一曲线称为“投资需求曲线”，并将它与当前的货币利率相对照。他总结道：“投资率会被推高至投资需求同线中的一个点，在该点上，一般资本边际效率与市场回报率相等”（凯恩斯，*CW*，VII，第136—137页）。

有趣的是，在熊彼特《经济发展理论》第六章“资本的利息”中提出了类似的观点，并委婉地驳斥了正统经济理论以及凯恩斯的观点。凯恩斯认为投资需求曲线必定是向右下方倾斜的，因此当利率高于所有相对利率水平时，投资需求并不随货币利率的下降（上升）而上升（下降）。这一观点是在局部均衡框架下论述的，而熊彼特不仅超越了狭隘的局部均衡框架，还考虑了货币利率的变化对绝对（相对）价格和成本的影响。他认为更高的利率意味着各种产品有更高的价格。为了实现既定的创新或投资项目，企业家需要更多的流动资本。这将增加信贷需求和总投资。另一方面，高利率意味着推进某些项目不再有利可图。这反过来又会减少信贷需求和总投资。至于综合效果，在没有更多信息时无法做出定论。但正如凯恩斯按照传统经济理论所假定的那样，至少不能断定信贷与投资需求的变动同货币利率的变动必然负相关。可能的情况是，在某些货币利率区间内，总投资需求和利率呈同方向变化。

图1可以证明这一点。图1a依据预期投资率 r_j（$j=1, 2, \cdots, 5$）列出了五个投资项目的排序及对应的投资量（0A，AB，BC等），此时货币利率为 i。此时，四个投资项目得以推进，总投资需求（以及信贷需求）由0D决定。图1b考虑了利率提高的情况，即 $i^* > i$。这带来了两点：首先，每个项目的预期投资回报率下降；其次，实施这些投资项目所需的价格和成本发生了变化。如图所示，在新的情况下，一些项目的成本提高了，如 $0'A' > 0A$ 以及 $A'B' > AB$。（一些项目的成本则下降了：$C'D' < CD$）。在更高的利率水平上，不仅第五个项目（分别是 DE 和 $D'E'$）被搁置，第四个项目也难以幸存（分别是 CD 和 $C'D'$）。但是，由于利率上升使前三个项目价值大于被取消的第四个项目的价值，所以总投资需求的量将增加，$0'C' > 0D$。故而，我们不能排除图1c所描述的投资需求和利率之间非单调变化的关系。

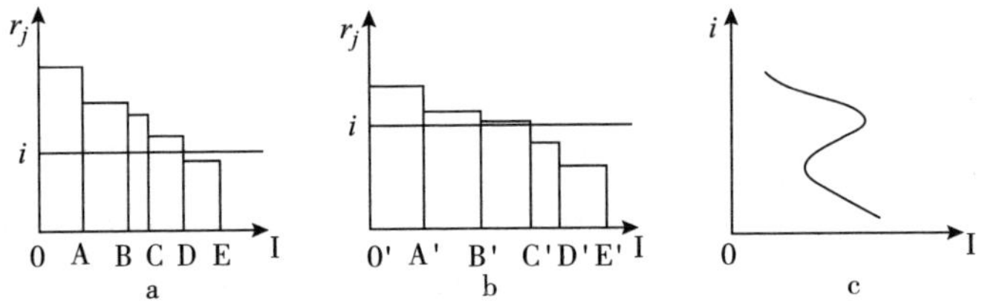

图1　利率与投资数量

我们还应该附带说明，虽然图1给定了投资项目的排序不随利率的变化而变化，但实际情况并不一定如此。很有可能的是，在整个可行利率区间，投资项目排序和利率之间的关系并不是单一的。

上述可能性与传统的“智慧”相矛盾，但是，它本应将我们之前曾提到的另一种可能性联系起来：在整个实际可行工资水平的范围内，工资率和劳动就业之间不一定负相关。实际上，这两种可能性是一枚硬币的两面。如果熊彼有一个关于价值和分配的综合理论，他就可以分析货币利率变化对其他分配性变量和相对价格的影响，但由于缺乏这样的理论，他无法以简洁明了且令人信服的方式来证明他的论点。正因为如此，他的那些不同于主流观点的独特评论几乎没有受到应有的关注。许多读者似乎也对这些评论视而不见，因为他们的心智模式并不打算接受非传统的可能性，这些可能性直到很久以后才在皮耶罗·斯拉法重构古典经济学价值分配理论的基础上得到有力的证明（Sraffa，1960）①。

尽管熊彼特未能对其大胆假设的可能性建立一个稳固的理论基础，但是人们依然会问，为什么熊彼特在这方面如此谨慎而凯恩斯并非如此。一个可能的原因是研究瓦尔拉斯一般均衡理论的人对经济复杂程度的理解要胜过其他受马歇尔局部均衡理论熏陶的人，比如凯恩斯。

6. 总结性评述

本文试图将熊彼特的《经济发展理论》与其他经济学者的著作联系起来

---

① 在20世纪60年代，经济系统资本劳动比总体上随着利率（以及相对工资率）上升（下降）而上升（下降）的可能性被认为是资本逆转和资本深化逆转的结果。关于这一问题的讨论请参见 Kurz and Salvadori（1995，第14章）。正如 Mas-Colell（1989）所强调的，资本劳动比和利率之间可以是任何形式的关系。

进行比较，尤其是同卡尔·马克思，里昂·瓦尔拉斯，尤金·冯·庞巴维克和约翰·梅纳德·凯恩斯的著作。从中不难看出，熊彼特突破了主流边际主义理论以及以瓦尔拉斯和庞巴维克为代表的“静态”理论，这种突破比我们广泛认为的要更深远。他抛弃了边际主义的一些重要观点、概念和分析工具，却赞同马克思提出的一些观点和概念。但是，熊彼特也对这些观点和概念进行了重新解释，并将他们整合成一个全面的分析框架，在这个框架中，利润是对创新者的回报而不是剥削工人的结果。有趣的是，熊彼特和凯恩斯的分析有相似之处。之前的研究常常忽视这一点，因为熊彼特对《通论》嗤之以鼻。尤其是在利率和投资之间的关系方面，熊彼特的观点远比凯恩斯的观点更精妙，更具颠覆性。马克思、熊彼特和凯恩斯都反对萨伊定律，即财富源于储蓄的思想、消费者主权至上的思想，以及对实体经济和货币经济的二分法思想。马克思、凯恩斯和熊彼特都认为资本主义是一个动荡不安且危机四伏的体制。

（浙江大学公共管理学院　高君杰　译　姚先国　校）

参考文献

Andersen ES（2009）Schumpeter's evolutionary economics：a theoretical，historical and statisticalanalysis of the engine of capitalism. Anthem，London.

Andersen ES（2011）Joseph A. Schumpeter：a theory of social and economic evolution. PalgraveMacmillan，Basingstoke and New York.

Becker MC，Knudsen T（2002）Schumpeter 1911：farsighted visions of economic development. Am J Econ Sociol 61（2）：387 – 403.

Böhm-BawerkEv（1896）ZumAbschluβ des Marxschen Systems. In：Boenigk OV（ed）StaatswissenschaftlicheArbeiten. Festagabenfür Karl Knies. Duncker & Humblot，Berlin，pp 87 – 205.

Böhm-BawerkEv（1913a）Eine “dynamische” Theorie des Kapitalzinses. ZeitschriftfürVolkswirtschaft，Sozialpolitik und Verwaltung 22：520 – 585.

Böhm – BawerkEv（1913b）Abschlieβende Bemerkungen. Zeitschriftfür Volkswirtschaft，Sozialpolitik und Verwaltung 23：640 – 657.

Clark JM（1918）Economics and modern psychology. J Polit Econ 26（1）：1 – 30.

Elliot JE（1980）Marx and Schumpeter on capitalism's creative destruction：a comparative restatement. Q J Econ 95（1）：45 – 68.

Howe MJA（1999）Genius explained. Cambridge University Press，Cambridge.

Kesting P（1997）Zwischen Neoklassik und Historismus. Das ökonomischeWerk Joseph

A. Schumpetersaus methodologischer und theoriegeschichtlicher Perspektive. Metropolis. Marburg.

Keynes JM (1936) The general theory of employment, interest and money. Macmillan, London. Reprinted as Volume VII of The collected writings of John Maynard Keynes, ed byD Moggridge, London 1976, Macmillan.

Knight FH (1934) Social science and the political trend. Reprinted in: Freedom and reform. Essaysin economics and social philosophy. Liberty Press, 1982.

Knudsen T, Swedberg R (2009) Capitalist entrepreneurship: making profit through the unmaking of economic orders. Capitalism and Society 4 (2): article 3.

Kurz HD (2008) Innovations and profits. Schumpeter and the Classical heritage. J Econ BehavOrgan 67: 263 –278.

KurzHD (2010) Technical progress, capital accumulation and income distribution in Classical economics: Adam Smith, David Ricardo and Karl Marx. Europ J Hist Econ Thought 17 (5): 1183 –1222.

Kurz HD (2011) Innovations, knowledge and growth. Adam Smith, Schumpeter and the moderns. Routledge, London.

Kurz HD, Salvadori N (1995) Theory of production. Along-period analysis. Cambridge University Press, Cambridge.

Kurz HD, Sturn R (2012) Schumpeter fürjedermann. Von der Rastlosigkeit des Kapitalismus. Frankfurter AllgemeineVerlag, Frankfurt.

Langlois RN (2002) Schumpeter and the obsolescence of the entrepreneur. University ofConnecticut, Economics Working Papers. Paper 200219.

Marx K (1959) Capital, volume III. Lawrence and Wishart, London.

Marx K (1967) Capital, volume I. International Publishers, New York.

Mas –Colell A (1989) Capital theory paradoxes: anything goes. In: Feiwel GR (ed) Joan Robinsonand modern economic theory. Macmillan, London, pp 505 –520.

McCraw T (2007) Prophet of innovation: Joseph Schumpeter and creative destruction. Belknap Press of Harvard University Press, Cambridge.

Metcalfe JS (1998) Evolutionary economics and creative destruction. The Graz Schumpeter Lectures, vol 1. Routledge, London.

Michaelides PG, Milios JG (2009) Joseph Schumpeter and the German historical school. Camb JEcon 33: 495 –516.

Nelson R, Winter S (1982) An evolutionary theory of economic change. Harvard University Press, Harvard.

Rosenberg N (2011) Was Schumpeter a Marxist? Ind Corp Change 20 (4): 1215 –1222.

Samuelson PA (1943) Dynamics, statics and the stationary state. Rev Econ Stud 25: 58 –68.

Schumpeter JA (1908) Das Wesen und der Hauptinhalt der theoretischen Nationalökonomie. Duncker&Humblot, Leipzig.

Schumpeter JA (1912) Theorie der wirtschaftlichenEntwicklung. Duncker&Humblot, Berlin.

Schumpeter JA (1913) Eine "dynamische" Theorie des Kapitalzinses. EineEntgegnung. Zeitschriftfür Volkswirtschaft. Sozialpolitik und Verwaltung 22: 599 –639.

Schumpeter JA (1914) Epochen der Dogmen – und Methodengeschichte. In: Weber M et al (eds) Grundriss der Sozialökonomik, I. Abteilung. JCB Mohr, Tübingen, pp 19 – 124.

Schumpeter JA (1916 – 1917) Das Grundprinzip der Verteilungstheorie. Archivfür Sozialwissenschaftund Sozialpolitik 42: 1 –88.

Schumpeter JA (1934) The theory of economic development. Harvard University Press, Cambridge.

Schumpeter JA (1936) J. M. Keynes: general theory of employment, interest and money. J Am StatAssoc 31: 791 –795.

Schumpeter JA (1939) Business cycles. A theoretical, historical and statistical analysis of thecapitalist process, two vols. McGraw – Hill, New York.

Schumpeter JA (1942) Capitalism, socialism and democracy. Harper & Brothers, New York.

Schumpeter JA (1954) History of economic analysis. Allen &Unwin, London.

Smith A (1976) An inquiry into the nature and causes of the wealth of nations. In: Campbell RH, Skinner AS (eds) The Glasgow edition of the works and correspondence of Adam Smith. Oxford University Press, Oxford.

Smithies A (1951) Schumpeter and Keynes. Rev Econ Stat 33 (2): 163 – 169.

Sraffa P (1960) Production of commodities by means of commodities. CambridgeUniversity Press, Cambridge.

Swedberg R (1991) Joseph A. Schumpeter. His life and work. Polity Press, Cambridge.

Weitzman M (1998) Recombinant growth. Q J Econ 113: 331 –360.

Witt U (2002) How evolutionary is Schumpeter's theory of economic development? IndInnovat 9: 7 –22.

Young A (1928) Increasing returns and economicprogress. Econ J 38: 527 –542.

图书在版编目（CIP）数据

比较 . 第 90 辑 / 吴敬琏主编 . —北京 ：中信出版社，2017.6
ISBN 978-7-5086-7674-6

I. 比… II. 吴… III. ①比较经济学 IV. ① F064.2

中国版本图书馆 CIP 数据核字（2017）第 122141 号

比较 · 第九十辑

主　　编：吴敬琏
策 划 者：《比较》编辑室
出 版 者：中信出版股份有限公司
经 销 者：中信出版股份有限公司 + 财新传媒有限公司
承 印 者：北京华联印刷有限公司
开　　本：787mm × 1092mm 1/16　　印　　张：14.75　　字　　数：200 千字
版　　次：2017 年 6 月第 1 版　　印　　次：2017 年 6 月第 1 次印刷
书　　号：ISBN 978-7-5086-7674-6
定　　价：28.00 元